西部地区城乡交通运输统筹发展研究

——以四川省为例

王煜洲　王永莲　著

西南交通大学出版社

·成　都·

图书在版编目（ＣＩＰ）数据

西部地区城乡交通运输统筹发展研究：以四川省为
例 / 王煜洲，王永莲著. 一成都：西南交通大学出版
社，2020.9
ISBN 978-7-5643-7666-6

Ⅰ．①西… Ⅱ．①王… ②王… Ⅲ．①交通运输发展
– 研究 – 四川 Ⅳ．①F512.771

中国版本图书馆 CIP 数据核字（2020）第 182091 号

Xibu Diqu Chengxiang Jiaotong Yunshu Tongchou Fazhan Yanjiu
—Yi Sichuan Sheng Wei Li

西部地区城乡交通运输统筹发展研究
——以四川省为例

王煜洲　王永莲 / 著	责任编辑 / 杨　勇
	助理编辑 / 宋浩田
	封面设计 / GT 工作室

西南交通大学出版社出版发行

（四川省成都市金牛区二环路北一段 111 号西南交通大学创新大厦 21 楼　610031）
发行部电话：028-87600564　028-87600533
网址：http://www.xnjdcbs.com
印刷：成都勤德印务有限公司

成品尺寸　170 mm×230 mm
印张　18　字数　250 千
版次　2020 年 9 月第 1 版　　印次　2020 年 9 月第 1 次

书号　ISBN 978-7-5643-7666-6
定价　90.00 元

序　言 ‖ FOREWORD

　　一段时期以来，受城乡"二元结构"的影响，城乡公共资源配置失衡，城乡发展差距拉大，一定程度上已影响国民经济整体发展水平的提高，制约着全面小康与和谐社会的建设进程。党的十六大"统筹城乡经济社会发展"理念的提出，开启了破除城乡二元体制的历史进程。统筹城乡发展是一项十分复杂的系统工程，交通运输是国民经济的重要基础，是联系城乡的重要纽带，是打破城乡二元结构，推进城乡一体化的重要支撑。实行城乡交通运输统筹发展，构建一体化的交通运输体系，终结城乡交通运输分治，既是经济社会发展的客观需要，也是交通运输行业发展的必然要求。

　　我国西部地区虽土地辽阔，但受自然、历史和社会诸多因素的影响，发展相对滞后，尤其是城乡之间的发展差距更为明显。西部地区在解决城乡二元结构、推动城乡经济统筹发展方面做了大量工作，进行了一些大胆探索创新。以四川省为例，在实施贫困农村连片扶贫、新农村建设的基础上，提出了推进新型工业化、新型城镇化，建设新农村综合体，实施"两化互动、三产相融"，建设田园城市，实施乡村振兴等新理念、新举措，推动"资源进市场、工业进园区、农民进新村"，最终按照"发展性、多样性、相融性、共享性"原则，构建"多线多带多园区""多主多翼多走廊"的多中心、组团式、网络化新型城乡形态，推进新型城镇化建设，在农村实现环境田园化、风貌多样化、交通网络化、配套标准化的人居环境。2003 年初，四川省成都市在全国率先探索了城乡统筹发展之路。2007 年 6 月 7 日，成都市和重庆市正式获得批准成为全国统筹城乡综合配套改革试验区，开启了成渝地区打破城乡二元分隔、创造平等发展环境的改革新征程，也为西部地区城乡交通运输统筹发展带来了新机遇。成都市以"全域成都"的理念推进试验区建设，城乡交通运输统筹规划与建设，按照市域交通一体化、区域运输综合化、交通管理智能化和建设中西部一流的交通枢纽的要求，大力推进市域交通"五网"（轨道交通网、市域高速公路网、中心城区快速路网、市域干线路网、新市镇路网）建设，建设了覆盖全市城乡、高效便捷的交通运输体系。城乡统筹中的"成都模式"，创新走出了一条城乡统筹、科学发展的新路，为西部地区乃至全国的发展起到了示范和带动作用，"成都经验"被全国各地学习和借鉴。

在城乡交通运输统筹发展方面，从 2003 年开始，西部地区和全国其他地区一样开始大规模地进行农村公路建设。西部地区在推进高速公路和农村公路建设，实施城乡交通运输一体化建设示范等方面进行了大量的实践探索，并取得了突破。但是以往的实践探索主要集中在城市以及城际干线的交通建设和运输发展上，农村交通运输发展依然不足，行业体制机制的改革触动不多，城乡交通运输统筹发展并未取得全面系统的推进。党的十八大以来，特别是党的十九大作出建设交通强国、乡村振兴等重大战略部署以来，西部地区抢抓机遇，超常发展，公路的通车里程、技术等级和路面状况都有了不同程度的提高和改善，很大程度上缓解了西部地区城乡居民的出行难题。四川省按照"一干多支、五区协同""四向拓展、全域开放"战略部署，实施了"综合交通三年行动计划"，强力推进以立体交通为重点的开放大通道建设，统筹铁路、公路、水路、航空发展，立足实际"突出南向、提升东向、深化西向、扩大北向"，构建以"四向八廊"为主骨架的"互连贯通、功能完备、无缝对接、安全高效"现代综合立体交通运输体系。截至 2018 年年底，四川全省综合交通路网总体规模已达 34.7 万千米。其中，公路总里程达 33.2 万千米，公路总里程居全国第一，高速公路通车里程居西部第一、全国第三，农村公路总里程已达到 28.6 万千米，位居全国第一。但四川与西部其他地区面临的底子薄、基础差、欠账多、发展不平衡不充分问题仍然存在。有些农村公路存在通达深度不够、网络化程度低、技术标准低、高级和次高级路面铺装率低、安保设施缺乏、病危桥涵改造率低、农村客运开通线路少、受益群众少等城乡交通基础设施差距大、城乡运输服务水平差距大、政府公共资源在城乡交通发展上的配置差异大等问题，这些问题既制约广大农村群众的生产和生活出行，又影响农村经济的发展。在交通运输方面，农村群众一定程度上难以与城市居民一样享受均等化公共交通服务，通过城乡交通运输统筹，实现一体化发展，有望从公路交通方面打破城乡"二元结构"，率先实现城乡居民公共交通的均等化服务。

四川省复杂的地形特征，在西部地区具有较大的代表性，同时，四川在城乡交通运输统筹发展方面也取得了许多值得推广的成功经验。为了在交通运输方面率先解决城乡二元化问题，推进城乡交通运输统筹，实现交通运输一体化发展，本著作在对城乡交通运输统筹相关理论研究的基础上，收集了国内外相关城乡交通运输统筹发展实践的成功经验，分析了西部地区城乡交通运输统筹发展的现状和存在的问题，从统筹城乡交通运输规划与建设、运营管理、养护管理等方面入手进行较系统的研究。为掌握城乡交通运输统筹发展程度，还构建了城乡交通运输统筹发展评价指标体系和模型，并以平原、丘陵和山区三种类型进行实证分析与评价，提出了实现城乡交通运输统筹发展的对策措施。

本著作采用理论与实践相结合、定性与定量分析相结合、数学建模与实证分析相结合的方法，既对城乡交通运输的相关理论和实践进行了研究，又对城乡交通运输统筹规划、运营、养护、评价、措施等相关问题进行了系统探讨，研究成果对丰富和完善城乡交通运输统筹发展理论，引导西部乃至全国城乡交通运输统筹发展，从而为从根本上破解消除"三农"问题的交通瓶颈，让城乡居民享受均等化的公共交通服务，为农村经济社会的全面发展，为乡村振兴和全面建成小康社会的最终实现打下良好的交通基础，提供了决策参考。

著 者

2020 年 4 月

目 录 ‖ CONTENTS

1 城乡交通运输统筹发展理论与实践

1.1 研究背景

1.1.1 国家层面

长期以来，受社会生产力发展总体水平、国家发展战略以及复杂多变国际形势的影响，我国在社会经济发展中，形成了城乡相对隔离、自我循环的典型"二元结构"，一定程度上影响了我国国民经济整体发展水平的提高和国家整体现代化目标的实现，也越来越不适应我国社会生产力发展的要求。

随着城市化的进一步深入发展，城乡之间的人员、信息、物资流动需求越来越大，但长期以来形成的城乡二元结构却阻碍着这种交流的开展和需求的实现，成为影响我国发展的最重要的体制性障碍。党的十六大提出的"统筹城乡经济社会发展"新理念，是破解城乡二元结构，实现城乡一体化的"金钥匙"。在城乡一体化的形成和发展过程中，要想实现城乡二元经济结构向现代经济结构转变，交通运输占有重要地位，起到关键的支撑作用，它强化了城乡间分工协作的关系，促进了城乡空间网络协调发展，使城乡一体化结构形态得以更加完善、更加协调、更加和谐。

首先，交通路网的规划与布局和建设，聚集资源和人力，起到推动城乡产业连接的关键作用；其次，交通运输连起城市和乡村之间人流和物流，成为影响社会进步与经济发展的一个重要因素，也是打破城乡二元结构，推进城乡一体化的关键要素。而要推进和实现城乡交通运输一体化，就必须从规划、设计、运营、管理等方面进行系统统筹，构建一体化的交通运输体系，这既是经济社会发展的客观需要，也是交通运输行业发展的必然要求。2005年9月，交通部颁布了《公路水路交通中长期科技发展规划纲要（2006—2020年）》将交通统筹发展管理技术、统筹发展运输技术标准作为其中一个重点内容，逐步达到运输方式间的无缝衔接和零距离换乘。2006年4月交通部出台的"十一五"期间促进农村建设的八项举措中，重要一项就是大力发展农村客运，推进城乡交通运输统筹发展，做到路通车通，路、站、运同时发展。

2016年10月25日，交通运输部、国家发展改革委等11个部门以交运发〔2016〕184号联合印发《关于稳步推进城乡交通运输一体化提升公共服务水平的指导意见》，提出要加快推进城乡交通运输基础设施、客运服务、货运物流服务一体化建设，并努力营造城乡交通运输一体化发展环境，到2020年实现"八个100%"的目标，即实现具备条件的乡镇和建制村通硬化路率、通客车比例、城市建成区路网密度和道路面积率符合要求比例、中心城市公交站点500 m覆盖率、500人以上岛屿通航比例、建制村直接通邮比例、具备条件的乡镇快递服务网点覆盖率、具备条件的建制村通快递比例分别达到100%。基本建立城乡交通运输服务体系和形成城乡交通运输一体化格局，使城乡公共服务水平显著提升，社会公众认可度和满意度显著增强，能更好地满足城乡经济社会发展对交通运输的需要。为实现该目标，要求：加快城乡交通基础路网建设、完善城乡运输站场体系建设，加强城乡交通运输规划衔接，加快推进城乡交通运输基础设施一体化建设；完善城乡客运服务网络和价格形成机制，整合城乡客运资源，推进城乡客运结构调整，提升乡村旅游交通保障能力，保障城乡交通运输安全，加快推进城乡客运服务一体化建设；构建覆盖县乡村三级农村物流网络，推动城乡交通运输"路、站、运、邮"协调发展，加快推进城乡货运物流服务一体化建设；努力营造城乡交通运输一体化发展环境。

可见，政府、行业都都对城乡交通运输统筹发展非常重视，如何建立城乡交通运输统筹规划、建设和管理的协调机制，促进城乡融合发展，已成为各级政府及规划管理部门共同面临的新课题、新挑战。

我国交通运输网络的各个子系统发展水平有高有低，协同发展较弱，许多"短板"拖了现代交通"快速、经济"特征的后腿。交通线网基础设施水平高，高速铁路和高速公路世界领先，但一体化综合枢纽建设和运营重视不够。属于硬件的设施设备较为先进，但运输组织（主要是货物联运和旅客联程等）等软件建设落后。先进与落后并存，有路的现象与无路的情况同在，既有交通发达完善的地区，也还有尚未通达连接的地区。

国家在《"十三五"现代综合交通运输体系发展规划》中，针对我国交通运输区域发展不平衡、不协调等问题，提出打造好"三张网"：高品质的快速交通网、高效率的普通干线网、广覆盖的基础服务网。并与"一带一路"、京津冀协同发展、长江经济带发展等规划相衔，到2020年，建成安全、便捷、高效、绿色的现代化综合运输交通体系。

新时代社会主义现代化强国建设对交通强国提出了更高的要求：在交通运输供给能力适应经济社会发展需要的基础上，中国交通要与世界各地互联互通，更加包容世界，助力人类命运共同体建设；在交通运输领域承担越来越多的国际责任，从国际规则的遵守者向参与者和制定者转变；重视共同富裕，更加幸福，为老年人群、残疾人群、贫困人群等社会弱势群体提供更加完善周到的运输服务；要比以往更加重视交通运输中的社会文明、生态文明建设；21世纪中叶将有占总人口四分之三以上比例的人民居住在城市，因此我们要更加重视城市交通建设，让人们城市生活更美好，同时不忘乡村更美丽。

1.1.2　区域层面

西部地区是指包含陕西省、甘肃省、宁夏回族自治区、青海省、新疆维吾尔自治区、四川省、云南省、贵州省、重庆市、西藏自治区、广西壮族自治区、内蒙古自治区（部分地区）12个省、自治区和直辖市。长期以来，受地理环境、教育、交通等因素影响，西部地区经济发展缓慢是我国经济发展最显著的特征，这也是现阶段亟须解决的难题之一。

我国从2000年起开始实施"西部大开发"战略。提出要把实施西部大开发、促进地区协调发展作为一项战略任务，强调"实施西部大开发战略、加快中西部地区发展，关系经济发展、民族团结、社会稳定、关系地区协调发展和最终实现共同富裕、是实现第三步战略目标的重大举措"。

2006年12月8日，国务院常务会议审议并原则通过《西部大开发"十一五"规划》。目标是努力实现西部地区经济又好又快发展，人民生活水平持续稳定提高，基础设施和生态环境建设取得新突破，重点区域和重点产业的发展达到新水平。2012年2月，国务院批复同意了《西部大开发"十二五"规划》，指出要更加注重基础设施建设，着力提升发展保障能力，更加注重社会事业发展，着力促进基本公共服务均等化和民生改善，并指出成渝地区发展目标：成为全国统筹城乡发展示范区，全国重要的高新技术产业、先进制造业和现代服务业基地，科技教育、商贸物流、金融中心和综合交通枢纽，西南地区科技创新基地。

2013年，习近平主席在出访中亚四国和东南亚国家期间，提出了"一带一路"倡议，2015年3月28日，国家发展改革委、外交部、商务部联合发布了《推动共建丝绸之路经济带和21世纪海上丝绸之路的愿景与行动》。"一带一路"倡议的实施为缩小西部地区与东部沿海地区的发展差距提供了前所未有的新机遇，同时也带来诸多挑战。除了基础设施建设相对滞后外，西部地区还是我国重要的生态涵养和少数民族聚居地区，这里以山区为主，地理复杂多样，因此在"一带一路"的推进过程中，在基础设施互联互通方面将面临庞大的资金需求和克服环境保护、处理民族关系等难题的极大挑战。

因此，西部地区的各省区市要抢抓新时代历史发展新机遇，以交通基础设施的互联互通作为发展突破口，进行合理规划设计，在考虑与经济发展水平相协调的时候，也需充分考虑投资的社会效益与经济效益，避免出现盲目建设、重复建设，要总揽全局、做到协调发展。

1.1.3 四川省层面

四川省是全国统筹城乡改革的试验区和先行区，成都市是全国统筹城乡综合配置改革试验区，自贡、德阳、广元市是四川省统筹城乡综合配套改革试验区。四川省委、省政府《关于实施"一干多支"发展战略推动全省区域协调发展的指导意见》指出，要引导各地优化产业布局，推动工业高质量发展，形成"一干多支、五区协同"区域发展新格局。交通运输是国民经济中基础性、先导性、战略性产业，是重要的服务性行业，是发展现代化经济、推动高质量发展的"大动脉"，也是构建区域协调发展新格局、打造立体全面开放新态势的重要支撑。

四川省在解决城乡二元结构、推动城乡经济统筹发展方面做了大量工作，在实施贫困农村连片扶贫、新农村建设的基础上，提出了推进新型工业化、新型城镇化，建设新农村综合体，实施"两化互动、三产相融"，建设田园城市等新理念和新举措。积极推动"资源进市场、工业进园区、农民进新村"，最终按照"发展性、多样性、相融性、共享性"原则，构建"多线、多带多园区""多主多翼多走廊"的多种心、组团式、网络化新型城乡形态，推进新型城镇化建设，在农村实现环境田园化、风貌多样化、交通网络化、配套标准化的人居环境。

在推进城乡交通基础设施建设方面，主要从以下几个方面体现：一是推进四川省干线公路联网畅通工程，以"构建现代综合交通运输体系、建设更加畅通的交通网络"为总体目标，集中加快推进一批纲举目张、联网成片、画龙点睛、事半功倍的关键节点和瓶颈路段项目建设，有效强化路网互联互通，实现出川通道和省内干线相互连通，干线公路联网畅通能力显著增强，初步构建互连互通、功能完备、无缝对接、安全高效的现代综合交通运输体系；二是大力推进农村公路建设，四川省从2003年开始进行大规模农村公路建设，先后组织实施了县际公路和通乡、通村公路建设；三是2006年以来，在完成全省农村公路普查的基础上，全面实施以"油路到乡、公路到村"为主要目标的农村公路建设规划。党的十八大以来，在交通运输部大力支持下，四川省委省政府高度重视"四好农村路"建设，出台了《关于进一步促进四川省农村公路建管养运协调发展的意见》（川府发〔2015〕5号），坚持党政主导，示范引领，全力推进，掀起了新一轮农村交通运输发展新高潮。2017年，四川省成功创建了14个"四好农村路"省级示范县、3个国家级示范县。2018年，南部县、甘孜县等14个第二批"四好农村路"省级示范县被认定。截至2018年年底，四川省农村公路总里程达28.6万千米、位居全国第一，基本实现"乡乡通油路、村村通硬化路"。

从总体看，四川省农村公路仍存在通达深度不够、网络化程度低、技术标准低、安保设施缺失、病危桥涵改造率低、农村客运开通线路少、受益群众少等问题，这些问题既严重制约广大农村群众的生产和生活出行，又严重影响了农村经济的发展和新农村建设。目前农村群众仍然无法与城市居民一样享受均等化的公共交通服务，通过城乡交通一体化发展，有望从公路交通方面打破城乡"二元结构"，率先实现城乡居民公共交通的均等化服务。

因此，如何在实现城乡统筹发展的大形势下，针对城乡交通运输统筹发展过程中，尤其是在考虑四川省省情的情况下，结合成渝地区城乡统筹发展背景，解决好四川省城市、农村和城乡结合区域的交通运输协调发展问题，统筹好规划建设、市场运行、管理服务等城乡交通各个环节和各种资源，全面提升四川省城乡交通运输的运营能力和服务水平，具有十分重要的理论价值和现实意义。为此，有必要结合"两化互动、三产相融"和城乡交通一体化示范建设，从农村路网规划、技术标准应用、安全设施完善、资金投入模式、农村公路建设、养护管理和农村客货运输体系等方面入手，在县域甚至更大范围开展本课题的研究工作。

1.2 城乡交通运输统筹发展的内涵

目前，国内外对城乡交通运输统筹发展在理论和实践上尚无统一、严格的定义，并存在通一条路、建一个车站就实现城乡交通运输统筹发展的片面认识。关于城乡交通运输统筹发展的内涵，国内外学者都对其进行了较深入的研究。

袁虎勇认为实现交通各子系统之间和子系统与外部环境因素之间有机协调是交通运输系统统筹发展的根本目标。这种协调体现在交通运输系统的内部整合与外部关联两方面。内部整合：一是以运输枢纽建设为纲，发挥交通运输设施的整体效益；二是以换乘服务为中心，促进各种方式协调运行、合理分工及紧密衔接；三是依托法制与体制，充分发挥政府、市场和公众各种作用的组合优势。这种整合可概括为"一纲、一中心、两个依托"，它包括了设施平衡、运行协调和管理统一。外部关联是指充分认识交通运输与城市功能提升的互动作用，交通运输发展必须与土地使用、环保、道路网络等诸多城市发展领域紧密结合在一起，从而推动城市全面发展。由此可见，统筹发展的交通运输系统不仅将交通需求和供给联结为一个整体，而且还使交通运输系统得以延伸，使其融入社会经济系统。统筹发展的公共交通系统作为统筹发展交通运输系统的子系统，继承了其全部内涵，即通过建立公交发展长效机制和政策法规，促进公交系统内部各方式间的经营整合与运行整合，实现公交系统的管理统一、服务统一、票价统一和政策统一，提高公交系统的服务水平和运营效率。

陈方红等人从城乡道路运输统筹的角度进行了研究，指出城乡道路运输统筹发展的根本出发点是满足人的交通需求，最终目标是构筑人性化、安全化、便捷化、信息化和生态化的交通供给。其内涵体现在以下三个方面：

第一，城乡交通运输统筹发展既要提供全方位、多层次的运输服务以支撑城乡统筹的发展，又要以良好的交通条件诱导产业在城乡统筹中均衡发展。

第二，城乡交通运输统筹发展既要本着"设施平衡、运行协调、管理统一"原则对城乡现有交通资源进行有效整合，又要通过制定和调整交通政策，统筹进行交通规划、交通管理等对城乡交通需求实行统一管理和正确引导。

第三，城乡统筹发展道路运输体系不是一个孤立、封闭的系统，而是区域社会经济大系统中一个开放的子系统，它不但与社会经济系统具有互适性，而且还与城乡土地利用、环境发展等具有极高的关联性。

岳东阳认为城乡交通运输统筹发展，就是要打破城市交通和公路对外交通的界限，打破交通行政等级划分制约和城镇和农村间的分割，从城乡统筹发展的高度，对路网、站场、线路、运输、市场、管理等交通要素进行统筹考虑、统一规划、整体布局、统筹发展建设和管理，实现城乡交通全衔接、全沟通、全畅达，体现城乡交通科学、公平、协调发展，让农村居民和城市居民一样同享优质、价廉、方便、快捷的均等交通服务。

顾仕珲认为城乡交通运输统筹发展是城市扩张、社会经济发展和交通运输产业发展到一定阶段后的必然产物，它是与城乡统筹发展进程互推拉式递进、城乡交通协同效应日趋增强的空间拓展过程，是在正视城乡交通存在区域差别的基础上，通过对城、乡交通诸元素进行合理配置，将道路、场站等基础设施建设、车辆运行、网络延伸、经营结构、管理体制等有机结合成为一体，充分利用交通运输资源，推进城乡交通系统在规划、建设、运营、养护、管理、服务等方面的统筹发展，最终实现城乡交通运输资源优化配置，提高交通服务品质，构建和谐交通系统。

城乡交通运输统筹发展是一个广义、系统和过程性的概念，其内涵应理解为：

第一，城乡交通运输统筹发展是双向的，它是为城乡经济融合协同发展和促进城乡经济、文化交流而服务的，不是单方面的郊区农村交通或是城市交通延伸或扩大经营区域的问题，而是两者相互吸收有益于自身发展的积极因素，以实现相互促进，协调发展，共同发展的双向演进过程。

第二，城乡交通运输统筹发展不是将农村和城区交通简单地统一起来进行运营、管理，而是考虑城区、郊区在交通运输中存在的差异，充分发挥各自的特点和优势，有机衔接，协调发展。

第三，城乡交通运输统筹发展是一个大系统，需建立客运系统、运行系统、衔接系统和管理系统，并充分整合形成适应城市化发展要求的城乡交通运输统筹发展体系。

综合以上分析，可以认为城乡交通运输统筹发展的内涵，就是在考虑西部地区地理条件（平原、丘陵、山区等）、交通需求、经济社会发展等诸多因素的情况下，在城乡交通运输存在差距的客观现实条件下，打破城乡界限，从城乡交通运输一体化发展高度，对区域内的城乡路网、线路、站场、运输、市场、管理等交通要素进行统筹规划、整体布局、一体化建设和管理，实现城乡交通运输全衔接、全沟通、全畅达，实现城乡交通运输协调发展，让城乡居民享受同等优质、价廉、方便、快捷、安全的交通文明服务。

城乡交通运输统筹发展的内涵特征主要表现为：整体性、公平性、均衡性、可持续性。

（1）整体性是指城乡交通运输是一个有机整体，要求针对全域的交通运输资源，从交通运输体系和交通运输管理政策方面进行顶层设计，做到统一规划、统一管理、统一组织，打破行政、部门及地域界线，使城乡交通运输间实现相互对接、有机连接、合理搭接、无缝链接，以达到区域内交通运输系统的整体优化、协调发展，满足城乡居民的交通运输服务需求。

（2）公平性是指实现城乡交通运输服务均等化，使城乡交通运输能够在发展机会、享受政策、运输服务等方面公平一致。这就要求城市的服务功能向农村扩展、交通运输公共设施向农村延伸、公共服务向农村覆盖。由于历史原因，城乡间存在较大差异，为确保公平性得以实现，农村交通运输应获得更大的支持和扶持。

（3）均衡性是指主要通过对不同地区的交通运输资源进行合理地调节、配置来使城乡交通路网、站场、线路、信息等资源均衡配置，与当地交通需求能够协调匹配，发挥交通运输资源的最大效能。

（4）可持续性是城乡交通运输良性发展的重要保障，要求从体制机制、政策、法制、资金等方面来保障城乡交通运输统筹发展的可持续性。

城乡交通运输统筹发展，应包括在城乡基础设施、运输服务、养护管理、信息化水平、配套政策等五个方面做到一体化发展。

1.3　城乡交通运输统筹发展相关理论

1.3.1　网络开发理论

网络开发理论，是点轴开发理论的延伸。网络开发就是在初步形成交通运输整体布局框架的基础上，采取网络开发模式，建立交通运输空间网络结构，并通过与已有点线运输系统的连接、交织和延伸，来强化网络的相互作用，提高城乡之间各节点、各域面交通联系的广度和深度，发挥不同等级城市的作用，采取大城市带动小城市、小城市带动乡镇、一个中心城市带动一片地区的模式，实现点、线、面的相互结合，促进区域城乡交通运输的一体化。同时，通过城乡交通运输统筹一体化的发展，加强城乡之间的联系，或将城乡的经济技术优势向四周扩散，将更多的生产要素在更大的空间范围内进行合理的调度、组合，从而推动城乡经济的融合发展。反过来，城乡经济的发展则会在一定程度上推动城乡交通运输向更高层次发展，交通运输发展与经济发展是相互促进的。因此在本质上，网络开发来源于系统内在要求和外在的市场需求。如果要实现交通运输的最大化，满足市场需求，则必须要增加交通运输的可通达性，提高运输网络的覆盖密度，减少运输障碍和不必要的环节，只有这样，才能加强各个地区之间的相互作用，充分发挥各个地区的相对优势，达到资源优势互补，从而促进城乡经济的融合发展。

1.3.2　系统协同论

系统协同论最早是由德国物理学家赫尔曼·哈肯（Hermann Haken）在 1972 年提出的，名为自组织系统理论，也称为协同论。协同论从其创立以来发展迅速，已在许多领域得到广泛应用，已成为当代研究非平衡系统自组织现象最为引人注目的学派之一。系统协同论是一门研究系统从无序到有序转变所遵循的普遍规律的科学。协同论中的状态分为"无序"和"有序"：假如一个系统内的诸多要素不能有效地同步协调，而是互相离散、制约的，从而使系统整体功能不能充分发挥，那么该系统就可视为处于无序状态；反之，如果一个系统中的诸多要素互相配合，同步协调，那么该系统就处于整体有组织的"有序"状态，即产生协同。由此可见，只有当系统是开放的，外界输入负熵流足够时，才能产生协同。

将协同论运用于研究城乡交通运输系统时，将城乡经济看作一个大系统，交通运输系统则是其中的一个子系统，从子系统在大系统的地位和作用看，城乡交通运输系统是城乡经济发展的基础和催化剂。而对于我国特殊的国情而言，受长期行政区划概念的束缚，在交通基础设施的规划、设计、建设、运营管理、政策法规等交通行为等都在不同程度上存在行政壁垒，例如各种运输方式之间的重复建设和不协调，城乡间交通基础设施规划建设的时间和标准不一致等，使得交通系统不能达到有效的衔接，交通资源不能得到优化利用。但是经济一体化对城乡交通运输的统筹提出了宏观方面的需求，而协同论自组织特性也要求交通系统通过系统的协调作用和相互效应，使交通系统从无规则的混乱状态转变为客观有序的机理和规律，因此可以将协同理论作为交通运输一体化发展的理论支撑。

1.3.3　可持续发展理论

可持续发展，是指既满足当代人的需求，又不对后代人满足其需求的能力构成危害的发展。在现代社会，可持续发展是一个涉及经济、社会、文化、技术及自然环境的综合概念。目前，可持续发展主要包括自然资源、生态环境可持续发展、经济和社会的可持续发展三方面。城乡交通运输统筹可持续发展的终极目的之一就是在城乡之间应体现均富、合作、互补、平等的原则，在空间范围内缩短各方面的差距，不应造成物质上、信息上甚至心理上的鸿沟，共同实现城乡交通运输体系之间的内部协调和统一。

城乡交通运输统筹的可持续发展理论，要求不仅要考虑城乡之间现有交通运输体系的发展，而且还要考虑交通运输对经济发展的外部正效用与负效用，不仅要考虑交通运输对当代（或近期）整个社会经济系统资源配置的影响，而且还要考虑到动态资源合理配置的影响。交通运输的可持续发展，要求交通运输减少本身成本的消耗，缩短运输时间，消除城乡之间由于行政区划造成的障碍，促进经济社会快速发展。城乡交通运输统筹的可持续发展，要求建设规模适度、结构优化、布局合理、技术先进、优质高效、节能环保的运输体系。其中，交通基础设施主要包括城乡交通网络及场站,其建设同交通环境和交通规划方法密不可分，因此交通基础设施的规划要有科学的规划方法作保障，否则，就会削弱城乡交通基础设施建设的可持续性。而交通建设、交通工具和交通运行同所处的交通环境以及经济发展水平是息息相关的，交通建设要保证不损害交通环境，同时要给社会创造一个良好的生活氛围。这就要求交通建设和交通工具必须实现标准化、节能、高效，而这些都符合城乡交通运输统筹发展的内在品质要求，交通运输可持续发展理论的出现并非偶尔的，而是时代发展的产物。

1.3.4 木桶理论

"木桶理论"源自古典经济学，表明的是整体与局部间的辩证关系，它是指由数块长短不齐的木板制成的木桶，其蓄水量是由最短的一块木板决定的。也就是说，事物的最终结果，往往受制于要素的最低水平，要提高整体水平，必须提高最弱局部的性能，即从事物"最短的那块木板"着手，采取合理措施，提高事物的整体效果。木桶理论在实际生活中随处可见，在研究城乡交通运输系统时也具有较强应用价值。从城乡之间的运输体系要素角度看，城乡内的各个交通运输子系统发展水平可视为木桶的木板，是局部，个体间发展的不平衡会影响城乡交通运输的整体发展水平；从交通运输组成结构看，公路、铁路、水路、航空和管道五种运输发展水平亦可视为木桶的木板，各种运输方式发展的不一致，管理上的不统一，也会影响整个运输系统的发展水平和发展速度。因此，在研究城乡交通运输系统发展时，务必要重视各组成"木板"的协调发展，尤其应关注最短的木板以及木板长度差异的问题，尽量保证木板长度的均衡，使整个系统处于协调发展的状态。

1.3.5 综合交通理论

城乡交通的发展不能仅局限于系统内部某一个要素自身的发展，例如公路或者铁路，更应着眼于整个交通运输体系，从交通运输体系占用的社会资源、各种运输方式、城乡之间的交通运输子元素等，综合考虑其整体性。同时，还应把城乡交通运输放到更大的社会背景中进行分析，从而产生了一体化综合交通理论。

一体化综合交通理论主要是指各种交通类型要发挥自身的特点和优势，既要注重综合交通运输体系内部资源的充分整合，还需加强综合交通运输体系与外部发展的紧密关联。其中，交通运输体系内部的整合：一是交通运输设施的平衡，目的是要充分发挥交通运输设施的整体效益，不仅要考虑场站与线路的平衡，还要重视管理的作用。二是交通运行的协调。在综合交通运输体系中，各种交通运输方式并存，都将在其适用的范围内发挥特有的优势。保持各种运输方式的平衡，例如，公路、铁路、水运、管道等，不仅表现在各种运输方式间的分工合理，更应表现在各种运输方式之间的紧密衔接，其中无缝换乘是实现交通运行协调的关键。三是通过交通运输管理将各种交通运输设施和运行紧密整合起来，即交通运输运行水平与交通运输设施水平的平衡。其中，科学合理的管理体制和法律制度是综合管理中的关键。而交通运输体系与外部发展的紧密关联则是指交通运输发展必须与土地使用、社会、经济和环境等诸多领域紧密结合，从而推动整个社会的发展。

1.4 国内外城乡交通运输统筹发展经验

1.4.1 国外交通运输统筹发展经验

国外交通运输行业比较发达的国家，其城市化水平较高，城市人口的比重已远远超过 50%，城乡之间的差异比较小，与我国的城市发展模式有所不同。因此，对交通统筹发展的地理研究范围主要侧重于城市，对城乡交通统筹发展的研究也较少。

1.4.1.1 美 国

尽管美国的城乡客运网络极其发达，但由于美国几乎每个成年人都有自己的私人汽车，除此之外航空运输也改变了人们的出行习惯和方式，其公路运输的中长途客运处于相对低迷的状态。为了让更多的人使用公共交通工具出行，一些美国学者提出将外出交通方式与土地资源利用相互配合，指出公共交通核心地位的关键，在于土地的利用形式和程度与公共交通服务理念的契合程度。21世纪初，在美国城市边缘或郊区的一些地区若干居民相对集中的地区适合采用公共交通服务理念，这些群居点是依托公共交通线路开发的，也被一些现代美国学者称为"Transit Village"（公共交通社区）。这种典型的"Transit Village"大都在可步行的距离之内，在社区内采用多种用途相混合的模式，以公交车站为基础设施，周边围绕着很多广场和便民设施，将社区的密集程度由社区逐步向外扩散，快捷、合理的公共交通社区以居民生活的社区为中心点并连接各处。同时在社区的周围设置公交枢纽中转站，方便城乡之间的乘车。

1.4.1.2　欧洲国家

20世纪80年代以来，欧美国家的各大城市机动化程度不断提高，出入市区的私人汽车数量迅速增加，造成城市中心出现道路拥挤、环境污染等一系列问题。政府意识到交通问题的严重性后，相继提出建立统筹发展交通运输体系的战略思想，并采取了相应的政策措施，取得了良好的效果。一般认为交通运输统筹发展是通过协调各级管理部门、基础设施、管理措施、价格调整及土地利用等因素来发展交通运输，从而提高运输体系整体效益的一项交通运输政策。建立完整高效的交通运输统筹发展体系，实现包括公共交通、私人汽车、自行车及步行交通等综合效应，以及交通相关的设施、部门及政策之间的相互协作。

欧洲国家认为，统筹发展交通政策的重要目标是可持续性。一般说来，出行数量的过快增长、轿车拥有数量的增加以及运输外部费用的发生都是不可持续的标志。May（1991）在研究伦敦等城市的问题后指出：统筹发展就是一种通过对基础设施、既有设备的管理以及基础设施的价格等因素的协调来解决城市交通问题的方法。

在展望欧洲2020年交通与城市发展间的关系时，伦敦大学交通政策专家Banister（2000）总结出欧洲面临的3个主要问题：空间短缺、人口密度高及保护空地。他将交通运输的政策实践分为5个阶段，分别是①形成共识，交通数量的增长是不可持续的，②道路修建计划不能解决问题，即使大量投资，堵塞仍会存在；交通供给增长跟不上需求。③ 讨论轿车使用的限制策略：大幅度提高轿车出行费用，使供需匹配；对某些用户及某些运输方式实施优先发展策略。④ 公众的关注点集中于无限制（交通）移动所引起的环境后果；环境问题即使得到解决，潜在的交通拥挤问题依然存在。⑤ 普遍认识到改善环境与拥挤状况的唯一出路是少用私人轿车，进而减少旅行需求。

在欧洲国家中，英国的交通情况比较有代表性，1999年的调查显示，相比美国及其他欧盟国家，英国每千米行驶的车辆数居各国之首，机动车的使用率很高，道路交通状况最为严峻。为改善不断恶化的交通状况，英国政府1998年7月颁布了《解决交通问题的新手段：方便所有出行者》的交通政策白皮书，提出交通统筹发展是英国政府交通可持续性发展策略的核心部分。英国大城市官方协会（Association of Metropolitan Authorities）早在1990年就提出了要采用综合方法来改善交通现状，并概括交通统筹发展包含的4个方面：各级管理部门权限的一体化；不同运输方式发展策略的统筹发展；新建基础设施、管理既有设施及调整基础设施价格等策略的统筹发展；交通规划与土地利用的统筹发展。主要目标有：资源的有效利用，增强交通的可达性，提高交通安全性，增加社会效益和经济效益。交通统筹发展通过对多方面不同措施的组合实施来获得预期的效果，表1-1为交通统筹发展四个方面分别采取的措施。

表 1-1　交通统筹发展的具体措施

基础设施	管理措施	价格因素	土地利用
新建高速公路	交通管制　道路停车管理	停车费	利用密度
改建高速公路	改善交通路口　公交车站管理	过路费	发展的最低限度
新建轻轨	单行线　限制私有车	燃油价格	交通相关设施
新建公交车站	巴士优先　合乘私有车	尾气税	交通与商业区
修建停车场	自行车管理　提高服务频率	汽车税	交通与工业区
公交专用线	人行道　改进公交线路	费用结构调整	交通与住宅区
增加交通工具	交通秩序　车辆导航系统		
非机动车设施	事故处理措施　乘客信息		

英国交通统筹发展实施后增加了该地区的交通可达性，出入市区的汽车总量下降，市区及市区以外道路的行车速度提高，交通事故减少，燃料消耗下降。另外，没有修建放射线道路，公共交通的票价没有下调，没有实施道路价格管理，其效果相差很大。可见，交通统筹发展的实施，仅仅执行其中的一项或几项措施，效果不会达到最佳。当各项措施合理有机地协调与发展，做到完整的交通统筹发展，整个交通状况才会得到最大程度的改善，效果更为明显。

1.4.1.3　日　本

自 1970 年开始，日本大力在城市道路、乡村道路、高速公路等基础设施上发展，研究表明，这些交通基础设施的发展与城乡经济发展水平同步高升。不仅如此，微观数据也证实了交通基础设施的发展与经济水平的提升有着重大的关系。因此，日本在此期间将道路发展作为重大工程项目。在未进行开发公路之前，从神户到德岛一般需要 3 h 以上，而进行公路建设后，两者利用 1 个多小时即实现可达性，节省了大部分时间。日本对于城乡道路的建设，提高了城乡道路的机动性和可达性。

从管理机构角度看，日本实行的体制为大交通管理，主要由内阁下属的运输省和建设省管理交通运输行业。其核心思想是实行从上到下垂直性的管理，分别涉及各个都、道、府、县级等设立的管理运输部门。有专门设立的普法院主要对公路交通司法进行管制。运输省由本省和外局两部分构成，外局设置的部门主要有船员劳动委员会、海难审批厅等。地方分局主要包括地方运输局、航空交通管制部、港湾建设局等。

从运营机制角度看，日本对城乡小汽车的发展采取严格的限制措施，主要通过 TOD 模式来提升城市和农村的发展。为了限制私人交通出行，日本在城乡地区分别构建发达的城际、城市和城乡之间的轨道交通系统，人们可以利用这些轨道交通系统实现城乡之间的转移。同时，日本还注重换乘组织的协调性，如轨道交通与长途客车、公共汽车的衔接，使人们可以很方便地实现换乘。

1.4.1.4 韩　国

韩国从 20 世纪 60 年代初期开始普级私家车，20 世纪 60 年代中期开通了京仁、京釜等高速公路。20 世纪 70 年代初期，首条地铁开通；20 世纪 80 年代韩国由于汽车的大众化，小汽车保有量突破了 100 万辆。伴随着经济的发展，韩国开始大力修建公路，并努力修建多条地铁运行线路，这时的韩国比较忽略公共交通方面的运行。到了 20 世纪 90 年代，韩国小汽车保有量已经突破 1 000 万辆。为了限制私家车的使用，以缓解道路交通拥堵，韩国开始重视公共交通的发展，努力推广公共交通的使用，政府联合出台关于公交服务多样化和科学管理的政策，以确保公共交通的安全集约。而到了 2000 年，首尔的公交体系开始进行改编，使首尔的公共交通服务焕然一新。

从交通管理角度看，首尔大都市交通局(Metropolitan Transportation Authority，MTA) 是大都市区的交通主管机关。大都市交通局是根据 2005 年 2 月的地方政府法而成立的政府机构，由首尔特别市政府、仁川广城市政府、京畿道政府等地方省级政府联合组建。其目的是加强首尔等大都市圈交通领域的协调和合作力度，以更加有效地解决韩国各大都市圈交通系统存在的问题。大都市交通局下设规划协调部、交通设施管理部。大都市交通局的主要职责是创建以公共交通为核心的大都会交通系统，修改调整大都会区的交通政策，研究交通需求管理政策等。

从运营机制角度看，首尔的地铁运营机制比较特殊，主要实行市场竞争模式下的官办官营模式，线路的筹划工作由政府负责建设，多家以上的单位通过招标获取经营权，该种模式主要提高了企业的主观能动性。而首尔公交采取的运营方式为政府管制与竞争招标相结合的方式。收入和支出作为韩国公共交通行业运营管理线路，有效地优化了资源配置，其宗旨始终围绕线路投标和服务质量为基准，同时联合公交企业经营的管理机制为核心，逐步实现了"行业公益性，运作市场化"的创新管理机制。

1.4.2 我国东部地区交通运输统筹发展经验

我国的城市发展较快，城乡之间的经济、文化交流日益增多，对交通运输的需求也迅速增大，原有的交通运输系统已经不能满足城乡居民的出行需求，而且原有的交通运输系统在一定程度上阻碍着城市经济的发展。很多专家、学者、政府逐渐意识到这个问题，积极在理论上进行研究，在政策上给予支持，在部分城市进行了实践，并取得了较好的效果。目前，我国城乡交通运输统筹发展研究与实施主要集中在东部比较发达的地区，例如长三角、珠三角地区城市以及一些经济比较发达的省会城市。

1.4.2.1 广东省

广东省在城乡经济一体化的推动下，城乡交通运输一体化取得了积极进展。表现在以下几点。

（1）站场资源共享。城市公交与农村客运共享站场，实现城乡公共交通零距离换乘。

（2）公交下乡、农村客运进城。

（3）短途班线客运公交化、便捷化。部分地区在客流量大、沿途城镇密集的短途班线上，按照公交运行模式滚动发班、开行"公交化、便捷化"客运班车。

（4）创新经营模式。部分经济较发达、城市化程度较高的地级市或县级市（区）率先探索实施"统一规划、统一管理、统一组织"的创新经营模式。如深圳的全公交模式、东莞和中山的公交化经营模式、佛山南海的政府采购服务与企业经营模式、佛山禅城 TC 模式等。

下面以广东省部分地区的交通运输一体化为例，介绍发展经验。

1. 广州市

广州市通过市域高等级路网的规划布局，构建全市统一路网平台，协调公路与城市道路建设，落实"双快"交通体系，支持战略规划确定的"南拓北优、东进西联"城市空间发展战略,为促进广州范围城乡统筹发展和"珠三角"区域统筹发展奠定了坚实的基础。主要措施如下:

（1）便捷联系即"时空圈"。使市域高等级路网适应机动车发展需要,提高网络覆盖率和通达性,形成以高（快）速路为依托,国道、省道、主干道为衔接,对内连接紧密,对外联系高效、快捷的主骨架路网体系,形成有效机动车交通"时空圈"。

（2）城市道路与公路建设的统筹、过渡与转换。一方面,充分协调城市道路与公路规划建设特点,在市域范围考虑城市建成区的城市规划要求,统一按照城市道路交通的规划技术要求,将一部分承担骨架道路作用的国道及部分省道、县道纳入城市高等级路网体系,对建设方式和管理模式进行机构管理协调,随着城市化的进程逐步对干线公路进行快速化改造。另一方面,城市道路与公路系统具有不同的性质、功能和特点,在交通组成、地域环境、道路条件、交通性质等方面存在较大差异,不同系统衔接道路上的交通流车速、流量离散度增大,必然会出现大量的交通阻塞、延误和交通事故。市域高等级路网必须能提供交通环境、交通性质等因素的渐变空间,实现车流在不同系统之间安全、快速的通行。

（3）与轨道交通的协调引导。作为"双快"交通体系之一的高（快）速道路网,必须尽快确定,以便两者在衔接转换、功能定位、线路位置、建设时序等方面相互协调,减少日后在规划管理上的矛盾。

（4）与周边城市群的沟通与衔接。广州位于珠江三角洲 A 形城市群的中点,特殊的地理位置决定了高（快）速路网系统对外应具有开放性,加强与周边地区高等级公路的规划衔接,尤其是与佛山、东莞路网的沟通和联系,将广州市域高等级路网与周边地区路网连接通顺,使广州市的交通系统能融入珠江三角洲,推动珠三角道路交通设施的统筹发展。

（5）各组团内部与对外联系的均衡发展。应充分考虑市域范围内各组团空间结构发展的特点和影响因素,明确相应的高等级路网布局规划指导思想,在此基础上研究提出各组团的高（快）速路网形态和结构,并且市域范围内每个交通走廊至少应有"一主一辅"两条以上高等级道路相联系，具备一定的突发事件应对能力。

（6）与生态、环境的协调发展。市域高等级路网应以现有道路的利用、整合、改造为主，适当建设新线为辅，尽量少占用稀缺土地资源，既要满足道路工程技术标准，又要充分利用自然环境，使高等级路网与城市生态保护、环境景观规划相协调，减小对自然环境的破坏和对两侧用地的干扰。

2. 江门市

江门市是广东省中南部的一个地级市，地处珠江三角洲西部。面积9 504 km²，约占珠三角面积的1/4，辖蓬江、江海、新会3个市辖区，代管台山、开平、恩平、鹤山4个县级市。总人口414.27万，其中市区人口约133万。自"十一五"期间推进城乡交通一体化以来，取得了显著成绩，在交通基础设施建设、运输服务能力、行业管理、文明建设等方面均取得了突破，具体表现如下：

① 完善区域公路网络。

继续保持适度规模和速度的公路网建设，并把道路网络衔接、路网结构优化作为重点，构建层次分明、布局合理、发展协调的公路网络。2015年年末，全市公路总里程已达到10 018.2 km，公路密度达到105.39千米/百平方千米，与珠江三角洲发达地市的联系得到进一步的加强；公路交通与周边地市全面对接，消除"断头路"和"瓶颈路"。

以国省道为主的干线公路：以提高路面质量为中心，强化国省干道的干线公路功能，重点消除瓶颈路段，全市所有国道达到一级标准，所有省道基本达到二级以上标准，实施省道升级改造，对车流量大的国省道线路进行复线工程的前期研究，对部分已经形成瓶颈的干线公路桥梁进行改造；推进市域内及市际间干线公路网的新建，满足市域内组团间及市际重要节点间快速出行的需要；统筹城乡发展，加强城乡联系，推进市域内县乡道路的建设，完善市域路网，提高路网覆盖率和服务能力。

农村公路：进一步推进农村公路建设，扩大交通网络规模，提高网络通达率；继续完成农村公路的硬底化工程，统筹资金，优先解决革命老区、贫困村和人口在500人以上自然村的"行路难"问题。

② 加大港航建设投入。

推进 3 万吨级崖门航道、石板沙水道、北街水道、陈冲水道等内河航道的升级改造，提升内河航道等级和通航能力，推动珠江三角洲"三纵三横三线"高等级航道网全面建成。加快广海湾、镇海湾沿海航道建设，提高航道通航能力，推动临港产业发展，促进地区经济的发展。

加快广海湾港区、新会港区、恩平港区建设，推动深水泊位建设。优化港口结构，加强与珠三角区域国际化海港的联系，推进与广州港南沙港区、珠海港高栏港区等主要港口之间的资源整合，促进珠三角港口群的协调发展。加强江门港主要港区集疏运系统的规划建设，提升港口辐射能力与吸引力，扩大经济腹地，增强竞争优势。

③ 提升公共交通服务均等化水平。

建设与现代化城市相适应的一体化大公交网络，确立公共交通在城市交通体系中的主导地位，提高公交分担率，满足不断增长的公共交通需求。到 2015 年，市区公交车达到 1 280 辆，万人公交车拥有量为 15 标台，公交网线密度达到 1.9 km/km²，公交线路覆盖率达 99%，公交机动化出行分担率达 35%；公共交通成为城市主要的出行方式，适时发展大中运量公共交通，推广应用节能环保新技术，打造绿色、低碳公交。完善农村客运体系，以村村通班车为建设目标，以农村客运站、亭建设为基础，完善客运服务设施建设，提升农村客运服务水平。

④ 推进区域交通运输一体化。

落实《珠江三角洲地区公路水路运输一体化规划》和《珠江三角洲地区交通基础设施一体化规划》，2012 年年底全面完成与珠江三角洲地区其他地区年票互认。推进公共交通"一卡通"，并逐步实现与珠江三角洲公共交通 IC 卡并网，促进与珠江三角洲的融合。加快推进高速公路电子联网收费，提高网络整体运输效率；深化交通一体化发展的合作体制机制，形成全面协调发展的综合运输体系。

⑤ 加强交通运输支持保障体系的建设。

增强交通管理意识，建立完善健全的交通运输安全管理机制，建立智能交通运输管理系统，提高交通运输系统的安全可靠性和运行效率；加快交通信息化建设，提升交通运输智能化水平。建立公众出行信息服务平台、物流服务公共信息平台和运输综合监控平台以及维修救援网络，构建全市交通信息保障体系；加快交通应急保障系统的构建。重点建设交通应急预警系统、应急指挥系统、辅助决策系统和应急信息管理系统的建设。

3. 番禺区

广州市番禺区也是较早实行城乡交通一体化的地区。根据《番禺区公共交通规划（2008—2015）》，番禺不断充实完善城乡三级公交线网，重点发展镇村一级公交网络。所谓三级公交线网是市区到番禺公交化，番禺市桥到各镇公交化，各镇到村公交化。番禺先是完善区内公交客运线路和广州市中心区连接番禺的公交线路。随后增加线路镇村公交线路和火车站、地铁站、医院、居民小区、产业园区配套公交线路。目前，城乡三级公交线网已初具规模。番禺又实施了镇村公交枢纽站建设计划，在每个镇街辖区内，建设不少于一个的公交枢纽站场。

同时，针对客运线路属于公路客运班车、票价偏高、不能使用"羊城通"等情况，番禺区从 2010 年 7 月 1 日起，逐步改为执行公交低票价和特殊群体免费乘车政策，实行自动投币或羊城通刷卡计费的城市公交线路。通过改造，逐步实现了按公交模式运行，给城乡群众交通出行带来了方便实惠。为此，番禺区财政还安排了专项资金作为公交行业财政补贴。番禺区还制定了公交票务优惠方案，通过政府财政补贴，使区内公交纳入全市统一的公交地铁票务优惠体系，让番禺群众享受到与广州市区一致的公交乘车优惠政策。

另外，番禺区为实现农村公路管养的一体化、常养化、规范化，促进农村公路的持续健康发展，区政府专门颁布实施了《番禺区镇村公路养护管理办法》，明确了农村公路养护管理区、镇、村三级负责制，对达到四级标准（含）以上的村道，每年从区财政核拨 500 万元，各镇、村投入相应的资金进行养护，四级标准以下村道的养护资金由镇、村自筹解决。目前，全区村镇公路基本实现了常养化。

1.4.2.2　浙江省

2008 年年底以来，浙江省积极推动城乡交通一体化发展，取得了显著成效，截至 2017 年年底，全省公路总里程达到 120 101 km，其中国道 7 355 km，省道 4 655 km，县道 29 080 km，乡道 19 677 km，专用道 623 km，村道 58 713 km。有铺装路面、简易铺装路面（高级、次高级路面）占公里总里程的 98.74%。全省公路密度为 117.98 km/km²，乡镇公路通达通畅率均为 100%。行政村千米通达率为 99.91%、畅通率为 99.90%。农村公路管理养护形成了"政府主体、交通主力、部门参与、分级负责、以县为主、群管群养"的良好局面。浙江省颁布实施了《浙江省农村公路养护与管理办法》，农村公路养护和管理有了新体制，并有了专门的资金，农村居民的出行畅通有保障。下面以三个试点县（市）做介绍。

1. 海宁市

海宁市是浙江省的一个县级城市，也是城乡交通一体化先行的典范。海宁市的城乡交通一体化主要表现在以下几点。

① 率先提出城乡交通服务均等化。

海宁市自 2003 年始就率先提出推进城乡公交统筹一体化建设工程，让城乡居民共享均等化公共服务，逐步缩小城乡差距，通过政府扶持、交通运输部门引导，在政府没花一分钱的情况下，海宁大元运输公司收购了县内所有公交班线车，城市热线、农村冷线内部互补，进行独家集约化经营，顺利推进城乡公交一体化，使城乡居民、农民便利出行。

2004 年，海宁率先在浙江省实现等级公路通镇（乡）率、硬化率"双百"目标，公交车通村率达到 80%。海宁还提出了公路建设标准化、路面铺装高级化、道路结构网络化、管理养护规范化、城乡公交一体化的农村公路网络建设"五化"目标，着力构筑纵横交错、内连外畅的城乡交通网络。到 2016 年年底，海宁市公路总里程为 1 419.562 km，公路密度达 202.8 km/km^2，居全国前列，其中农村公路里程为 1 207.197 km，占比 85%，形成服务城乡的快捷综合交通网络。农村公路"统管统养"模式全国领先，"畅亮洁美"融合发展，农村物流网络全覆盖，城乡道路客运指数连续三年排名全国第五。

海宁努力提升城乡交通服务均等化水平，推行"路、车、站、人"四位一体的城乡交通大文明创建活动并形成长效机制。在推行公交信息化改造方面，海宁公交实现 IC 卡一卡通，实行公交服务质量考核，实现对城乡公交的政策倾斜，为老百姓提供便捷、安全、经济、舒适的公共交通服务。

② "四创新"打破城乡二元体制。

"四创新"是海宁城乡交通一体化的主要做法与特色。第一是创新体制，理顺发展关系：实行归口管理，实现城乡衔接，实行市场准入；第二是创新政策，优化发展环境：改革站务操作、取消站务费，改革城乡公交运价，出台城乡公交车辆乘员核定标准，建立城乡客运站场建设机制；第三是创新机制，培育发展主体：公司化改造，片区化经营，专业化管理；第四是创新思路，实施公交优先发展战略：合理规划设置场站和配套设施，建立科学合理规范的公共财政补贴和补偿机制，理顺公交行业管理机制。海宁市新的公交运行模式打破城乡二元体制。城乡客运实行了一体化运营、统筹发展，实现了"零距离换乘"；实行"集约化经营、员工化管理"的公司化经营模式，取消了挂靠、承包等经营方式，切实解决了"散、小、乱、差"的单车承包租赁经营存在的问题；对车辆运营实行定线路、定班次、定时间、定票价、定站点，运营方式与城市公交一致；公交站场按海宁分中心枢纽站、乡镇站、公交回车场、城乡公交停靠站四个层次规划；对从业人员实行统一的服务标准，打造城乡公交文明使者、品牌驾驶员等。

统计显示，截至 2018 年，海宁有 30 多条农村公路被命名为文明公路，有多条公交线路分别被省市交通部门命名为"城乡交通文明示范线"。

2018 年，海宁市政府实施了民生实事工程——城乡 43 条公交实行了两元一票制。

2. 嘉兴市

嘉兴市也是浙江省城乡交通一体化试点地区，嘉兴市位于全国经济最发达的长江三角洲南翼，是长江三角洲十五个城市之一，又是浙江接轨上海的前沿，嘉兴的城市定位是长江三角洲南翼的经济重镇，杭州湾北岸的交通枢纽，现代江南水乡特色的历史文化名城。嘉兴所辖县（市、区）经济社会发展均衡，综合实力较强，所辖县（市）均进入全国经济百强县前 50 位。嘉兴市根据大嘉兴和城乡一体化要求，构筑城乡有效、快速、便捷、功能先进的交通网络，按照城乡一体化要求，进行规划、建设、管理、养护，形成城乡一体化和现代化的交通网络，具体表现在以下几点。

公路方面通过重点实施"三纵三横（三桥）三连"的高速网络工程、"一环三纵四横七射"的市域内主要干线公路网、次干线公路网和乡村公路网，到 2007 年公路总里程达到 2 800 km，其中高速公路 480 km，公路网密度达到 72 km/km^2，截止 2018 年年底，嘉兴市公路总里程达到 8 242 km，公路网密度达到 212 km/km^2，超过发达国家水平，实现了"153060"目标。

"153060"目标具体指：15 min 上（高速）网：从嘉兴市中心城、次中心城、交通枢纽、各乡镇出发，15 min 进入高速公路网；30 min 直达：从嘉兴中心城市外环线出发 30 min 内到达各次中心城，从嘉兴中心城、各次中心城出发 30 min 内到达各所属的乡镇；60 min 互通：嘉兴境内任何两个重要节点之间 60 min 可以互通，从嘉兴中心城外环线出发 60 min 内可到达周边地级以上城市，如：上海、杭州、宁波、苏州、湖州、绍兴。

形成了市内中心城、副中心城、主要镇、工业区、旅游区之间具有城乡一体化且兼具城市道路功能的快速交通体系。同时，大力推进通村公路建设，通村公路在全省率先实现"公路标准等级化、路面铺装高级化、网络结构合理化、管理养护规范化、城乡客运一体化"的目标。

嘉兴市按照"五个统筹"和城乡一体化发展战略要求,在全省率先改革城乡客运管理模式,打破城市公交与农村客运二元分割的局面,推进城乡公交一体化工程。截至 2017 年,该市 940 个行政村全部实现"村村通",城乡公交一体化率达到 100%,是全国首个实现城乡公交全覆盖的地级市。

为进一步推进嘉兴城乡公交"村村通"工程发展,嘉兴市交通部门通过反复调研、充分论证,着手研究镇村公交标准化服务体系,以镇村公交服务标准化项目国家级试点为契机,全面推进城乡公交"村村通"工程服务升级。2016 年该市成为浙江省首个市区乡镇夜班公交全覆盖的地市,同时大力开展镇村公交国家级试点工作,积极构建镇村公交标准化体系。截至 2017 年已发布 94 个标准文件,包括已有的国行地标 67 个,自编标准 27 个。其中《镇村公交场、站设置规范》标准成为公交行业首个市级地方标准。

3. 龙游县

龙游县紧紧抓住浙江省加大基础设施建设投入和扶持欠发达地区发展的机遇,确立"建设大交通,促进大发展"的思路,通过真抓实干,奋力拼搏,全县已形成了"二纵二横一环十连"的公路主框架,基本实现了高速公路、干线公路、县乡公路、通村公路之间相互联网的目标。其主要做法如下。

(1)以规划为引领,着力将区位优势转化为发展优势。龙游地处浙、闽、赣、皖四省边际,承东启西,通南联北,历史上素有"四省通衢汇龙"之称。为把区位优势转化为交通优势、发展优势,充分发挥交通规划的引领和导向作用,促进交通资源的有序开发和交通事业的快速发展。早在 1999 年,该县就编制了全市第一部交通专项规划,并提前两年完成规划任务,2006 年又对规划进行修编,提出"三通"的目标(发挥高速公路网"通道"优势,提升干线公路网"通畅"水平,提高农村公路网"通达"深度）。同时，又结合"三大建设"的要求（即建设大港口、建设大路网、建设大物流），进一步对交通专项规划进行调整和细化，重点推进高速公路网络化、区域干线公路优化、乡村公路硬化、城乡客运一体化、内河航道等级化等"五化"工程。同时，组织修编现代交通运输业、农村公路建设等一系列专项规划。在衢州市率先实现通行政村公路的等级率和硬化率"双百"的目标。

（2）以项目为抓手，扎实推进交通工程建设。

① 抓项目谋划：该县把交通项目建设与推进新型工业化、新型城市化、城乡一体化有机结合，切实做好项目的谋划、论证、争取工作，加快推进交通项目库建设，形成了"规划一批、论证一批、在建一批、储备一批"的工作体系。

② 抓项目建设：建立县领导联系交通项目、重点项目例会、"8+X"联合集中报批、项目督查通报等工作机制，集中时间、集中精力推进项目建设。

③ 抓项目质量：坚持把项目质量作为交通工程建设成败的关键，深入开展交通工程质量创优活动，认真执行项目法人制、招投标制、工程监理制、合同管理制和廉政负责制，形成了较为完善的交通项目质量监督体系和考核评价体系，工程建设质量管理水平明显提高。全县交通工程质量合格率连续 10 多年达到 100%，其中杭新景高速龙游支线、东环线等重点工程均被评为省级优良工程。

（3）以改革为动力，积极创新体制机制。

① 拓宽投融资渠道：专门组建交通发展总公司，通过上级扶持、银行信贷、财政补助等多种途径，筹集交通建设资金。同时通过资源整合、重组置换等方式灵活运作，努力降低融资成本，提高营运效益。

② 改革农村客运线路资源配置方式：通过开展客运线路经营权配置暨公交化改造工作，在衢州市率先建立农村客运经营权退出机制，即各经营线路到期后全部退出，经营权统一进行重新招标，对车辆财产权和经营权进行分离，较好地解决了农村客运线路经营权退出的难题。通过

公交化改造，新增高档客车，并开通了一批通村公路的"便民小巴"。同时，还专门出台《关于进一步推进城乡公交一体化的若干意见》，按照"城乡衔接、资源共享、便民惠民"的原则，明确城乡公交线路等级，合理设置城乡公交换乘点，对客运车辆采取规费减免、财政贴补等扶持措施，并制订老年人乘车优惠、周末学生接送车等管理办法，进一步加快城乡客运一体化进程。

③ 完善农村公路养护机制：针对以往农村公路失养、缺管的情况，于 2006 年成立全市第一家县级农村公路管理中心，明确县乡公路由中心负责管养，通村公路由乡镇（街道）承担管养职能，形成了"分级管理、县乡联动"的农村公路管养机制。县农村公路管理中心将原乡镇（街道）自养公路全部收回，由养护公司实行专业养护，各乡镇（街道）建立通村公路管理工作机构，明确分管领导和交通协管员，通过公开招标和个人分段承包等形式选择通村公路的养护单位，落实专人养护。同时，县财政每年安排一定数额的县乡公路保养资金，筹措通村公路的养护经费，并建立通村公路管理考核制度，把考核情况与养护经费补助进行挂钩。

（4）以基地为依托，加快发展现代物流业：该县坚持把现代物流业作为推进新型工业化的重要支撑、提升综合竞争力的重要载体来抓，编制现代物流发展规划，出台扶持物流业发展的若干意见，积极构筑"一基地、两中心和若干节点"的物流空间布局（一基地即龙游综合物流基地，两中心即龙北物流中心和龙游港区物流中心，若干节点即湖镇、溪口、塔石等物流节点），加快确立四省边际综合物流基地的结点地位。

1.4.2.3 江苏省

江苏省对城乡客运统筹发展高度重视，积极推进城乡交通一体化，构建了城市、县乡、镇村三级"哑铃型"的城乡客运网络模式以及因地制宜探索"全域公交"和"区域公交"的发展模式，该模式得到了各部门的充分肯定。2010 年，江苏在全国首次提出发展镇村公交，同时确立"到 2020 年基本实现镇村公交开通率100%"的发展目标。同时，为推动城乡客运一体化工作的开展，江苏省交通厅运管局组织制定了《江苏省城乡客运一体化主要考核标准（试行）》（简称《考核标准》），根据该《考核标准》，该省农村客运班车城乡客运一体化考核标准主要包含四个方面的内容：城区至少设置两个及以上公交停靠站点，其他运营区段也应按核定站点停靠上下客；班次平均间隔时间不超过 30 min；同一班线应由同一经营主体实行公司化经营；同一班线应统一车型标识、统一票价、统一停靠站点、统一班次安排、统一服务标准和承诺。经过近十年的探索，截至 2019 年，江苏省共有 907 个乡镇开通镇村公交，开通率达到 83.7%，惠及全省超过三千万的农村百姓出行。到 2020 年，江苏将基本实现镇村公交开通率 100%。

下面将介绍江苏部分地区的经验做法。

1．南京市

南京市从规划、建设、管理层面构建城乡交通统筹发展。从规划层面，制定两大层面交通系统统筹规划。由于城乡交通规划与城市交通规划存在诸多差异，城乡交通网规划层次和规划体系须考虑以下因素：城镇密度、人口密度、区域空间布局特征；行政管辖归属；经济发展水平差异；网络交通流特征、出行行为和交通服务需求。为此，提出市域和区县两个层次的城乡交通规划体系，分别编制南京市城乡交通系统统筹规划和各区县城乡交通系统统筹规划，变革后的城乡交通运输规划贯彻了以下规划理念：

（1）统筹交通与城乡发展——以交通引导城市拓展，以交通支撑新农村建设。

（2）统筹区域交通与城乡交通——协调有序、集约高效，形成统筹发展交通体系。

（3）统筹交通与生产性服务业——依托重大交通基础设施及站场枢纽，发展物流、科技研发、信息服务。

（4）统筹交通与"三农"发展——塑造有利于农业生产、农村建设、农民生活的交通模式。

（5）统筹国内交通与国际交通——利用整合航空、铁路、港口、高速、轨道，构建外畅内达的高端综合性交通枢纽，辐射都市圈、联系长三角、沟通国际。

从建设层面，以公路交通为突破，重视城乡交通设施协调发展。要有统筹发展的交通运输与城乡交通的统筹建设相适应。乡村公路作在促进城乡统筹发展建设、促进农村经济发展、方便农村居民出行等方面具有十分重要的意义。南京市除了考虑通达性之外，乡村公路还向着标准化、等级化和网络化的目标发展，制定了符合实际、全市统一的乡村公路建设标准，并要求新建和改建的乡村公路必须满足规范、标准要求，建立了统筹发展的城乡客运枢纽、场站及货运场站。

从管理层面，主要有以下几个措施。

（1）推进城乡交通运输管理统筹发展。抓住体制改革的契机，依照城乡居民出行需要，出台公交优先和城乡公交统筹发展政策。整合城市公交与城乡客运线路资源，构筑层次分明的公交网络，通过顺畅的衔接实现城乡公交在线网层面上的统筹发展。同时从管理体制、运营机制、经营方式等方面着手，实现城乡公交协调发展和统筹发展运营。

（2）推进城乡交通信息及服务统筹发展，加快城乡交通信息资源的整合，实现交通运输和运输管理信息系统的对接和信息资源的共享。

2．东海县

东海县积极实施公路畅通、运输发展、乡村公交、安全保障、形象素质等"五大工程"，城乡交通运输统筹一体化，打造"阳光交通圈"，让农村公路发挥最大效益，让人民群众长期受益。

（1）"公路畅通工程"。东海交通局着力完善农村公路建管养环节，在全省率先实现村村通的基础上，使全县所有自然村通上水泥路，并连接好县到乡、乡到乡、乡到村、村到村的断头路。优化农村公路管护体制，使全县道路建一条、养一条，实现农村公路以建设为主，向建管养并重的方向转变，加大公路绿化力度和养护力度，对 310 国道、245 省道等国省道重点路段实施标准绿化和美化，栽植常绿灌木和乔木，为群众构筑畅、洁、绿、美的公路交通环境。

（2）"运输发展工程"。坚持高效便民的服务原则，在县行政审批中心开设集征费、办证、查验、维修等业务于一体的交通窗口，全面实施"一站式服务、一厅式办理"。加大对农民从事道路运输经营行为许可的改革力度，在申请材料完备的情况下，道路客货运输业、道路运输业或经营业户开业、歇业审批及经营类别、经营地址变迁，在《中华人民共和国行政许可法》规定的工作日基础上提前 5～10 天办结；客运车辆报废更新审批,在 2 个工作日内办结;车辆营运证配发 10 个工作日内办结，道路运输证遗失初办的，资料齐全当即办结，办理水上水下作业许可审批时限为 4 个工作日，办理航行通告发批审批，不涉及断航管制的 1 个工作日内完成，涉及断航管制的 3 个工作日内完成。

（3）"乡村公交工程"。落实公交优先发展的原则，强力构建与城市公共交通衔接畅通的农村客运网，城乡客运全面发展，公交线路在不断延伸，还在全市率先开通村村通"乡村公交"，使平明、黄川、桃林、安峰、洪庄、李埝等 8 个乡镇村民不出家门便像城里人一样坐上了公交车。中华路北延和富宸路南延两条环城公路竣工后，县交通局、运管所制定城乡客运一体化实施方案，增加环城公交线，加密城区公交，还在大的乡镇增设公交线路和 30 辆乡村公交车，最大限度地层缩短老百姓的候车时间。

（4）"安全保障工程"。着力发挥农村客运站功能作用，坚持公路建到哪里，班车就通到哪里的原则，强力推进客运班车通达工程，提前完成省交通厅客运站建设目标。本着对人民群众生命财产安全高度负责的态度，逐级签订安全生产责任状，加大安全巡查和整治力度。运管部门在每个乡镇政府驻地建立 2 个港湾式候车亭，在乡村道旁建了 200 多个客运候车站牌。

（5）"形象素质工程"。开展"学习型领导、学习型机关、学习型个人、学习型队所、学习型行业"创建活动，在全面推行政务公开和服务承诺制、AB 角制的基础上，层层签订依法行政责任状和廉政勤政责任状，成立交通行政执法投诉中心，向社会公开举报投诉电话，自觉接受业户、社会及舆论的监督。积极倡导树立"人人都是投资发展环境，个个都是服务窗口"意识，严格管理机制，制订《目标化考核细则》进行考核，并推出首问首办责任制，限时办结制，工作效能反馈制，给重点企业自备车颁发"特别通行证"等系列亲情化服务新举措。

3．昆山市

昆山市也是江苏城乡交通一体化试点地区，昆山市交通运输局按照"大城市、现代化、可持续"的总体目标，把城乡一体化建设作为推进交通大发展的有力抓手和重要组成部分，狠抓路车发展，城乡经济社会一体化建设成效初显。

（1）路网体系覆盖城乡。昆山市已形成"六纵六横两环五高十互通"的框架格局，全面启动平面交通向立体交通、立体交通向轨道交通的转变。建成快速化、准快速化农村公路，实现"村村通公路"的目标。

（2）有力推进农村公路管养。成立了昆山市级农村公路管理办公室，增设 9 个农村公路路政中队，市镇村三级管理网络不断完善。

（3）不断拓展农路服务功能。建成集干线监控点、治超点、车载移动视频等立体化监控功能为一体的昆山公路信息中心，优化公路路网调度中心，实现城乡公路信息服务一体化。有序实施了普通公路服务区的建设，实现了县级文明样板路全覆盖。

（4）加快城乡公交一体化步伐。优化市区公交、市镇公交、区镇区域公交三级公交线网，初步实现"市镇公交便捷化、区域公交网络化、城乡公交一体化"。开通区域公交，2008 年由行政村开始，最终全部实现"村村通公交"。

（5）区域出租车实现全覆盖。先后在昆山市周庄、巴城、千灯等镇率先投放区域出租车，又在陆家、张浦、巴城、千灯、淀山湖、周庄、锦溪及开发区等 8 个区镇新增区域出租车，实现全市区城、镇区域出租车全覆盖。乘坐费用和市区出租车统一，进一步优化区镇服务软环境，全面推动出租车服务城乡一体化。

（6）不断完善城乡公交硬件设施。不断完善城乡公交场站基础设施，公交 GPS、POS 机等现代化设备在全市城乡所有公交车辆上全部安装，3G 无线视频监控全部安装到位，全市公交 95% 以上的车辆更新为空调车。

（7）加快公交营运体制改革。实施"变挂靠为公营，变承包为实收，变售票员为服务员"的"三变"战略，2008 年 10 月开始，分期分批收回所有承包线路、经营车辆，实行公车公营。

（8）提供城乡同等的公交惠民政策。从 2008 年年初开始，昆山全市 70 周岁及以上老年人乘车免费、60～69 周岁老年乘车优惠政策实现城乡全覆盖；从 2011 年起，学生乘车优惠政策实现城乡全覆盖，近 5 万名农村老年人和所有农村学生享受到优惠；各区镇区域公交票价基本实现一元一票制，城乡居民出行获得实实在在的优惠。

（9）提升区域公交管理水平。先后在张浦、开发区、高新区、花桥商务城成立区域公交公司，由市公交公司调派专业管理人员负责营运管理，不断提高区镇公交的服务管理水平和服务质量。

1.4.2.4　山东省

2011 年，交通运输部在山东省部分有条件的城市开展了城乡交通一体化试点，山东省也在积极探索城乡交通一体化促进区域城乡一体化的新路子，并加强了在推进城乡交通一体化方面的政策研究。山东省批准了莱芜、章丘等十一个市县进行城乡交通运输一体化试点，把城市与乡村的公共交通纳入同一幅发展蓝图中。通过试点，试点县（市）通达乡（镇）的主要客运班线完成了公交化改造，建立了联接乡镇、乡镇到村的一体化城乡公交客运体系；市、县（区）、乡（镇）、村各级客运站场、枢纽和节点基本完善；农村居民出行一次乘车直达各中心镇（区），一次换乘到中心城市。同时，在搞好莱芜、章丘城乡交通一体化试点的基础上，山东省进一步加大推进力度，推进路网一体、城乡公交一体、信息物流一体、执法管理一体化建设，努力实现交通公共服务均等化。

1．莱芜市

莱芜市是山东省试行城乡交通一体化的亮点城市。在推进城乡交通一体化的过程中，莱芜市综合自身的特点，突破了以往公交仅限于市区，初步建立起以城区为中心，基本辐射所有乡镇和行政村的公交网络体系，逐步形成了城乡衔接的城区、市镇、镇村公交三位一体的城乡公交新格局，从而实现"公交村村通"，市区公交网、城镇公交网和镇村公交网"三网"融合的"大公交网络"的城乡公交一体化发展模式，并提出了在规划和运行过程的一些问题及措施，逐步完善了城乡公交一体化，实现了从私营个体到公车经营的城乡公交的平稳过渡，让广大农民群众享受到更加快捷、安全、经济、优质的出行服务，极大改善和满足了城乡群众的出行。具体措施表现在以下几点。

（1）管理模式。

莱芜市的"一体化城乡公交"由两家公司运营，城区内公交运营由市公交公司负责，市镇、镇村公交的运营则由莱芜长运公共交通有限公司负责，并明确界定各自的经营范围，确保公车公营和运营主体的统一。两家公司分工明确，各尽其能，避免了客流量的冲突和无序竞争，保证了城乡客运的正常有序。公交车的"公车公营"，不是公有制运营，不是要求把所有公交资产收归国有，而是公司化运营，农村公交也不完全套用城市公交的模式，各地镇村公交可根据本地实际情况，多种模式并存。

（2）线路经营模式。

莱芜市城乡公交经营模式贵在创新，超越了不分级模式，逐步形成了城乡高效衔接的城区、市镇、镇村公交三位一体的城乡公交统筹发展新格局，从而实现"公交村村通"，建立起市区公交网、城镇公交网和镇村公交网"三网"融合的"大公交网络"。全市各行政村、旅游区全部通公交车，所有线路一律公车公营、无人售票，全程实行公交模式的票价。

在这种运营模式下，莱芜市城乡公交坚持让利于民，城区公交实行1元制，城区到各镇的票价为3元（12 km内2元），镇村公交实行1元到底的模式，让中途上车的乘客既方便又省钱，便捷价廉的公交服务逐渐融入农民朋友的日常生活。

（3）车辆收购统一模式。

通过收购、联合、兼并，对农村原有短途客运班线进行公交化改造，走集约化的发展路子。莱芜市在进行城乡公交改造、收购的过程中，除通过提供车辆入股、现金收购等不同政策，还对原业户提供多个驾乘人员就业岗位，避免了大量车主失业，提高了就业率。通过购买10 m以上的双燃料高档空调节能车来对车辆进行更新，大大提高了车辆的安全性和乘坐的舒适性。除财政扶持外，公司采用自筹、贷款、集资等市场化办法解决用于旧车收购补偿和新车购买的巨额投入，破除了政府全揽的观念。结合农村居民特点，采用座位比较多的公交车。

（4）公交站牌统一模式。

考虑到农村居民出行的特点，在公交站牌的规划方面也有了创新，采用了独特的太阳能电子显示站牌，修建了宽敞明亮的候车室。公交优先就是百姓优先，真正做到了"村村通公交，人人得实惠"。

2．临邑县

临邑县也是其中的一个试点地区，临邑县交通运输局紧紧围绕实现"城乡路网标准化、城乡客运公交化、农村物流规范化"的发展目标，加大服务新农村力度，加快城乡交通一体化建设步伐，为全县新农村建设提供更好的交通基础保障。

（1）加快农村公路建设，打造城乡交通设施一体化坚实基础。

山东临邑县交通运输局进一步拓宽农村公路建设筹融资渠道，狠抓工程质量，以修筑精品工程为目标，加大农村公路建设力度，进一步增加农村公路的通达深度。截至2017年年末，临邑县境内实有公路通车里程2 237 km，公路密度达到220 km/km²，全部社区实现村村通公路，形成了以国省道为框架，县乡路为主干线，村路为支线呈放射状分布的公路网络。

（2）全面发展农村道路客运，实现城乡客运班线公交化。

为给全县人民提供安全、便捷、舒适的交通客运环境，从 1999 年 9 月开始，临邑县交通运输局依托完善的城乡公路网，就购置了 28 辆外观统一的中巴车，开辟了三条线路，在德州市率先启动"村村通客车"工程。随后，该局在原有线路的基础上科学规划城乡公交线路，强化城乡公交运营管理，合理部署运力，积极做好线路延伸，更新车辆的工作。通过不断延伸公交线路和增开新的线路，彻底改变了临邑县边远乡镇人民群众出行难的状况，增进了临邑同周边县、市的交流，有力地带动了该县经济社会又好又快发展。

（3）大力发展农村物流，保障城乡交通货运网络平台。

山东临邑县交通运输局构筑起了县、乡、村三级农村交通物流网络，同时各乡镇农村交通物流站与县汽车站、佳佳快运小件物流网相连接，构建了方便快捷的现代物流信息网络，实现城乡物流无缝对接。为进一步规范货运经营市场秩序，该局整合德州—临邑快货专线，在分拨中心所在地设立集仓储、分拨、信息交换为一体的货运有形市场，货运有形市场设立仓储库房、停发车场、信息配载及交易大厅。将临邑籍货车全部喷涂交通物流标志标识，按照统一物流品牌形象、统一标志标识、统一服务规范、统一业务流程的"四规范"经营模式，与之签订加盟协议，规定当天未发出的货物 24 h 内免费保管，并代为配送，5 km 以内送货上门。据悉，德州—临邑快货专线整合后，专线营运车辆收入提高了，单程收货现象有所改变，有效降低了运输成本，提高了货运经营者的效益，培育了专线货运市场。

3．临沂市

临沂市的交通运输局围绕服务城乡经济社会统筹发展这一重点工作，着力推进城乡交通一体化发展，加快交通基础设施建设，提高运输保障能力，促进城乡之间人流、物流、资金流、信息流的合理流动，为城乡统筹发展提供交通基础保障。

农村公路通达城乡。着力推进县乡公路改造和村级公路网化示范县活动，积极推进农村公路向产业化经济集中的地方延伸，进一步提高了农村公路通达深度，改善了农村发展环境。

交通场站遍布城乡，布局合理，以城区为核心，以主要城镇的客货运站场为节点，辐射广大乡镇村居的交通运输站场网络。

城市公交连接城乡。全力抓好城市公交"市长工程"，规划调整公交线网，加快公交场站建设，为城乡居民提供更加安全便捷的公交出行环境。公交线路覆盖了主要乡镇。

农村物流服务城乡。积极构建"县级物流分拨中心、乡镇物流站场、农村物流网点"三级农村交通物流网络体系，全面开展与邮政战略合作，全力推进农村物流快速发展。

1.4.2.5　福建省

福建省交通运输厅采取相关措施以推进城乡公交一体化试点工作。2017 年，福建省批准石狮市等地区作为城乡交通运输一体化示范县第一批创建县（区、市）。试点目标：一是引导农村客运公交化运行。大力支持城镇化水平和居民出行密度较高的地区持续推进农村客运公交化。在保证服务质量的前提下，运输企业可根据客流情况及时调整班次和运力，逐步消除农村客运班线和公交线路并存的二元结构，避免同一线路公交线路和客运班线并存及不公平竞争现象的发生。实现县域内 20 km 范围内的农村客运线路公交化运行率达到 30% 以上。二是提升农村客运服务水平。通过新辟、改线、延伸农村客运班线，扩大农村客运的覆盖和服务范围，提高建制村通班车率。推广农村客运片区经营模式，完善隔日班、周末班、节日或赶集班等固定或者非固定班次的运营管理，实现通村公路符合通客车条件的建制村 100% 开通农村客车。三是加快建设城乡道路客运服务保障网络。充分利用城乡各种站点设施，统一规划功能层次合理的客运枢纽站和城乡道路客运网络，优化网络衔接，实现城乡居民"行有所乘"和"无缝衔接、方便换乘"的目标。四是提升道路客运信息服务水平。

石狮市作为全省四个城乡道路客运一体化试点县（市）之一，石狮全市的村（居），全部建有两条以上的对外水泥通道，基本形成了以市区建成区为中心、省县道为主干线、乡村公路为集散网的城乡一体化公路交通网络格局，为城乡公交的一体化奠定了坚实基础。在石狮市推进试点的过程中，主要体现出以下特点。

（1）从村村通到线网优化，公交服务覆盖面拓宽。

结合城市建设发展的实际，努力实现把公交车开进居民区、工业区、商业区、旅游区和校区这"五区"，以此提高公交换乘的便利性，扩大公交线网的覆盖面，提升公交在百姓出行工具中的分担率。

（2）从黑烟车到 LNG 环保公交，公交迈向智能化管理。

积极推进智能化管理，进行设备更换或提升，安装 LED 视频站点提示系统、车内语音报站系统以及 GPS 智能实时跟踪系统。目前，全市有195 部公交车辆安装了上述新技术装备，占公交车辆总数的 92%。

（3）从既有规划到专项提升，公交外围线网将再完善。

石狮市在原来公共交通规划的基础上，重新委托专业机构编制了公交提升的专项规划。未来的公交网络格局，除了上述两枢纽、市区两大首末站外，还将在永宁、鸿山、蚶江和宝盖四镇各建设一个公交站，并在祥渔村、锦尚村、东店村、红塔湾、东埔村和石狮六中等处建设六座村级简易公交终点站，真正实现城乡公交的一体化。

1.4.3　我国西部地区交通运输统筹发展经验

1.4.3.1　重庆市

重庆市本着"利民便民原则、效率和公平原则、市场主导原则、因地制宜原则"主要集中在城乡道路客运一体化方面，大力推进城乡交通运输一体化建设。其发展目标就是实施统一、协调、高效的城乡客运综合管理体系，以先进的管理技术为手段，以完备的交通法制和体制为保障，发挥政府、市场和企业三方作用和组合优势，优化客运管理体制，理顺企业运行机制，布局完善客运站场，构建城乡道路网络，使城乡客运网络高效运转，逐步形成公平、公正、有序竞争的城乡客运市场，达到城乡客运资源共享，运力结构明显改善，服务水平显著提高，服务方式灵活多样，城乡客运衔接无缝，城乡居民乘车方便、快捷、安全、舒适的城乡客运管理和运营体系。

在实现城乡交通运输统筹发展方面，主要做法如下。

（1）通过公交全覆盖模式，实现客运一体化。

通过对民营或外资企业以收购、重组、兼并等市场化方式或对国有企业实行产权资产划拨方式进行企业整合、车辆更迭、线路优化等，在区域内逐步退出班车（含农村客运）线路和运力，并同步增加公交运力和线路，提高公交覆盖面积，增强公交服务能力；在运营主体、运营模式、服务方式、票价福利等方面全面实现一体化，甚至同质化。

（2）通过公交班车换乘模式，实现客运一体化。

一是在辖区内，加快城区换乘枢纽及站场的建设速度，依地域或历史沿袭划分公交客运区域和班车客运区域，执行各自的管理政策；同时通过统一规划的布局线网，实现班车客运线路及公交客运线路的无缝衔接，通过新建或改建的方式，增加换乘点的布局，配套建设换乘设施，为一体化线网布局奠定基础，实现城市和乡村居民通过一次或二次换乘到达目的地的目标。

二是科学划定、不断调整公交和班车运行区域，综合考虑本地区城市规划、客流需求、企业意向及下一步客运一体化布局战略，划定并不断修订公交运行区域和班车运行区域及换乘区域布局。

三是制定公交、班车混行区域的政策或指导意见，引导企业在现有部分行业政策存在差异的情况下，和谐相处，平稳运行。

四是加强企业主体整合力度，在维持已有公交、班车运行的基础上，引导公交企业和班车企业之间加强整合，提高企业集约化、公司化程度，也为下一步线网调整奠定企业主体基础。

五是以满足群体出行需求为出发点，试点创新公交班车化运营和班车公交化运营两种模式。

（3）通过培育道路客运市场，实现出行便捷化。

一是提高行业管理水平，制定符合本辖区道路客运发展政策，引导班车（农村）客运市场和企业做大做强；二是在辖区的城区，改革改造各类环城班车、面的、人力三轮车，打击整顿黑车等各类事实上承担公交客运性质的运输方式，培育本辖区公交客运市场，并积累管理经验；三是引进主城或周边先进区县的企业或人才，以他山之石，攻本地之玉，总结吸收经验教训，加快发展步伐；四是实事求是地发展本地客运市场，切勿揠苗助长，过分求快而导致本地财政负担过重或客运市场不稳定。

另外，以奉节县为例介绍重庆交通运输统筹发展的其他方面建设情况。

重庆奉节县围绕城乡统筹发展这一主题，推动城乡交通运输建设一体化，主要措施如下：

（1）围绕产业发展修公路。

重庆奉节县为促进当地农业产业的发展，围绕着县域内重点优势产业，例如旅游、煤炭、果蔬、烟叶等，修建改造公路。通过拓宽道路宽度、提高道路等级的方式将原有 4.5 m 宽的道路调整为 5.5 m，方便大型运输车辆的通行。除了果蔬种植户外，旅游产业、烟区产业、煤炭产业等一批重庆奉节县的重点产业都在村道通畅工程建设中受惠。

（2）力保交通安全零事故。

重庆奉节县狠抓交通运输安全监管，采取"疏堵结合，综合整治"的方式，对全县水、陆交通排查出的突出安全隐患问题进行综合治理、重点对全县范围内的道路安全护栏进行安装和改造升级。确保实现国、省、县、乡、村道危险路段安全护栏全覆盖。

（3）探索公路养护新模式。

重庆奉节县理清思路，大胆创新，围绕"谁来养路""怎样养好路"

等问题积极探索，以 4 个"第一"率先成为全市创新农村公路养护模式的探路者。

1.4.3.2 云南省

云南省结合省情实际，制定了《城乡交通运输一体化示范县创建工作实施方案》，提出到 2020 年，要逐步建立城乡一体化的交通运输服务体系，优化并有效衔接城乡交通运输基础设施网络结构，使公共服务水平得到显著提升，城乡交通运输一体化格局基本形成，社会公众认可度和满意度显著增强，能更好地满足城乡经济社会发展需要。省级示范县要在城乡硬化路率、通客车比例、路网密度和道路面积、公交站点 500 m覆盖率、500 人以上岛屿通航、直接通邮、快递服务网点覆盖率、直接通快递比例等方面达到八个 100%，并实现四好农村公路中的"建好、管好、养好"。

昆明市近年来积极推动城乡交通一体化建设，尤其是利用各种政策，以中央、省级补助资金为撬动支点，市级补助资金为重要补充，扩展农村公路建设计划规模，补齐农村交通基础设施短板。自 2011 年起，市交通运输局在脱贫攻坚核心区域共争取到国家和省、市级项目建设补助资金 17.08 亿元，在实施建制村通硬化路工程中，共完成建制村公路路面硬化工 3 484.86 km，脱贫攻坚北部三县区同步实现了建制村公路路面硬化率达到 100% 的目标。同时，2016 年建制村通硬化路率就已经达到100%；2018 年县道四级以上等级路比例达 98.77%，乡道四级以上等级路比例达 90.17%，村道四级以上等级路比例达 64.99%，"最后一公里"的通达条件有效改善。紧密结合农村公路建设，部分地区旅游、自然资源开发以及养殖、种植等农业有关产业逐步兴旺繁荣起来，完善的农村路网有效服务了农村发展。

在保障农村公路运营安全方面，为逐步消除全市农村公路安全隐患点，为人民群众提供安全、便捷的出行条件，逐步提升农村公路服务水平，昆明市交通运输局针对所管辖区域公路安全隐患严重程度，突出重点，区分轻重缓急，积极与省级主管部门对接，科学编制农村公路安全生命防护工程年度实施计划，争取专项资金。

在推进农村客运发展方面，按照"一城一公交"的发展思路，兼并整合公交企业，促进城乡二元分割的客运体系向城乡公交一体化发展转变，采用冷热线捆绑的方式发展偏僻地区的农村客运班线，采取固定（定时、定点、定线）发班、街天发班、隔日发班、赶集车等多种形式，将市场配置资源的基础性作用和适当的政府干预有效结合起来。截至2019年年底，昆明市建制村通客车率达99.82%，1 690个建制村（含玉溪市托管7个）中，已通客车建制村1 687个，除主城五区以外的各县（市）区建成县、乡（镇）、村级客运站87个、候车亭和沿途招呼站833个，全市公交"镇镇通"覆盖率达100%，建制村通客车率达99.82%。

在公路养护管理方面，昆明市试行"三级联动，创新养护管理机制"，实现了全市所有农村公路有路必管、管必到位目标。即通过"加大投入建立长效运行机制、完善管理执法体系消除管理盲区、辅以村规民约激发大众参与"等措施办法，实施"县主抓、乡镇监管、村协管"的农村公路路政管理联动协管机制。区、乡、村三级签订农村公路路政联动协管责任书，村与驾驶员签订爱路护路协议，把责任落实到机构、落实到人头；区路政大队、各乡（镇、街道）公路管理所和行政村路政协管站根据划分管理责任公路，落实巡查频次，加大整治力度，使每一米农村公路都有责任人在管理。各村路政协管员根据制定的涉路村规民约，加大村道巡查力度，做到第一时间发现问题并及时整改。

2 西部地区城乡交通运输发展现状

2.1 西部地区社会经济发展状况

2.1.1 西部地区概况

中国西部地区包括陕西省、四川省、云南省、贵州省、广西壮族自治区、甘肃省、青海省、宁夏回族自治区、西藏自治区、新疆维吾尔自治区、内蒙古自治区（部分）、重庆市等十二个省、自治区和直辖市。截止 2018 年年底，土地面积为 678.158 9 万平方千米，占全国总面积的 70.6%，人口为 3.795 587 亿，占全国总人口的 27.2%。西部地区疆域辽阔，除四川盆地和关中平原外，绝大部分地区是我国经济欠发达、需要加强开发的地区。其中成都和重庆均位列全国十大城市。关中平原的西安位列前二十。

西部地区是我国的资源富集区，其矿产、土地、水、旅游等资源十分丰富，而且具有很大开发潜力，这为西部特色经济和优势产业的形成奠定了重要的资源基础。

西部矿产资源优势显著，矿业开发已成为西部地区重要的支柱产业。西部的能源资源极其丰富，尤其是天然气和煤炭储量巨大，其总量分别占到全国的 87.6% 和 39.4%。西部各省份的人均矿产资源拥有量均位居全国前列。现已形成塔里木（天然气）、黄河中游（天然气、煤、油气）、东天山北祁连（铜矿、贵金属）、柴达木（天然气、钾盐）、秦岭中西段（铅、锌、金）、西南三江（银、铜、铅、锌）、攀西黔中（钒钛磁铁矿、铜、铅、锌、锰）、四川盆地（天然气）、红水河右江（铝、锡多金属）、西藏"一江两河"（铜、铬铁矿、金、银）西部十大矿产资源集中区。攀枝花、六盘水、金昌、克拉玛依等城市依托矿产资源已经成为地区经济发展中心，促进了地区工业化和城镇化进程。

西部地区土地资源丰富，但土地资源的质量与东部和中部地区有较大差异。总体上看，西部地区山地面积比例高，仅有如四川和陕西汉中地区少量的生产粮食的优势，没有大规模种植粮食的优势。

西部地区的旅游资源别具一格，丰富多彩。旅游资源类型全面、自然景观与人文景观交相辉映、特色与垄断性强是该地区旅游资源的显著特点。西部地区土地面积占全国土地面积的 72%，地势从低海拔平原上升到世界屋脊，气候垂直分布明显，地貌几乎包括所有的类型。

总之，西部地区地域辽阔，地理条件复杂多样，气候差别明显，动植物种类千变万化，类型完整，民族文化和民俗风情绚丽多姿、富有魅力，中华民族与其他民族通商交融的历史悠久璀璨，传统文化积淀深厚，形成了极具开发价值的自然、人文旅游资源。

2.1.2 西部地区经济发展

自国家实施西部大开发以来，西部地区经济保持快速的发展，经济总量占全国的比重也逐年增加。2000 年，西部地区的地区生产总值为 17 276.41 亿元，占全国的 17.23%。到 2018 年年底，西部地区生产总值上升为 189 156.06 亿元，占全国的 20.58%。西部地区各特征年生产总值见表 2-1。

表 2-1　西部地区各特征年生产总值　　　　　　　单位：亿元

年　份	2000	2005	2010	2015	2016	2017	2018
陕西省	1 804	3 933.72	10 123.48	18 021.86	19 399.59	21 898.81	23 941.88
四川省	3 928.2	7 385.11	17 185.48	30 053.1	32 934.54	36 980.22	42 902.1
云南省	2 011.19	3 462.73	7 224.18	13 619.17	14 788.42	16 376.34	20 881
贵州省	1 029.92	2 005.42	4 602.16	10 502.56	11 776.73	13 540.83	15 353.21
广西壮族自治区	2 080.04	3 984.1	9 569.85	16 803.12	18 317.64	18 523.26	19 627.81
甘肃省	1 052.88	1 933.98	4 120.75	6 790.32	7 200.37	7 459.9	8 104.07
青海省	263.68	543.32	1 350.43	2 417.05	2 572.49	2 624.83	2 748
宁夏回族自治区	295.02	612.61	1 689.65	2 911.77	3 168.59	3 443.56	3 510.21
西藏自治区	117.8	248.8	507.46	1 026.39	1 151.41	1 310.92	1 548.39
新疆维吾尔自治区	1 363.56	2 604.19	5 437.47	9 324.8	9 649.7	10 881.96	12 809.39
内蒙古自治区（部分）	1 539.12	3 905.03	11 672	17 831.51	18 128.1	16 096.21	16 141
重庆市	1 791	3 467.72	7 925.58	15 717.27	17 740.59	19 424.73	21 589
西部地区合计	17 276.41	34 086.73	81 408.49	14 5018.9	156 828.2	168 561.6	189 156.1
全国合计	100 280.1	187 318.9	412 119.3	688 858.2	746 395.1	832 035.9	919 281.1
西部占全国的比重	17.23%	18.20%	19.75%	21.05%	21.01%	20.26%	20.58%

2.2　西部地区城乡交通运输发展

2.2.1　西部地区交通发展状况

自改革开放，特别是国家实施西部大开发战略以来，我国西部地区交通事业得到了较快的发展，但城乡之间的差别很大。从 2003 年开始，西部地区和全国一样开始大规模的农村公路建设，城乡交通运输发生了较大的改变。截至 2018 年年底,西部地区公路总里程达到 1 991 735 km, 其中等级公路 1 761 853 km , 高速公路 53 624.32 km , 等外公路 229 882.3 km。西部各省(自治区、直辖市)典型年份的公路里程见表 2-2,2018 年公路里程对比图见图 2-1。

表 2-2 西部地区各特征年公路里程　　　　　　单位:km

年 份		2000	2003	2005	2010	2015	2018
陕西省	公路总里程	44 006	50 019	54 492	147 461	170 069	177 127.8
	等级公路	37 459	44 422	49 274	134 498	153 845	161 027.9
	高速公路	349	844	1 226	3 403	5 094	5 474.72
	等外公路	6 547	5 597	5 219	12 964	16 224	16 099.89
四川省	公路总里程	90 875	112 543	114 694	266 082	315 582	331 592.3
	等级公路	69 723	75 290	79 337	205 983	266 064	304 830.3
	高速公路	1 000	1 501	1 758	2 682	6 020	7 131.37
	等外公路	21 152	37 253	35 356	60 099	49 518	26 761.95
云南省	公路总里程	109 560	166 133	167 638	209 231	236 007	252 928.6
	等级公路	102 550	109 300	111 920	158 120	197 071	220 554.4
	高速公路	517	1 064	1 421	2 630	4 006	5 183.68
	等外公路	7 010	56 833	55 718	51 111	38 936	32 374.28
贵州省	公路总里程	34 643	45 304	46 893	151 644	186 407	196 907.6
	等级公路	17 034	32 352	35 447	72 557	120 613	156 559.2
	高速公路	258	323	577	1 507	5 128	6 453.12
	等外公路	17 609	12 952	11 447	79 087	65 794	40 348.39
广西壮族自治区	公路总里程	52 910	58 451	62 003	101 782	117 993	125 449.5
	等级公路	45 430	45 284	51 046	81 239	105 019	115 701.9
	高速公路	812	1 011	1 411	2 574	4 288	5 563.1
	等外公路	7 480	13 167	10 957	20 543	12 974	9 747.56
甘肃省	公路总里程	39 344	40 293	41 330	118 879	140 052	143 227.6
	等级公路	29 393	30 947	32 792	85 733	120 447	128 070.5
	高速公路	13	342	1 006	1 993	3 522	4 242.1
	等外公路	9 951	9 346	8 538	33 147	19 604	15 157.09

年　份		2000	2003	2005	2010	2015	2018
青海省	公路总里程	18 679	24 377	29 720	62 185	75 593	82 137.08
	等级公路	15 178	21 568	26 982	47 604	64 640	70 156.95
	高速公路		118	171	235	2 662	3 328.1
	等外公路	3 501	2 809	2 738	14 582	10 952	11 980.13
宁夏回族自治区	公路总里程	10 171	11 916	13 078	22 518	33 240	35 405.24
	等级公路	9 649	11 770	13 001	21 198	33 045	35 354.66
	高速公路	83	526	670	1 159	1 527	1 678.34
	等外公路	522	146	77	1 320	195	50.57
西藏自治区	公路总里程	22 503	41 302	43 716	60 810	78 348	97 784.97
	等级公路	10 647	9 107	10 905	36 229	58 416	85 472.88
	高速公路					38	37.84
	等外公路	11 856	32 195	32 812	24 581	19 932	12 312.09
新疆维吾尔自治区	公路总里程	34 585	83 633	89 531	152 843	178 263	189 049.9
	等级公路	32 295	64 029	71 599	98 560	137 012	154 545.6
	高速公路	446	431	541	843	4 316	4 803.12
	等外公路	2 290	19 604	17 932	54 283	41 252	34 504.31
内蒙古自治区（部分）	公路总里程	67 346	74 135	79 029	157 994	175 374	202 641.5
	等级公路	63 622	65 157	70 880	144 395	163 767	195 636.1
	高速公路		329	1 001	2 365	5 016	6 632.71
	等外公路	3 724	8 978	8 149	13 598	11 607	7 005.31
重庆市	公路总里程	29 252	31 407	38 215	116 949	140 551	157 483.4
	等级公路	21 743	22 562	30 835	77 175	112 889	133 942.7
	高速公路	199	580	748	1 861	2 525	3 096.12
	等外公路	7 509	8 845	7 380	39 773	27 663	23 540.74
西部地区	公路总里程	553 874	739 513	931 727	1 617 878	1 863 489	1 991 735
	等级公路	454 723	533 633	763 605	1 258 086	1 571 594	1 761 853
	高速公路	3 677	7 733	12 441	26 119	45 253.37	53 624.32
	等外公路	99 151	206 917	245 675	380 964	291 895	229 882.3

年　份		2000	2003	2005	2010	2015	2018
全国	公路总里程	1 679 848	1 809 800	3 345 187	4 008 229	4 577 296	4 846 532
	等级公路	1 315 931	1 438 738	1 591 791	3 304 709	4 046 290	4 465 864
	高速公路	1.63	2.97	4.1	7.41	12.35	14.26
	等外公路	186 685	371 090	338 752	703 520	531 005	380 667.4
西部占比	公路总里程	0.329 717	0.408 616	0.278 528	0.403 639	0.407 116	0.410 961
	等级公路	0.345 552	0.370 904	0.479 714	0.380 695	0.388 404	0.394 516
	高速公路	2 255.828	2 603.704	3 034.39	3 524.831	3 664.24	3 760.471
	等外公路	0.531 114	0.557 592	0.725 236	0.541 511	0.549 703	0.603 893

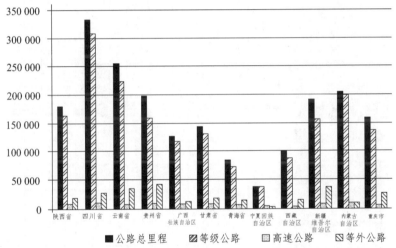

图 2-1　2018 年西部各省（自治区、直辖市）公路里程（单位：km）

2.2.2　西部地区城乡交通运输发展

截至 2018 年年底，全国城市道路长度 43.22 万千米，单位城市人口拥有道路长度 8.45 km/万人，城市道路面积 85.43 亿平方米，城市人均拥有道路面积 16.7 m²/人，城市年末轨道交通运营数量为 34 012 辆，城市年末公共汽（电）车客运总量为 6 356 469 万人次，城市轨道交通客运总量为 2 127 659 万人次，县城人口密度为 2 230.79（人/km²），县城人均拥有道路面积 17.73 m²/人。全国城乡交通运输情况见表 2-3。

表 2-3　我国城乡交通运输发展基本情况

指标	城市道路长度/(万千米)	单位城市人口拥有道路长度/(km/万人)	城市道路面积/(亿平方米)	城市人均拥有道路面积/(m²/人)	单位城市人口拥有公共交通标准运营车数/(标台/万人)	城市年末轨道交通运营车数/辆	城市公共交通运营线路总长度/km	城市公共交通客运总量/万人次	城市年末公共汽(电)车客运总量/万人次	城市轨道交通客运总量/万人次	人口密度(县城)/(人/km²)	县城人均拥有道路面积/(m²/人)	人均拥有道路面积(乡)/(m²/人)	人均拥有道路面积(镇)/(m²/人)
2000	15.96	4.1	23.78	6.13	5.3	941		3 410 451	3 211 940	60 719		11.2		
2001	17.6	4.9	24.94	6.98	6.1	899		3 506 814	3 299 755	77 109.6		8.51		
2002	19.14	5.4	27.72	7.87	6.73	983		3 728 026	3 629 769	83 055.2		9.37		
2003	20.81	6.2	31.56	9.34	7.66	1 913	159 711	3 813 505	3 607 696	100 359.6		9.82		
2004	22.3	6.5	35.3	10.34	8.41	1 896	159 166	4 272 898	4 048 652	132 820.9		10.3		
2005	24.7	6.9	39.22	10.92	8.63	2 364	125 857	4 836 930	4 606 866	165 048.7		10.8		
2006	24.12	6.5	41.09	11.04	9.05	2 764	140 801	4 659 247	4 477 648	181 599	1 555	10.3		
2007	24.62	6.6	42.37	11.43	10.23	3 480	147 349	5 546 439	5 325 857	220 582	1 341	10.68		
2008	25.97	7.01	45.24	12.21	11.13	4 530	209 249	7 029 996	6 692 606	337 390	996	11.21		
2009	26.91	7.14	48.19	12.79	11.12	5 479	490 283.3	6 767 589	6 401 819	365 770	865	11.95		
2010	29.44	7.46	52.13	13.21	11.2	8 285	521 252.7	6 867 497	6 310 720	556 777.2	789	12.68		
2011	30.89	7.55	56.25	13.75	11.81	9 945	551 793.9	7 439 185	6 725 785	713 400	1 532	13.42		
2012	32.71	7.75	60.74	14.39	12.15	12 611	577 580.9	7 887 914	7 014 989	872 925	1 573	14.09		
2013	33.63	7.76	64.42	14.87	12.78	14 366	620 051.1	8 254 548	7 162 676	1 091 872	1 771	14.86		
2014	35.23	7.91	68.3	15.34	12.99	17 300	669 639.4	8 495 033	7 228 457	1 266 576	1 958	15.39	12.63	12.63
2015	36.5	7.93	71.77	15.6	13.29	19 941	729 417.5	8 454 295	7 054 193	1 400 102	2 076	15.98	12.79	13.11
2016	38.25	8.02	75.38	15.8	13.84	23 791	795 935.4	8 441 316	6 826 235	1 615 081	2 127	16.41	12.84	13.56
2017	39.78	8.1	78.89	16.05	14.73	28 617	-	8 470 688	6 627 688	1 843 000	2 183	17.18	-	-
2018	43.22	8.45	85.43	16.7	-	34 012		-	6 356 469	2 127 659	2 230.79	17.73	-	-

西部地区城乡交通运输状况逐年改善，见表2-4~表2-9，但与全国的平均水平差距还较大。

表2-4　西部地区城市道路长度　　　　　　单位：km

年　份	2000	2003	2005	2010	2015	2018
陕西省	2 537	2 909.13	3 190.62	4 809.9	6 507.54	8 642.53
四川省	5 433	7 840	9 021.16	9 584.2	13 377.83	17 831.84
云南省	2 168	2 430.76	2 767.02	4 049.3	6 165.68	6 953.77
贵州省	1 682	1 804.13	2 203.64	2 257.4	3 538.34	4 968.94
广西壮族自治区	3 810	4 268.4	5 075.27	6 439.3	8 186.52	10 441.03
甘肃省	2 334	2 967.5	2 960.16	3 399.2	4 489.06	5 091.99
青海省	438	514.29	557.3	710.8	987.46	1 176.29
宁夏回族自治区	790	1 044.55	1 300.79	1 852.3	2 146.15	2 403.85
西藏自治区	253	407.88	486.97	340.6	1 036.86	781.03
新疆维吾尔自治区	2 809	3 481.99	3 848.68	5 177.8	7 418.21	10 610.74
内蒙古自治区（部分）	2 771	3 393.12	3 866.95	6 446.6	9 281.14	9 893.95
重庆市	2 693	3 278.79	3 629.78	5 129.5	7 712.18	9 519.54

表2-5　西部地区城市道路面积　　　　　　单位：万平方米

年　份	2000	2003	2005	2010	2015	2018
陕西省	2 970.36	4 686.4	6 457.3	10 536.6	14 601.79	19 734.54
四川省	6 458.52	13 295.82	15 266.45	18 743.3	27 937.49	37 968.36
云南省	2 445.05	3 270.9	3 836.6	7 982.5	12 690.35	13 587.04
贵州省	1 584.05	2 079.3	2 959.5	3 604.1	7 201.24	10 574.62
广西壮族自治区	4 362.23	6 326.9	8 122.9	12 118.1	17 002.71	22 860.74
甘肃省	2 541.27	5 281.72	4 972.13	6 599.1	9 650.21	11 561.11
青海省	599.3	843.5	935.9	1 357.3	1 969.9	3 123.69
宁夏回族自治区	910.96	1 797.3	2 626.3	3 888.7	6 376.19	6 798.16
西藏自治区	311.62	428.96	529.29	595.6	1 890.95	1 351.55
新疆维吾尔自治区	3 653.62	5 124.76	5 984.08	8 322.6	12 826.95	15 410.59
内蒙古自治区（部分）	3 168.53	5 344.4	6 502.1	12 475.8	19 793.1	21 250.57
重庆市	2 533.65	4 784.09	5 605.29	9 930.9	16 127.92	20 378.2

表 2-6　西部地区单位城市人口拥有公共交通标准运营车数　　单位：标台/万人

年　份	2000	2003	2005	2010	2014	2015	2016	2017
陕西省	7.82	7.36	8.19	12.64	15.85	15.51	16.01	15.63
四川省	7.52	7.35	7.63	9.65	14.22	13.52	12.9	14.46
云南省	12.7	8.68	9.03	9.74	12.36	12.62	13.17	13.6
贵州省	13.62	8.92	8.63	8.46	10.61	11.27	11.36	11.02
广西壮族自治区	6.06	4.39	6.93	8.07	9.19	9.1	9.77	10.74
甘肃省	7.02	5.67	6.31	8.1	9.67	9	9.16	10.52
青海省	13.9	13.73	17.84	18.3	14.4	13.25	14.29	14.37
宁夏回族自治区	5.82	4.12	4.76	10.63	13.17	13.97	13.47	15.26
新疆维吾尔自治区	13.79	12.75	13	11.66	15.54	16.08	15.24	14.58
西藏自治区	27.28	26	14.88	20.91	8.43	9.05	6.2	10.43
内蒙古自治区（部分）	3.92	4.03	5.61	6.89	9.01	9.1	10.26	10.65
重庆市	8.88	6.16	8.7	7.23	11.18	11.03	10.7	11.5

表 2-7　西部地区城市人均拥有道路面积　　单位：m²/人

年　份	2000	2003	2005	2010	2014	2015	2016	2017	2018
陕西省	6.07	6.15	8.19	13.38	15.38	15.67	15.42	16.32	16.47
四川省	7.23	10.21	10.9	11.84	13.32	13.63	13.73	13.72	14.63
云南省	8.1	6.54	7.12	10.9	17.12	14.23	15.76	12.52	14.11
贵州省	5.21	4.29	6.07	6.65	10.33	11.22	12.11	12.18	13.51
广西壮族自治区	10.2	6.95	10.24	14.31	15.75	16.28	17.06	17.56	19.42
甘肃省	7.8	10.24	9.71	12.2	15.3	15.18	15.42	16.51	17.91
青海省	8.15	9.06	9.7	11.42	11.08	10.63	11.04	14.4	16.19
宁夏回族自治区	9	8.68	10.21	17.35	23.16	22.52	23.11	21.83	22.94
新疆维吾尔自治区	10.2	10.37	11.48	13.19	16.46	17.69	18.35	19.78	20.34
西藏自治区	18.68	14.37	15.65	13.25	14.44	24.98	16.82	14.7	12.21
内蒙古自治区（部分）	6.88	8.63	10.14	14.89	21.1	22.61	23.45	23.89	22.75
重庆市	5.5	5.86	6.64	9.37	11.68	12.05	12.23	12.67	13.52

表 2-8　西部地区县城人均拥有道路面积　　　单位：m²/人

年 份	2014	2015	2016	2017	2018
陕西省	12.45	12.98	14.35	14.53	14.9
四川省	10.26	10.63	10.44	11.05	11.52
云南省	12.22	12.69	13.21	14.17	14.92
贵州省	9.01	10.46	12.47	12.89	13.35
广西壮族自治区	13.04	13.49	14.49	16.34	17.78
甘肃省	12.67	13.04	13.21	13.84	13.16
青海省	15.29	16.19	16.67	18.8	18.92
宁夏回族自治区	30.41	30.21	27.95	27.54	29.01
新疆维吾尔自治区	19.1	23.17	20.55	20.66	20.75
西藏自治区	9.46	13.35	12.51	21.01	20.48
内蒙古自治区（部分）	24.14	25.04	26.43	29.58	29.66
重庆市	9.43	8.62	8.7	8.96	9.56

表 2-9　西部地区乡（镇）人均拥有道路面积　　单位：m²/人

年 份	2014		2015		2016	
	乡	镇	乡	镇	乡	镇
陕西省	9.52	9.9	9.37	10.27	9.77	11.5
四川省	10.39	9.66	10.34	10.06	10.28	10.18
云南省	8.9	10.62	9	10.98	9.63	11.89
贵州省	10.61	10.83	10.89	11.24	10.11	11.37
广西壮族自治区	11.45	10.52	11.27	10.95	11.24	11.6
新疆维吾尔自治区	19.29	22.82	19.93	24.49	21.09	24.54
甘肃省	12.23	13.84	12.55	14.61	12.16	14.11
青海省	10.47	11.15	8.36	11.72	8.52	12.29
宁夏回族自治区	12.83	15.73	13.46	16.94	13.49	15.07
内蒙古自治区（部分）	11.93	11.7	14.02	16.33	16.84	20.95
重庆市	7.64	11.48	5.94	10.32	5.87	10.34

2.3 四川省在西部地区的地位

四川，简称"川"或"蜀"，省会是成都，地处祖国西南腹地和长江上游，自古就有"天府之国"的美誉，是中国西部门户，大熊猫故乡。四川介于东经 92°21′~108°12′ 和北纬 26°03′~34°19′，东西长 1 075 km，南北宽 900 多千米。四川西为青藏高原，东有长江三峡，北有秦岭巴山，南为云贵高原，与西部 7 个省区市接壤，东连重庆市，南邻滇、黔，西接西藏自治区，北界青、甘、陕三省，是承东接西的纽带、连接西南和西北的桥梁，自古就是"汉藏走廊""治藏依托"，具有十分重要的战略地位。截至 2018 年年底，四川省辖 1 座副省级城市，17 座地级市，3个少数民族自治州。辖 21 个市州、181 个县市区、2 549 个乡、镇、街道办事处，辖区面积 48.605 万平方千米，次于新疆维吾尔自治区、西藏自治区、内蒙古自治区和青海省，居全国第五位。根据四川省 2018 年国民经济和社会发展统计公报，年末常住人口 8 341 万人，居全国第 3位，其中城镇人口 4 361.5 万人，乡村人口 3 979.5 万人，城镇化率52.29%。民族成份 56 个，少数民族人口 539.4 万，有全国最大的彝族聚居区和唯一的羌族聚居区。

四川省地跨青藏高原、横断山脉、云贵高原、秦巴山地、四川盆地等几大地貌单元，地势西高东低，由西北向东南倾斜。四川省地形复杂多样，全省可分为四川盆地、川西北高原和川西南山地三大部分。以龙门山—大凉山一线为界，东部为四川盆地及盆缘山地，西部为川西高山高原及川西南山地。山地、高原和丘陵约占全省土地面积的 97.46%，除四川盆地底部的平原和丘陵外，大部分地区岭谷高差均在 500 m 以上。最高点为西部的大雪山主峰——贡嘎山，海拔高达 7 556 m，而最低点为广安市邻水县的御临河出省处，海拔仅为 184 m，相差了 7 300 余米。四川省地表起伏之悬殊，在中国各省（自治区、直辖市）中仅新疆、西藏可比。四川省复杂的地形，代表了西部地区的主要类型。

四川省是中国重要的经济、工业、农业、军事、旅游、文化大省。

省会成都市是西部地区的政治、经济、交通、商业、贸易、文化、科教、通信及军事中心，是中西部最大的城市，也是中国十大城市之一，是国家区域中心城市（西南），全国巨大型城市，位居"新一线"城市之首。

四川资源丰富，现拥有已探明储量的矿产资源132种，占全国资源种数的70%，是全国的资源、能源大省，是川气东送的起点。因物产丰富，资源富集而被誉为"天府之国"。

四川经济发展很快，交通干线密集，是"中国西部综合交通枢纽""中国西部经济发展高地"。四川的经济总量多年雄居西部第一，全国第八，其综合实力高居西部地区之首。

2.4　四川省城乡交通发展基本情况

统筹城乡发展是我国现代化进程中必须破解的一大难题，由于城乡公共制度配置长期以来的失衡，城乡发展差距日益拉大，已严重拖慢我国全面小康与和谐社会的建设进程。统筹城乡发展是一项系统工程，涉及各行各业。交通运输是国民经济发展的重要基础，是联系城乡的重要纽带。实现城乡统筹发展，离不开交通运输的支持保障。

城乡交通运输统筹发展是加快城乡融合，推动交通公共设施向农村延伸、交通公共服务向农村覆盖，逐步实现城乡交通基本服务均等的重要举措。构建衔接顺畅、资源共享、布局合理、结构优化、方便快捷、畅通有序、服务优质的城乡交通运输服务体系是实践科学发展观、贯彻中央统筹城乡经济社会协调发展战略、落实中央"三农"政策的重要举措，也是促进城乡经济社会全面、协调、可持续发展的重要基础。四川省提出要走新型工业化、新型城镇化发展道路，交通运输是实现四川两化互动、三产相融，新农村建设、新农村综合体建设、农村扶贫连片开发、田园城市建设的重要保障。

近几年，四川在城乡交通运输统筹发展方面做了大量卓有成效的工作，农村公路里程不断增加，以成都双流区、郫都区（原郫县）等地为代表的城乡交通运输一体化发展不断推进，城市公交不断向农村延伸，农村公交化改造进程也不断加快，但从总体来看，全省农村客运以班线客运为主，以小型客车载客为辅，以县城为中心，以乡镇为节点，连接城乡、关联乡村的农村客运网络基本形成。

截至 2018 年年底，四川全省综合交通路网总体规模已达 34.7 万千米，其中，公路总里程达 33.2 万千米，高速公路通车里程 7 131.4 千米、一级公路 4 178.0 千米、二级公路 16 021.1 千米、三级公路 14 635.7 千米、四级公路 262 864.1 千米、等外公路 26 762.0 千米，具体见表 2-10。公路总里程居全国第一，高速公路通车里程居西部第一、全国第三，建成和在建公路里程超过 1 万千米。高速公路直接连通所有市（州），覆盖内地所有县，建成出川通道 19 个，毗邻 7 个省份（自治区、直辖市）中除青海省、西藏自治区外均已实现高速公路大通道相连；国省干线公路越修越长、越修越宽、越修越好；普通国省干线公路规划总里程 4.1 万千米，基本实现市到县通二级及以上公路、州到县通三级及以上公路。农村公路总里程达到 28.6 万千米、位居全国第一。农村公路覆盖范围扩大，基本实现"乡乡通油路、村村通硬化路"，由大部分的县不通汽车到城市公交覆盖所有市（州）和 93% 的县级城市、88.8% 的建制村通客车、94.7% 的建制村有物流网络点，绝大部分群众都可以实现"出门有路、抬脚上车"。截至 2018 年年底，乡镇公路通达率达到 100%。全省 4 444 乡镇中有 4 200 个乡镇已通客运车辆；47 296 个建制村中，有 42 001 个村通客运车辆；农村客运站数量达到 22 000 个，农村客运班线开行 7 393 条，平均日发 86 089 班次，具体数据见表 2-11。全省有农村客运车辆 24 117 辆，客位有 419 763 个，具体数据见表 2-12。客运站的基本情况见表 2-13，货运站的基本情况见表 2-14。

表 2-10　2017、2018 年四川公路里程对比表

项　目	2017 年年底	2018 年年底		
		里程	增幅	占比
公路总里程	329 950.5	331 592.3	0.50%	100.00%
通车高速公路	6 820.9	7 131.4	4.55%	2.15%
一级公路	3 668.9	4 178.0	13.88%	1.26%
二级公路	14 911.7	16 021.1	7.44%	4.83%
三级公路	13 632.5	14 635.7	7.36%	4.41%
四级公路	255 774.5	262 864.1	2.77%	79.27%
等外公路	35 141.8	26 762.0	-23.85%	8.07%

表 2-11　四川省农村道路客运基本情况

地区名称	客运车辆通达情况				农村客运站数量/个	农村客运班线	
	乡镇总数/个	通客运车辆/个	建制村总数/个	通客运车辆/辆		条	平均日发班次
四川省	4 444	4 200	47 296	42 001	22 000	7 393	86 089
成都	291	291	3 564	3 434	1 069	235	3 824
自贡	96	96	1 070	1 038	69	235	1 967
攀枝花	44	44	351	286	96	48	4 735
泸州	127	127	1 338	1 295	33	447	5 654
德阳	123	123	1 426	1 416	276	206	2 306
广元	234	233	2 499	2 294	1 756	444	2 923
遂宁	105	105	2 078	2 053	369	215	2 882
内江	115	115	1 680	1 527	121	328	5 239
乐山	211	211	1 990	1 894	836	220	4 733
绵阳	275	274	3 260	3 118	3 234	666	5 812
达州	312	312	2 793	2 548	1 704	410	4 519
雅安	139	136	1 001	867	99	83	5 398
眉山	128	128	1 179	1 179	137	256	4 169
南充	406	406	5 241	4 906	3 867	697	4 888
宜宾	185	185	2 843	2 505	53	663	4 310
广安	182	182	2 760	2 633	1 981	238	2 515
巴中	194	194	2 398	2 230	2 428	784	7 902
资阳	116	116	1 987	1 267	71	219	1 764
甘孜	325	281	2 734	2 210	1 295	154	448
凉山	610	474	3 742	2 336	1 407	553	7 257
阿坝	226	167	1 362	965	1 099	292	2 844

表 2-12　四川省农村客运车辆基本情况

单位名称	农村客运车辆合计		按等级分						按车长分							
			高级		中级		普通		特大型		大型		中型		小型	
	辆	客位	辆	客位	辆	客位	辆	客位	辆	客位	辆	客位	辆	客位	辆	客位
四川省	24 117	419 763	864	17 852	7 185	181 497	16 068	220 414	0	0	942	27 309	8 919	238 830	14 256	153 624
成都	795	17 714	2	51	280	7 813	513	9 850	0	0	62	2 495	427	11 569	306	3 650
自贡	671	14 634	4	94	213	5 889	454	8 651	0	0	0	0	430	11 268	241	3 366
攀枝花	481	5 247	14	247	247	3 115	220	1 885	0	0	0	0	4	116	477	5 131
泸州	1 244	24 035	15	436	591	15 190	638	8 409	0	0	8	266	539	15 185	697	8 584
德阳	743	19 349	0	0	31	933	712	18 416	0	0	192	5 345	456	13 253	95	751
广元	867	15 964	38	1 101	418	9 190	411	5 673	0	0	21	750	251	6 808	595	8 406
遂宁	981	13 965	53	1 522	224	6 188	704	6 255	0	0	165	4 830	494	6 751	322	2 384
内江	1 130	26 670	16	380	517	12 677	597	13 613	0	0	240	5 528	735	18 318	155	2 824
乐山	751	15 774	34	713	305	8 781	412	6 280	0	0	7	327	374	11 611	370	3 836
绵阳	1 601	28 852	52	1 053	264	7 488	1 285	20 311	0	0	32	961	690	17 774	879	10 117
达州	1 548	37 962	162	3 714	985	26 247	401	8 001	0	0	122	4 191	951	26 934	475	6 837
雅安	896	10 424	84	1 104	240	3 424	572	5 896	0	0	0	0	14	421	882	10 003
眉山	1 043	21 423	12	362	341	9 121	690	11 940	0	0	0	0	387	12 218	656	9 205
南充	1 942	42 402	97	2 116	798	21 330	1 047	18 956	0	0	18	733	1 053	29 205	871	12 464
宜宾	1 328	29 589	161	3 588	572	26 722	595	9 279	0	0	18	684	748	22 612	562	6 293
广安	772	16 987	1	38	357	9 170	414	7 779	0	0	6	128	464	12 325	302	4 534
巴中	2 886	28 093	22	662	236	2 992	2 628	24 439	0	0	34	965	216	3 573	2 636	23 555
资阳	571	12 879	3	95	250	7 143	318	5 641	0	0	1	30	353	10 031	217	2 818
甘孜	632	4 424	0	0	0	0	632	4 424	0	0	0	0	0	0	632	4 424
凉山	2 762	29 873	4	97	293	7 741	2 465	22 035	0	0	2	76	314	8 402	2 446	21 395
阿坝	473	3 503	90	479	23	343	360	2 681	0	0	14	0	19	456	440	3 047

表2-13 四川省客运站基本情况

地区名称	等级客运站数量合计/个	一级站/个	二级站/个	三级站/个	四级站/个	五级站/个	简易站及招呼站/个	客运站务人员合计/人	客运站平均日发班次 班次	一级站 班次	二级站 班次	客运站平均日旅客发送量 人次	一级站 人次	二级站 人次
四川省	1 945	55	140	111	482	1 157	25 136	21 366	134 294	17 887	37 576	1 240 403	335 328	467 850
成都	61	12	18	15	11	5	1 008	2 898	10 742	4 376	3 437	177 157	104 981	46 147
自贡	22	1	7	0	9	5	55	455	2 630	909	869	46 837	10 055	33 681
攀枝花	33	1	0	2	1	29	64	109	860	236	0	7 666	1 691	0
泸州	30	2	6	3	16	3	1 663	702	6 074	1 285	2 900	62 061	29 092	23 618
德阳	27	4	5	2	15	1	256	545	3 628	1 076	1 637	38 919	11 714	21 500
广元	172	1	7	7	65	92	2 267	571	3 035	407	1 130	24 857	4 317	16 400
遂宁	23	3	3	1	11	5	253	382	3 008	1 255	906	25 586	11 118	7 518
内江	65	3	5	3	33	21	65	811	9 258	1 170	2 437	54 307	4 680	4 692
乐山	91	3	11	4	33	40	820	868	5 243	1 252	3 483	75 058	18 681	51 013
绵阳	67	5	8	1	36	17	3 180	791	5 178	1 736	1 930	53 354	29 375	16 439
达州	226	3	6	3	54	160	1 488	929	4 186	330	500	65 680	30 127	32 625
雅安	16	2	3	5	3	3	93	475	1 738	372	242	19 055	6 121	3 883
眉山	50	1	6	2	34	7	97	610	4 223	340	1 772	57 809	4 733	16 413
南充	191	4	10	6	26	145	3 692	1 575	6 126	890	2 711	95 179	22 565	44 318
宜宾	59	3	9	1	24	22	2 285	876	4 476	512	2 293	54 543	8 412	27 366
广安	55	1	5	2	5	42	2 004	853	15 179	250	2 879	214 593	10 000	41 572
巴中	217	2	7	9	39	160	2 220	6 151	34 961	410	1 108	46 688	14 145	27 557
资阳	10	1	5	1	3	0	67	304	2 743	568	2 132	29 558	10 021	19 537
甘孜	163	0	2	20	0	141	1 154	356	360	0	52	7 387	0	2 444
凉山	161	3	10	13	38	97	1 272	849	9 938	513	4 860	7 361	3 500	23 027
阿坝	206	0	7	11	26	162	1 033	265	710	0	299	10 498	0	8 100

表 2-14　四川省货运站基本情况

地区名称	货运站数量				
	合计/个	一级站/个	二级站/个	三级站/个	四级站/个
四川省	16	11	1	1	3
成都	6	3	0	1	2
自贡	2	2	0	0	0
攀枝花	0	0	0	0	0
泸州	0	0	0	0	0
德阳	1	1	0	0	0
广元	2	2	0	0	0
遂宁	0	0	0	0	0
内江	0	0	0	0	0
乐山	0	0	0	0	0
绵阳	0	0	0	0	0
达州	1	1	0	0	0
雅安	1	1	0	0	0
眉山	0	0	0	0	0
南充	1	0	0	0	1
宜宾	0	0	0	0	0
广安	1	1	0	0	0
巴中	1	0	1	0	0
资阳	0	0	0	0	0
甘孜	0	0	0	0	0
凉山	0	0	0	0	0
阿坝	0	0	0	0	0

截至 2018 年年底，四川铁路运营里程近 5 000 km、铁路进出川通道达到 10 条；高速铁路运营里程约 1 140 km，四川省基本融入国家"八纵八横"高铁主通道，并实现了互联网订票、在线选座、刷证进站、列车网络订餐等便捷服务。

全省航道总里程超过 1 万千米，高等级航道、港口集装箱吞吐能力达到 1 532 km，港口年吞吐能力近 8 000 万吨、集装箱吞吐能力达到 233 万标箱，"四江六港"内河水运体系初步形成，仅规模以上港口就达到 6 个、1 000 吨级泊位达到 47 个，其中泸州港已经建成公、水、铁联运的枢纽港，宜宾港已形成了 50 万标箱的年吞吐能力。

全省民用运输机场达到 13 个，全省基本形成了干支结合机场网络体系。双流国际机场年旅客吞吐量连续 8 年位居全国第四、连续多年位居中西部第一。成都双流机场成为中西部地区首个拥有双跑道和双航站楼的大型国际枢纽机场，国际航线网络覆盖全球五大洲，2018 年旅客吞吐量突破 5 000 万人次大关，成为我国第四个迈上 5 000 万人次台阶的机场，稳居中西部第一。

按照"一干多支、五区协同""四向拓展、全域开放"战略部署，四川省深入实施"综合交通三年行动计划"，充分发挥交通运输先行引领作用，强力推进以立体交通为重点的开放大通道建设，统筹铁路公路水路航空发展，立足实际"突出南向、提升东向、深化西向、扩大北向"，加快构建"四向八廊"为主骨架的现代综合交通运输体系，着力推动民用航空强枢纽、铁路发展提速度、公路网络上档次、内河航运扩能力。力争到 2020 年，基本建成"互连贯通、功能完备、无缝对接、安全高效"的现代综合立体交通运输体系：铁路营业里程达到 5 600 km，进出川通道铁路增至 13 条；高速公路建成 8 500 km，进出川高速通道 25 个；普通国道二级及以上达到 65%，普通省道三级及以上比重达到 50%；运输机场数量达到 15 个，天府国际机场基本建成并尽快投入使用。

2.5　城乡交通运输发展现状及存在的问题

2.5.1　城乡交通运输发展现状

为了解城乡交通运输，特别是农村交通运输发展状况，推进城乡交通运输实现一体化发展，寻求适合各地的城乡交通运输统筹发展模式、实现途径和保障措施等，以期实现农村居民公共交通服务与城市居民的均等化，在交通方面率先解决城乡二元化，实现一体化发展，为农村居民便捷出行、新农村建设、乡村振兴、农民增收和农村经济社会的全面发展和全面建成小康社会打下良好的交通基础，课题组以西部地区较具代表性的四川省为例，对成都市郫都区（原郫县）、双流区（原双流县）及广汉、简阳、犍为等地进行了实地走访，并发放调查问卷和组织全省十二个城乡交通运输一体化试点的区县（遂宁市射洪县、广汉市、眉山市东坡区、绵阳市涪城区、广安市广安区、广元市利州区、简阳市、宜宾市江安县、泸州市泸县、阆中市、成都双流区、乐山市犍为县）主管城乡交通运输一体化的交通运输局局长、交通建设、运输管理等方面的领导以召开座谈会的方式就各地城乡交通运输统筹发展现状及存在的问题、推进城乡交通一体化的设想及障碍、各地城乡交通运输一体化发展中所取得的成功经验、发展中遇到的障碍、适合进行公交化改造的道路交通基础设施（含场站）状况、城乡公路养护体制及政策差异、农村客运交通管理体制、许可制度及运行与补贴机制等进行了深入调研，归纳梳理出城乡交通运输统筹发展中的共性。

2.5.1.1　交通基础设施方面

大部分西部地区的城乡二元结构特征突出，由于特殊的地形特征，各地区间、远郊区县、广大农村乡镇间交通基础设施建设方面存在极不均衡的状况。

一是道路条件方面：从各地道路条件情况的调查情况看，城区道路条件优良，已形成较为完善的快速道路、主干道、次支道路的公路网络结构，日常维护等措施的采取到位，进一步优化了城区交通公共服务的道路通行条件；远郊区县及广大农村乡镇地区虽经过近年来农村公路的修建后，在一定程度上改善了交通基础设施，但总体上看路网结构仍未健全，等级公路的比例较低，适合客车安全舒适运营的道路条件不足，公路养护效果不佳。各地区间道路条件的差异也较大，双流、广汉等平原地区的道路条件明显好于丘陵和山区地区,甚至与东部发达地区相近，尤其表现在建设资金投入、等级公路比例、路面条件等方面，而经济及自然条件较差的地方（如三州地区）道路条件较差。另外，各地在道路条件方面，由于各种原因，还存在各自的特殊情况，例如阆中的断头公路较多，渡口、码头、危桥数量较多、安保设施不够完善；利州区处于山区，受地形条件限制，所建公路设计技术条件较差，例如坡度、曲线半径等往往达不到规范要求，公路条件达不到通行客运和公交的要求；泸县的路网结构不太合理，干线以南北干线为主，东西方向干线的数量不足。这也从一个层面反映出，各地在原有公路的规划建设方面缺乏全面系统的通盘考虑，仅考虑了路网的打通，而未考虑有效的衔接和城乡交通运输的一体化，因此，对居民出行特征及需求进行分析，打破传统的先有路后通车的需求分析思维，根据需求进行规划建设，既避免重复建设，造成大量的浪费，又避免修建道路不能满足通行需求的问题。同时，在进行规划时，应充分整合现有交通运输资源，实现各种交通运输资源的无缝衔接。

二是配套设施建设方面：城区交通公共服务配套设施基础较好，各类换乘枢纽、停车港湾、候车场所、标志标牌、维修检验设备、加油加气站、渡口码头等各类配套基础设施基本能够保障城区交通出行需求，同时对相对车辆规模较为欠缺的场站设施也在按照相关规划稳步推进；远郊区县及广大农村乡镇地除区县乡镇政府所在地具有一定的班车场地外，各类交通基础配套设施普遍不足，尤其是客运线路沿途的停靠站点建设、安保设施建设严重滞后。尽管如此，部分农村客运场站建成后的后续管理和利用问题也较为突出。

三是交通工具方面：成都市交通工具基本实现舒适化和环保化，CNG 公交汽车及出租汽车、地铁等可为市民出行提供舒适便捷的公共服务且数量充足；成都市郊的双流、郫都、都江堰公共服务发展也较为理想；远郊区县及广大农村乡镇的交通工具仍主要是中低档次的客车，甚至客货两用车、三轮车、摩托车等，适应农村道路出行条件的客运车辆推广处于初期起步实施阶段，尤其是在农村地区特有的"赶场"集会期间，交通工具数量严重不足。

2.5.1.2 管理及政策方面

一是在规划方面：各地主城区交通公共服务基本已纳入了城市建设总体规划和布局，特别是自四川省交通运输厅 2012 年发布《四川省交通运输厅关于编制城市公共交通发展规划的通知》(川交函〔2012〕227 号)以来，大部分地区均从城乡交通运输统筹的角度编制了公共交通发展规划，发展目标明确，保障措施齐全；但大多仅限于城市周边的乡镇，而农村乡镇公共交通普遍尚未纳入当地经济社会发展规划，公共交通、农村客运、出租客运甚至是农村公路建设规划都存在不同程度的欠缺，交通公共服务主要依靠上级政府或部门的指令性计划或当地自发形成的各类不规范的客运市场。另外，很多地区由于规划时仅以道路打通为目的，缺乏系统的通盘考虑，造成道路等级偏低，不适合客车及公交车辆通行，在站场规划方面存在农村客运站利用率不高、线路条件与场站不匹配、场站与实际需求不匹配、建设标准偏低、场站布局不合理的问题。

二是在税费方面：城市轨道交通、公共汽车、出租汽车及长途客运企业享受了不同程度的税费减免，减轻了企业的经营成本，提升了企业经营效益，有利于企业扩大再生产；而对于农村乡镇交通公共服务除郫都、双流等经济条件较好的区县外，其余地区尚未出台明确的税费优惠政策，农村交通运营普遍存在成本高，经营效益差的情况。

三是在财政方面：城市交通公共服务可通过多渠道，在车辆更新、先进环保技术采用、站场设施建设等方面，每年得到政府及各部门的财政补贴，并对优惠群体实行政府购买服务，补贴补偿政策落实到位；农村乡镇交通公共服务目前在农村公路建设方面，国家已经给予了一定补贴，但在运营方面，尚未进行亏损测算和财政补贴，农村乡镇免费群体的优待权益的落实不到位。

四是在行业管理方面：各地城区交通公共服务在准入、运营、安全、服务等各方面形成完备的法律法规和规章条例，基本实现管理法制化；农村乡镇交通公共服务由于市场发展缓慢，相关政策法规多是参照城区进行管理，具有当地交通客运市场针对性的管理措施或制度较为缺乏，总体管理水平不高。

五是在组织领导方面：各地城区交通公共服务长期得到各级领导和部门的重视，各类协商联系机制健全有效，部门相互配合协调已形成共识，不断出台实施行之有效的政策措施，有力地推动了交通运输事业发展；而对农村乡镇公共服务发展问题，部分部门及区县政府尚未高度重视，且当地政府及相关部门之间沟通协调不够，支持配套不力，影响了农村地区交通公共服务的发展。

2.5.1.3 城乡交通"建管养运"现状

城市交通和区域干线交通建设一直很受重视，而且有规划程序和实施程序，但是在管理体制上存在一定的交叉和部门分隔。城市交通管理和养护体制基本健全，资金、人员有保障。干线道路的管理和养护经费却不足，路况下降。城市客货运输体制基本健全、政策明确、市场管理比较有序、税费分担比较合理。

相比城市交通来说，农村交通的建设在相应的规划和建设程序各方面还应进一步加强落实。

农村公路管理养护体制尚不健全，主要表现在：（1）养护资金无保障，失养现象比较突出。由于农村公路养护政策尚未真正兑现，地方资金筹措的难度加大，难以筹到农村公路养护所需的专项资金。（2）截至

2018 年年底，农村公路养护尚无标准，养护工作难考核。2019 年 3 月，交通运输部虽发布了《农村公路养护技术规范》（JTG/T 5190—2019），但农村公路在建设时为了节约资金和土地，采取因路制宜，设计技术标准低、上山下岭、爬坡过河，与列养等级公路相比，养护线路长、难度大，完全靠人工作业。目前农村公路养护尚无统一模式，专人养护的里程、资金尚无标准，如何检评、考核等也只在探索之中。（3）管理主体不明，不能实施有效管理。《农村公路建设管理办法》首次明确乡镇人民政府是村道的建设主体，但是在其管理应划给谁的问题上尚无定论。农村公路总体呈现规模大、单体工程小、分散的特点，也增加了监管的难度。（4）养护人员素质低，养护质量难保证。由于受地理、条件、收入等因素的制约，农村公路大多采取以村为单位进行养护，养护人员多数是聘用的本村文化程度较低、年龄偏大的没有外出务工的村民，加之责任心欠缺的问题，养护质量难以保证。

农村公路交通运输体制方面，尚须加快完善，问题如市场管理须加强、非法运营较为严重、农村运输企业税费分担过重、企业生存难以为继。主要表现在：

（1）农村客运发展不平衡。由于受地域、交通、人口、经济发展水平等因素影响，农村客运线路客流量形成在时间和空间上呈现不均衡的分布，冷热线反差大，造成经营业户集中在客源多、道路状况好、经济效益高的热门线路上，甚至出现恶性竞争，而支线、冷线却鲜有问津。

（2）农村客运市场秩序较为混乱，非法运营较为突出。农村客运点多、面广、管理手段落后等特点，导致有限的执法人员难以全面顾及，报废车、淘汰车、农用车、拖拉机、三轮车、摩托车等从事非法运营的情况屡禁不止。尤其在正规车经营者不愿经营的地处偏远地区的冷门线路，为非法营运车提供了可乘之机，安全隐患较大。

（3）从业人员素质不高，服务质量参差不齐。农村客运从业人员主要是城镇无业人员和农民，他们文化水平有限，没有经过职业化系统培训，职业道德水准不高，服务意识不强，违法经营、欺行霸市现象时有发生。

（4）经营主体散小乱弱，无序竞争明显。农村客运多为个体户单人单车经营，尽管部分地区农村客运实行了公司化管理，但大多数车辆依然采取的是明令禁止的挂靠方式经营，使公司徒具形式，实质上是个体的分散经营。经营主体多、运输组织分散、管理难度大，杀价、抬价、争客、抢客、甩客、串线经营等无序竞争现象突出。

（5）运营车辆技术状况低，安全性差。由于多关注价格，而对安全性和舒适性要求不高，加之农村客运收益率低，农村客运运营车辆多为干线淘汰下来的老旧车以及农用车，在山区道路上行驶，安全形势严峻，而且有的路为等外公路，没有安全保障，不具备通车条件。

（6）农村站场设施薄弱，有形客运市场难以形成。由于受资金投放和收益率低的影响，乡镇等级站较少，大多数行政村甚至连招呼站牌都没有，"车无站可进，人无点可归"的现象十分突出。

2.5.2　城乡交通运输存在的问题

2.5.2.1　规划建设方面存在的问题

1．统筹规划缺乏高效有力的实施主体

由于城乡二元结构的历史原因，我国的道路分为公路和城市道路，并相应地建立了两套法律体系，相应的规划、建设、运输等建设管理工作也分别由交通与建设两个行政主管部门负责，我国西部地区多数省区的交通行政管理体制仍沿袭这种传统的二元管理模式。

随着各地城乡一体化进程的不断加速，部分道路逐渐由公路转化为城市道路，道路建设管理权限相互交织的情况也逐渐增多。现有规划、建设缺乏有效的协调沟通，导致城乡间一定程度上出现各自规划、自成体系的局面，给城乡交通运输一体化的构建遗留下了诸多问题，如城市道路与公路由于断面差异，出现线路衔接不顺、交叉口畸形、换乘不便、场站设施布局不合理等情况。这种体制的分割已经成为城乡交通运输统筹发展的主要障碍。

2．运输服务规划与基础设施建设规划不同步

城乡交通运输统筹发展就是要实现城乡交通运输服务的均等化，目前西部地区多数地方普遍是将较多投入放在了交通基础设施建设方面，而投入在运输服务方面的却严重偏少，与运输服务配套设施规划未与基础设施建设规划同步。通过对四川省12个试点县的规划统计分析表明，大部分试点县资金主要投在基础设施建设上，而在管理、服务体系建设、人员队伍培养等方面的投入偏低。服务规划滞后带来的另一个问题是后期在进行服务配套时，却发现原有建设标准不能满足运输的相关要求，进而造成了大量的资源和资金浪费。

3．与城乡交通运输统筹发展相配套的路网还不够完善

与城乡交通运输统筹发展相配套的路网还不够完善，主要体现在：一是农村线路等级较低，影响农村客运的安全运行。二是进行公交化改造的农村公路技术标准低，存在较多四级或等外公路，严重影响了车辆的安全通行，制约了城乡公交一体化发展。三是实行公交化改造的路网覆盖面不够广，与县城接壤乡镇的城乡客运有的还未进行公交化改造。

4．与城乡交通运输统筹发展配套的站场设施不够完善

合理的场站布局及规模是城乡交通运输可持续发展的基础与保障。与城乡交通运输统筹发展相配套的站场设施主要有乡（镇）客运站、公交首末站、实行公交化运行的客运班线配套站等。与城乡交通运输统筹发展相配套的场站不够完善之处表现在：一是农村客运站覆盖率不高、等级偏低，功能不齐全，大多数乡镇客运站还仅是简易招呼站，即便如此，候车亭、招呼站等简易客运基础设施的数量也不足。同时客运场站利用率不高，运输资源浪费较大，运输效能不高。二是个别市县尚未建成公交首末站。三是农村客运与城乡公交换乘、衔接站点布局不尽合理。

5．农村通村公路的建设成本较高

西部地区面积辽阔，地形复杂，各地区经济发展水平差异又较大，部分丘陵和山区地区的市县农村居住地相对分散，经济发展水平较低，

导致交通需求极为分散，开展的村村通工程虽较大程度地改变了现状农村居民的出行条件，但通村公路建设成本高，经济效益较小。

6．统筹规划建设缺乏统一标准

统筹规划建设应充分考虑地区的差异性，结合自身特点采取相应的建设标准。目前对统筹应达到的水平、规划建设标准、时间没有达成统一意见，现行标准规范也未作出相关规定。

7．建设资金缺乏

交通基础设施的建设，需要的资金投入很大，除高速公路外，国家对其余项目的定额投资有限。西部地区很多县（市）经济基础薄弱，县、乡财力有限，且融资平台较低，建设项目配套资金筹集压力大，制约着农村交通运输的发展。

8．建设质量参差不齐

主要是城乡公路中的农村公路，受制于各种主客观因素，主要是农村公路点多、面广、造价低、单个项目的规模小，企业利润空间不大等，农村公路质量常常不易控制，有些农村公路达不到现行标准验收要求，直接影响城乡交通服务水平。

2.5.2.2　运营管理方面存在的问题

1．客运方面

近年来，随着社会经济的快速发展，城市面貌今非昔比，城乡道路纵横交错，道路运输业日益繁荣，客运线路不断外延，城乡交通运输得到快速发展，有力地服务了"三农"，促进了农村经济发展。但是，在农村一些非法营运的小轿车与从事道路客运经营的班线车辆争市场、抢客源，冲突不断。农村客运市场结构性矛盾突出，主要表现在以下几方面：

（1）农村"客运经营主体多，规模经营少；通乡（镇）运力多，通村运力少；农用车辆多，客运班车少；停靠地点多，客运站场少"的"四多四少"现象极为普遍。

（2）国道主干线与乡镇支线运输衔接不到位。四川省道路客运以主干线为主，县内短途客运、出租汽车、公交车无法渗透到一些偏远、经济较落后的乡镇、行政村，导致部分群众出行难、乘车难的问题突出。

（3）非法营运的小型客车严重影响正常的客运市场秩序。非法营运的小型客车，由于车辆流动性大、安全隐患高、机动性强，多数经营者为社会闲散人员，普遍素质较低，对客运市场的监管造成了一定的困难，严重扰乱了客运市场秩序。但是，应该看到，该类车辆由于流动性强，对地域环境、人际关系较熟悉，多数存在于各乡镇、行政村之间往返载客，能够实现村到村、门到门的服务，为当地群众出行提供一定的方便。因此，如何合法合理规范其运营，是值得研究的课题。

（4）体制分割障碍影响，资源配置不当，造成运输资源的浪费，城乡客运优势发挥不足。城乡客运规划不统一、布局不合理，阻碍城乡客运一体化进程和统一市场的形成，造成一定运输资源的浪费。如有些县内短途客运，只限于各乡（镇），不能渗透到各行政村。一些较为偏远地区的群众出行，不得不步行或乘坐非法营运的小轿车、农用三轮车，到达乡镇后换乘。出租车由于经营成本较高、群众消费层次达不到，很难实现县对乡镇、乡镇对行政村之间的"无缝运输链"。

（5）部分群众出行需求难以满足。乡镇到村、村到村的客运班线缺少，农民群众出行难问题仍没有得到彻底解决。尤其是边远山区农村，群众出行主要依靠徒步或自行车、摩托车等交通工具，要求通车的呼声较高。特别是近年来基层中小学撤并以后，大部分学生合并到临近乡镇或县城中学读书，学习路上乘车难的问题极其突出，很多村组每天只有一至两趟班车，有些还没有直达班线，只能靠步行或搭载其他车辆的方式至通班车的乡镇进行换乘。

（6）农村客运超载现象较为严重，摩托车、农用车、报废车等非法车辆进入农村客运市场，致使客运市场出现混乱，安全状况影响较大。

（7）经营机制转变困难，运输经营方式仍以挂靠、承包、租赁等方式为主，绝大部分还是"一车一主"的家庭式经营，经营行为不规范，运输效率不高、服务质量较差等问题短时间内难以改变，广大乘客的合法权益得不到保障。

（8）由于农村点多面广、居住较为分散，且大多数人员外出务工，客流少，而道路条件又差，运输成本高，大多数经营者选择超载的方式勉强维持微利，甚至面临亏损，而相关的扶持政策尚待健全，使得农村居民难以享受到均等化的运输服务。

（9）"重建轻养"的现象普遍存在，特别是农村公路，失养现象尤为突出，这不仅导致农村客运运行成本增加、公路使用寿命缩短，更重要的是安全隐患明显增加。

2．货运物流方面

随着国家一系列扶贫政策的相继出台，西部部分地区构建了较为完善的城乡物流网络体系，但相对于城市物流产业红红火火，农村物流产业却相对冷清，物流设施不足、物流信息滞后、流通方式落后等问题日渐凸显，远远不能满足农村经济社会发展对物流的实际需要。相对城市物流，农村物流发展中还存在一些问题，主要表现在：

（1）缺乏一定整体规划，网络运作效率较低。当前农村物流发展涉及交通、商贸、供销等多个相关部门，导致农村物流网络体系缺乏统一的整体规划，从而出现交通物流、商贸物流、邮政物流、农资物流交叉为农村提供物流服务的情况，物流网络体系分散，不仅浪费了配送资源，还严重阻碍了农村物流统一市场的形成和发育，从而导致整个物流网络体系的运作效率不高，物流成本居高不下。

（2）基础设施相对落后，信息网络尚不健全。近年来，西部地区农村物流基础设施虽然得到很大改善，但与国外和经济发达地区相比，农村物流的基础设施仍然相对落后，在道路网和信息化方面的问题尤为突出。表现在，交通道路网及场站运输服务体系起点低，农村公路尚存在总量不足、通达深度不够、技术等级偏低等突出问题，"村村通"公路一定程度上仍然不能满足农村物流的需要。与此同时，农村信息网络尚不健全，农户居住分散，沟通渠道有限且不畅，致使市场信息不能被快速有效地利用，在供需两方面都存在信息瓶颈的问题。

（3）经营主体分散，市场运作有待规范。以四川为例，全省各类物流企业总数已超过1万家，除原有的交通运输企业、国有商业企业、农资物流企业外，还出现了专门为农村提供服务的小件运输企业和个体运输散户等。农村物流经营主体数量多、发展迅速，但规模小、层次低、离散性强、组织化程度低。目前，农村物流服务商缺乏监管，物流经营行为不规范，运输工具简陋，甚至有客货混装的情况，市场秩序有待规范，货主的合法权益难以得到有效保护。

（4）城乡物流脱节，衔接不畅。当前，西部地区城乡物流发展不平衡，"二元"形态突出，农村物流和城市物流差距较大。农村物流的发展滞后，不仅影响了农村居民生活质量的提高，同时也阻碍了农村的高质量农产品快速进入城市，这种"二元"形态较大程度上影响了社会物流的通畅和社会物流总成本降低，直接影响农民的收入和社会主义新农村的建设进程。

（5）缺乏专项投入，物流基础设施养护管理体制不健全。据调查分析发现，农村公路技术等级普遍不高，养护水平较差，造成运输车辆不能实现城市与农村的有效对接，公路运输安全性差，货损严重，物流服务质量不好。

同时，尚存在农村物流专业人才稀缺、物流专业培训缺失等问题。

2.5.2.3　养护管理方面存在的问题

1．养护管理体制方面的问题

（1）农村公路管养方面的法规和制度约束缺乏。

各地农村公路管养状况差异较大，这与当地经济发展水平关联较大。这体现出在农村公路管养上缺乏统一的法规或管理办法来强制约束和规范相关工作。

（2）通村公路路政管理执法依据不够，群众养护意识薄弱。

虽然《中华人民共和国公路法》（以下简称《公路法》）明确规定任

何单位和个人不得在公路上及公路用地范围内摆摊设点、堆放物品、倾倒垃圾等，国务院《关于农村公路管理养护体制改革的实施意见》明确提出将村道作为农村公路的主要组成部分纳入公路养护管理体制中，但对通村公路的随意侵占管理、超限运输管理等没有做出具体的规定，使得通村公路的养护管理工作不尽如人意，任意侵占公路开设马路商店、堆放杂物、利用公路打场晒粮等影响公路畅通的现象还时有发生。随着新农村的建设，农村基建项目逐渐增多，超限超载车辆驶入乡村公路造成公路损坏的现象也较为突出。可见，通村公路相关条规还不够完善，实施力度还不够严格。

２．养护管理资金方面的问题

（１）缺乏稳定的配套养护管理资金。

2019年9月以前，四川省在燃油消费税转移支付中，按国办〔2005〕49号文件确定的标准，以每年每千米县道7 000元，乡道3 500元，村道1 000元的标准将农村公路养护工程费补助资金足额转移到各县（市、区），2019年9月，国办发〔2019〕45号文要求省、市、县三级公共财政资金用于农村公路日常养护的总额不得低于县道每年每千米10 000元，乡道每年每千米5 000元，村道每年每千米3 000元，并要求地方财政给予一定的配套资金，但很多县（市、区）由于财力薄弱，配套资金缺失，农村公路日常管理养护经费配套政策难以落实，农村公路养护得不到稳定的资金保障。

（２）养护资金常被占用。

虽然省政府加大了资金的投入力度来支持农村公路的建设和养护管理工作，但有些地方在对农村公路养护管理认识方面存在一定偏差，重建轻养思想较为严重，在建设资金不足的情况下，用于加快公路建设使本来就不充足的养护资金变得更少。另外有些地方将大部分养护资金用于主要线路的养护，使得很多通村公路因为没有养护资金补助而失养。

（３）农村公路大中修资金匮乏。

截至2018年年底，四川省拥有的农村公路已达28.6万千米，其中

2011 年新改建 1.7 万千米，"十一五"期新改建 11.2 万千米，余下的 13.5 万千米是"十五"或"九五"期间建成，目前大部分都已达到甚至超过了使用周期，出现了各种不同程度的病害，急需进行大中修。农村公路的大中修资金缺口很大。

3．其他问题

（1）农村公路建设质量差。

由于专业技术人才和财力、物力等资源的缺乏，农村公路修建的技术等级普遍不高，线性设计也有失规范，缺乏基本的防护结构物，安全隐患较多，抗灾能力较差等问题。

（2）专业养护队伍缺乏。

在农村地区，由于条件的限制，高素质、高水平的专业养护技术人员严重缺乏，大多数养护人员只对传统泥结碎石路面的养护较为熟悉，缺乏沥青类、水泥类路面养护相应的技能，当面对此类路面的病害或损坏时不知何从下手，不能进行有效的处治与修理，甚至也不具备基本的养护材料。养护工具也落后，仍以传统的扫帚、铁锹为主，大型的养护机械设备更是缺乏，养护效率低下。在一些乡村，当地农民扮演着乡村公路养护员的角色，他们由于年龄偏大、文化水平不高，且缺乏应有的养护作业专业知识，对新知识、新工艺的理解与掌握比较困难，不能很好地学懂学会新的工艺流程，不会操作相关机械设备，缺少技术支持，对其进行养护知识与技能培训具有一定难度。

调查发现，目前公路养护管理力度不足是目前各地最为突出的问题之一。近 82% 的被调查者认为养护资金投入不足、机具设备不足或陈旧是本地区养护管理方面存在的最主要问题，其次是养护技术人员的缺乏和养护体制不适宜，故在进行统筹城乡养护管理中，应加大养护资金投入，加快养护设备的更新。

3 城乡交通运输统筹规划与建设

3.1 城乡交通需求特征

随着我国经济社会全面进步，城镇化进程也步入快车道，城乡经济亦呈现良好发展势头，城镇化率不断提升，1949 年年末常住人口城镇化率仅 10.64%，2011 年年末常住人口城镇化率首超 50%，2018 年年末常住人口城镇化率达 59.58%，据国家卫计委预测，至 2030 年，城镇化率预计将达到 70%。由此产生的城乡交通运输统筹发展问题也日益突出。一般认为中心城区是城市的核心区，通过生产分工促使各种生产要素的合理流动和优化配置，并与周边地区的经济形成一个有机整体，进而促使城乡关系演进，使城乡二元结构的特征逐渐减弱，城乡互补及相互作用日趋加强。作为交通基础设施重要组成部分，道路交通在城乡一体化进程中发挥重要作用，本书重点对道路运输进行研究。交通基础设施一方面需满足交通运输需求，另一方面又会激发产生新的交通需求，二者相互促进与制约。研究城乡交通需求的特点，有利于更好地统筹规划城乡交通运输基础设施。根据国内相关学者的研究及西部地区的实际，对城乡交通运输特征分析结果如下。

1. 城乡居民出行职业构成

不同城市城乡客流均有其自身规律与特点，不过其客流人员职业体构成有一定共性，主要有公职人员、公司职员、学生、农民、退休人员、个体商人、游客等，其中个体商人、学生、公司职员及公职人员是城乡交通出行的主体。而中心城区居民出行的主体是公职人员、公司职员、学生、游客等。相关研究统计表明：在乡村居民出行比例构成中所占比例最高的是个体商人，而中心城区所占比例最高的则是上班员工。

2. 城乡居民出行目的

城市中心区汇聚最重要的商业、教育、医疗等资源，资金的大量投入、城乡之间各类开发区的建设、一些大中型企业布局等均形成了大量就业岗位，由此形成了以工作通勤、商务会谈为目的的城乡客流；农村产业现代化发展的所需的生产资料采购、农产品销售需要在城市市场完成，从而形成了围绕农业、农村而进行商业活动客流；同时城乡居民可支配收入的大幅提高及对健康意识的加强，以购物、探亲访友、就医等为目的的出行又成了城乡客流另一重要部分。教育资源的分布不均，也带来大量以上学为目的的出行；随着围绕地方土地多元化经营而进行的一批特色产业经济飞速发展，如旅游古镇、度假村、农家乐、特色果园、民宿经济等，促使城乡居民休闲旅游动机产生，构成了城乡客流的重要组成部分。可见城乡旅客出行的主要目的是上班、休闲娱乐、上学、探亲访友和购物，总体来说农村旅客出行目的表现出较强的多样化。

3. 城乡居民出行距离与出行方式

研究表明城乡居民出行方式与出行距离密切相关，主要出行方式有步行、非机动车、公交车、轨道交通、摩托车、私家车、出租车等。不同城市根据经济发展水平及自身特点，各类出行方式所占比例有所差异。总的来说经济较发达地区公交、轨道交通、私家车、出租车的选择占比欠发达地区要高些。

相关研究表明，城乡居民出行的主要交通方式：在 2 km 以内是电瓶车、自行车以及步行等；2～5 km 为摩托车、电瓶车、自行车；6～10 km 是公交、轨道交通、摩托车等方式；超过 10 km 后，私家车、公交轨道交通等方式则是最主要的交通方式。

4．影响城乡客流的因素

城乡客流受以下因素的影响：

（1）人口总量与分布。在其他条件不变的情况下，人口总量越多，出行需求越多，而人口分布分散，将明显降低城乡客运客流强度。

（2）经济状况发展水平。经济状况发展水平直接影响城乡居民的生活水平进而影响居民出行强度。

（3）产业布局模式。中心城区与乡镇产业布局、经济互补程度、城乡一体化发展模式等，很大程度影响了线路的客流强度。

（4）空间联系难易程度。中心城区、近郊乡镇与偏远乡镇之间道路的技术等级、路况水平、畅通状况、地形地貌特征等均会影响通车条件及客流强度。

以上各类因素中，所在地区的经济水平与产业布局是影响城乡客流出行强度最主要的因素。

5．城乡客流的时空分布特征

城乡客流时空分布特征主要有层次性、潮汐性、季节性。

城乡客流的层次性，体现为县城与乡镇之间的长线距离和村落之间的短线距离客流差异。不同地域客流量不同，县城以及主城区客流量最大，其次是中心城镇，边缘村庄的客流量最少。

潮汐性表现为城乡居民早进城、晚归乡的潮汐性特征。无论是进城购物、访友，或是因公务的农村居民大多具有早晨进城，晚上出城的出行特点。

季节性表现为城乡客运客流在不同月份存在着明显的差异。这主要是因为：在农忙时节，农村居民进城购买生产资料、回家务农；而在农闲时节，农村居民进城打工、经商、旅游；学生假期的返家与出游；城市商品换季促销、展览；城区居民春夏季常常避暑郊游、度假，而秋冬季节相对较少等。

此外节假日客流分布也表现出一些特点，主要是指在国家一些法定的节假日，例如劳动节、国庆节、清明节、端午节、中秋节、春节等假期期间，或是学生寒暑假期间，会产生城乡交叉往返的重叠小高峰。客流的主要构成主要包括学生及返乡探亲、务工回乡等人员。

3.2 城乡道路设施特征与交通规划方法

城乡道路主要包括城市道路与公路，两者的定义分类、路网结构、技术标准均有不同。

3.2.1 定义与分类

3.2.1.1 定 义

公路与城市道路在地理空间上区分不是特别显著，尤其是城镇化快速发展，不少公路也逐渐演变为城市道路。不过两者在法律上确有明确定义，即"公路"是指经公路主管部门验收认定的城间、城乡间、乡间能行驶汽车的公共道路。公路包括公路的路基、路面、桥梁、涵洞、隧道。"公路用地"是指公路两侧边沟（或者截水沟）及边沟（或者截水沟）以外不少于 1 m 范围的土地。公路用地的具体范围由县级以上人民政府确定。"公路设施"是指公路的排水设备、防护构造物、交叉道口、界碑、测桩、安全设施、通信设施、检测及监控设施、养护设施、服务设施、渡口码头、花草林木、专用房屋等。《城市道路管理条例》中，第二条规定了城市道路的定义：城市道路是指城市供车辆、行人通行的，具备一定技术条件的道路、桥梁及其附属设施。

3.2.1.2 公路分类

我国现行公路分类主要有：按其在公路路网中的地位、技术等级分类及按功能分类。

公路按其在公路路网中的地位分为国道、省道、县道、乡道和村道。按技术等级分为高速公路、一级公路、二级公路、三级公路和四级公路。见表 3-1。

表 3-1　公路的分类

分类标准	类　别	定　义
按其在公路路网中的地位	国道	具有全国性政治、经济意义的主要干线公路,包括重要的国际公路、国防公路,连接首都与各省省会、自治区首府、直辖市的公路,连接各大经济中心、港站枢纽、商品生产基地和战略要地的公路
	省道	具有全省(自治区、直辖市)政治、经济意义,联结省内中心城市和主要经济区的公路以及不属于国道的省际的重要公路
	县道	具有全县(旗、县级市)政治、经济意义,联结县城和县内主要乡(镇)、主要商品生产和集散地的公路,以及不属于国道、省道的县际间的公路
	乡道	主要为乡(镇)内部经济、文化、行政服务的公路,以及不属于县道以上公路的乡与乡之间及乡与外部联络的公路
	村道	直接为农民群众生产、生活服务,不属于乡道及以上公路的建制村与建制村之间和建制村与外部联络的主要公路,包括建制村之间的主要连接线,建制村与乡道及以上公路的主要连接线,建制村所辖区域内已建成通车并达到四级及以上技术标准的公路
技术等级	高速公路	专供汽车分向、分车道行驶,并应全部控制出入的多车道公路
	一级公路	供汽车分向、分车道行驶,并可根据需要控制出入的多车道公路
	二级公路	供汽车行驶的双车道公路。双车道二级公路应能适应将各种汽车折合成小客车的年平均日交通量 5 000~15 000 辆
	三级公路	主要供汽车行驶的双车道公路。双车道应能适应将各种车辆折合成小客车的年平均日交通量 2 000~6 000 辆
	四级公路	主要供汽车行驶的双车道或单车道公路。双车道应能适应将各种车辆折合成小客车的年平均日交通量 2 000 辆以下,单车道应能适应将各种车辆折合成小客车的年平均日交通量 400 辆以下

　　2014 年版《公路工程技术标准》(JTG B01—2014)第一次在规范中明确了公路按功能分类的方法,将公路分为:主要干线公路、次要干线公路、主要集散公路、次要集散公路、支线公路。

3.2.1.3　城市道路分类

《城市道路工程设计规范》（CJJ37—2012）按照道路在道路网中的地位、交通功能以及对沿线建筑物的服务功能等，将城市道路分为快速路、主干路、次干路和支路四类。

快速路为流畅地处理城市大量交通而建筑的道路，采用中央分隔、全部控制出入、控制出入口的间距及形式，实现交通连续通行，服务于市域范围长距离的快速交通及快速对外交通。单向设置不少于两条车道，并有配套的交通安全与管理设施。

主干路连接城市各主要分区，以交通功能为主，是城市道路的主骨架。主干道与快速路共同构成城市主要交通走廊，贯通城区大部、连接中心城各部分或郊区重要干路。

次干路与主干路结合组成干路网，为一个区域内的主要道路，为区域交通集散服务，兼有服务功能。

支路与次干路和居住区、工业区、交通设施等内容道路相连接，以解决局部地区交通，服务功能为主，也起集散交通的作用，两旁可有人行道，也可有商业性建筑。

3.2.2　城乡路网结构

3.2.2.1　城市道路网

城市路网的形成，都是在一定的社会历史条件下，结合当地的自然地理环境，适应当时的政治、经济、文化发展与交通运输需求逐步演变过来的。目前路网结构形式分类方法没有完全统一，较为典型的分类有 9 种：方格网式路网、环形放射式路网、自由式路网、混合式路网、线性或带型路网、方格环形放射式道路网、手指状（巴掌式）道路网、星状放射式道路网、交通走廊式道路网。以下列举说明最常见的几种。

1．方格式

方格式是我国城市道路网中最常见的一种形式。很多城市所采用的棋盘式道路网就属于方格式这种形式。该种路网系统具有结构较为简单，交通组织方便，机动性好，不会形成复杂的交叉道口，也有利于路边建筑物的布置等优点。但也具有对角线间的交通距离较远，非直线系数大，交叉路口多，通行速度受影响等缺点。方格式路网常在地形平坦的中小城市和大城市的中心区得到采用，如西安（见图3-1）、北京旧城，还有其他一些历史悠久的古城，如洛阳、平遥、南京旧城。

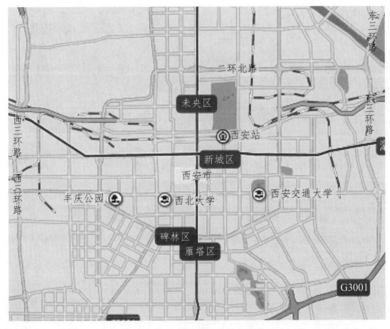

图 3-1　西安城内路网

2．环形放射式

该种形式的道路网是由环路与放射干线组成，一般都是由旧城中心区逐渐向外引出的放射干道，再加环路形成的城市道路网络。环形放射式路网通达性好、非直线系数小、有利于城市的扩展和过境交通分流等，一般用于大城市；但不规则交叉口多、交通组织不易，过多地将射线引向市中心，易造成市中心的交通拥堵。国内典型代表城市有成都（见图3-2）、天津等；国外的莫斯科、巴黎也是这种典型路网。

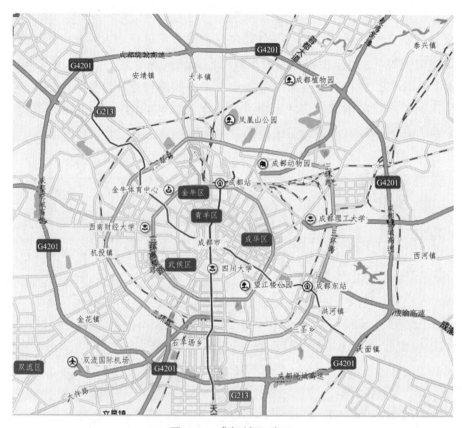

图 3-2　成都城区路网

3．方格-环形-放射式

实为内方格外放射，并以环线相联的布局形式。是我国众多棋盘式道路网向现代城市交通体系发展的主要途径之一。它与环形-放射式道路网的区别在于：前者的放射干道起自环形干道（多在老市区外），而后者是起自市中心广场。前者道路多是垂直相交，后者道路却多以锐角和钝角相交。如北京以老城区棋盘式路网为核心先建设了六条环状干道如图3-3所示。

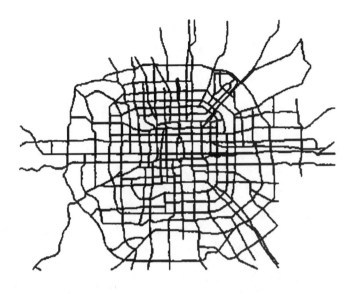

图 3-3　北京城区路网

4．自由式

城市道路根据地形特点，或依地势高低展筑而成，道路网无一定的几何形状。主要形成在山丘地带或沿海沿河的城市。该路网布局充分结合了自然地形，节约道路工程造价，一般适于受自然或人工建筑阻隔的城市；但是路网的非直线系数大，不规则街坊多，交通组织难度大，建筑用地较为分散，典型代表城市有重庆、青岛、芜湖等。

5．混合式路网

混合式也称综合式，是多种基本形式路网的组合，它既发挥了各路网形式的优点，又规避了各自的缺点，是一种扬长避短较合理的路网形式。混合式路网是大城市路网发展的一个总趋势，随着现代城市经济的发展，城市规模的不断扩大，越来越多的城市已朝着此方向发展，如北京、成都、南京等。

3.2.2.2　公路网

公路网布局形式主要要有三角形（星形）、棋盘形（格网形）、并列形、放射形（射线形）、扇形、树杈形以及条形，如图 3-4 所示。

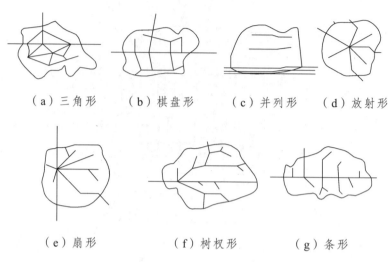

（a）三角形　　（b）棋盘形　　（c）并列形　　（d）放射形

（e）扇形　　　　（f）树杈形　　　　（g）条形

图 3-4　公路网形态

由于各个公路网中的运输结点地理条件、经济条件等诸多因素都存在差异，公路网布局形式不可能千篇一律。每种路网结构都有其适应性，一般来说：在平原区或微丘区，三角形、棋盘形和放射形较普遍；重丘和山区，由于受地形限制，并列形、树杈型或条形居多；当区域内主要运输节点位于区域边缘时，有可能产生扇形、树杈形路网；条形是比较特殊的，常出现在狭长地带的地方公路网，或者服务于区域大运输量的运输通道，或者服务于空间上的一字排列的城镇及其沿线地区；各种路网布局形式往往又相互组合而形成混合型。我国一般大城市的对外公路网结构主要是放射加环状结构。

3.2.3　公路与城市道路的主要区别

公路和城市道路均为交通运输服务基础设施，但由于在使用范围、地理空间、建设技术标准、服务功能等方面的不同，城市道路与公路两者间具有明显的差异，具体见表 3-2。

表 3-2　公路与城市道路的主要区别

项　目	公　路	城市道路
服务功能	常位于城际之间，主要以客货运输为目的，服务对象以机动车为主，兼顾小流量的非机动车及行人	不仅服务机动车，还注重行人、非机动车、公共交通等服务。建有配套市政设施，如给燃气、给排水、电力、通信、照明等各类管线，布置沿街绿化、城市建筑艺术和景观等，并与城市道路形成一个整体。城市道路已成为这些市政设施的载体
规划定位及设计理念	可能位于城市规划区范围外，其功能定位是为区域间的联通服务，强调快速交通功能。因服务对象是机动车，设计规划处处体现"以车为本"，如公路的分级以交通量大小、指标验算主要考虑汽车的荷载及动力特性、通行能力和服务水平主要指汽车	规划定位于城市整体发展规划，既要满足城市交通的需要同时还要符合市容市貌要求，设计理念突出线路的服务功能及到达功能；设计比较注重"以人为本"，尤其是慢行交通系统也比较突出，各类行人过街设施、步道、休闲设施等也不可少。服务对象有各种类型机动车、非机动车和行人，其中要重点考虑人的出行安全、舒适与环保
分级标准	按其在公路路网中的地位分国、省、县、乡道，按技术等级分类分为高速、一级、二级、三级、四级路共五个等级，还可按功能分为主要干线公路、次要干线公路、主要集散公路、次要集散公路、支线公路	根据道路在网络中的地位、交通功能以及对沿线建筑物的服务功能不同划分为快速路、主干路、次干路和支路
断面形式不同	横断面一般只设置机动车道和路肩。横断面主要为单幅路、双幅路两种	横断面要设置机动车道、非机动车道和人行道，横断面形式有单幅路、双幅路、三幅路、四幅路四种
设计采用标准	设计技术标准体系由国家交通部主导编制，如《公路工程技术标准》等，附属设施相对较少，一般不会存在复杂管线、照明、装饰物等，与过往场镇一般采用"近而不进、离而不远"原则	技术标准体系主要有由建设部主导编制，如《城市道路工程设计规范》等。设计要服从城市整体规划、沿线的土地开发以及现有路线与建筑物的衔接，选线受制因素很多。平面线型以直线为主，纵面与道路两侧建筑相结合
路基、路面、排水、防护工程	途经的地形地貌等地质条件比较复杂，路基形式（路堤、路堑、半填半挖等）常常有多重组合。此外边坡防护较多，路基路面排水设施比较全	路基的高填深挖较少，较少有大型边坡防护工程，排水主要为地下管网
交叉设计	主要根据相交道路等级及交通量大小，采用互通式立体交叉、分离式立体交叉、平面交叉等。通常互通交叉工程规模较大，占地大	平面交叉口常采用信号灯控制，同时设置斑马线、安全岛、过街天桥或下穿通道等。立体交叉时，需充分考虑节约用地，桥下常设平交口、各类慢行交通道等

3.2.4 城乡交通运输统筹规划基本方法

3.2.4.1 城乡交通运输统筹规划内涵

很长一段时间内道路交通规划者们都是将道路明确分为城市道路和公路分别进行研究和规划，各部门也是各自为政，缺乏有效统筹。2008年实施的《城乡规划法》明确提出"城乡统筹"后，城乡统筹逐渐受到重视，部分地区开始试点在城乡统筹指导下的相关规划与实践，国内也出现一些成功案例。总的来说，目前城乡统筹交通规划还是缺乏完善的理论支撑，大部分地区把其作为一种理念在执行，这样操作性也相对较强。

所谓城乡交通运输统筹规划，就是把城市和农村对交通运输的需求作为一体进行统筹规划，通过对城市和农村交通运输发展中存在的问题及相互关系进行综合分析，统筹解决，充分发挥交通运输业对经济社会的引领和支撑作用，促进城乡互动、融合发展。城乡交通运输统筹规划的最终目的就是要让农村居民同城市居民一样，享有平等的交通出行权利,即拥有均等化的交通运输基础设施条件享受同质化的交通公共服务。

3.2.4.2 公路网规划方法

目前应用较广泛的公路网规划理论与方法主要有三类：四阶段法、结点法和总量控制法。

1. 四阶段法

四阶段法实质上是交通规划中的一种交通需求预测方法，它是以美国芝加哥市 1962 年发表的 *Chicago Area Transportation Study* 为标志,交通规划理论和方法得以诞生。交通规划的四阶段法以居民出行调查（person trip survey）为基础，结合历史资料来分析所研究区域经济发展对交通需求的影响，建立需求预测模型。它将交通需求分析分解成交通生成（trip generation/attraction）、交通分布（trip distribution）、交通方式划分（model split）和交通量分配（traffic assignment）四个步骤，这就是交通规划的四阶段法（也叫四步法）理论。该方法把公路网规划同经济发展有机地联系了起来。四阶段法为我们提供了到目前为止最为成熟的路段交通量预测分析技术，并较为具体地反映了土地利用与交通状态的关系。但基于现状的交通需求预测本身并不能成为交通规划的目标，而仅能作为一种辅助决策或政策分析的基本手段。

2．结点法

该方法主要用于路网布局，它将路网规划问题分解成路网结点的选择和路网线路的选择两部分进行，核心是通过对交通、经济要素的综合考虑建立结点重要度模型和结点间连线重要度模型，以此作为网络布局的依据。这类方法能较好地解释土地利用、交通需求与交通设施之间的关系，可以体现网络的整体服务要求而不仅仅是交通需求。但是在应用中定性成分相对较多，权重往往需要人为主观确定，由于不同的人考虑的因素可能不同，应用该法得到的交通规划布局方案带有不确定性。

3．总量控制法

总量控制法（Total Control Method）属于宏观规划方法，它是从宏观整体出发来把握规划区域内与公路交通运输密切相关的一些总量变化趋势。总量控制法，通过对区域内现有路网的道路和交通特征进行充分调查分析，根据社会经济发展状况和交通量、运输量的变化特征，从区域内交通总需求出发，以布局优化为重点，采用优化模型确定公路网建设总规模及各等级公路里程的比重，以区域内社会经济发展和生产力分布特点来确定路网的布局和建设时序。该规划方法将定量和定性分析有机结合，是公路网规划的一种较好的思路。此方法不需要进行机动车起讫点（OD）调查，有效地减少了现场调查的工作量，大大节省了人力、物力、财力和时间等。但其在路段分配交通量方面存在不足，这影响了各路段规划等级确定的可信度。总量控制法提供了一套可最大限度利用现有相关资料进行公路规划的方法，投入少，效果较好。

分析可知，上述三种规划理论与方法各有利弊，因此使三种规划理论与方法有机地结合，利用它们各自的优点，相互扬长避短，已成为目前公路网规划理论研究和实践的重点。例如，可将总量控制法与四阶段法相结合，用以验证交通分配与路网结构的匹配性，这是目前公路网规划广泛应用的一种方法，称为综合预测法。

3.2.4.3 城市道路路网规划

城市道路网布局规划一般采用先确定道路网规划指标和道路网空间布局形式，然后进行道路网系统性分析，再布置专用道路系统，最后检查与调整，如图 3-5 所示。常用"人均道路用地面积"和"道路用地面积率"两项指标来衡量道路设施水平。根据道路建设要求，系统分析城市用地布局、道路服务功能、交通流量、对外联系、建设环境、管线布置、人防工程等因素，提出不同道路布局方案。特别注重考虑到交通与土地利用，对外交通衔接及系统功能分工与结构的合理性。检验合格与否的标准是路网能否满足交通的需求和环境质量要求。检验的基础是交通需求预测技术、道路网络分析技术、道路交通环境影响分析技术。

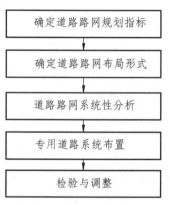

图 3-5　道路网布局规划程序

从上论述可以看出两种规划体系有较大差异，对于这些传统的应用于城乡交通规划时该如何适用城乡统筹的要求，是亟需解决的问题。然而，业内对于"城乡统筹"应作为一种规划理念还是一种规划类型，尚无定论。城乡交通规划作为城乡总体规划的专项规划，把统筹作为一种规划理念，可以较好地融入现有法定规范体系，更具有可操作性。城乡交通统筹规划重点不仅仅是城市、城区，更要注重农村及城乡间的衔接，即"两个重点，一处衔接"，两重点分别是城市（城区）和农村，一处衔接指的是城乡交通衔接问题。规划不能将城市、农村公路单独割裂出来研究，而是在现有路网基础上系统分析，结合当地实际情况，考虑城乡之间协调发展、经济互动等因素确定科学的方案。

3.3 城乡交通运输统筹规划与建设的影响因素

3.3.1 体制因素

3.3.1.1 二元制管理体制的障碍

城乡交通二元制管理源于城乡分治的行政体制，其产生初期有着特殊的历史与社会背景。中华人民共和国成立之初，经济基础十分薄弱，农业占经济比重超 70%，各类资源非常分散，长期以来，逐渐形成了以户籍制度为核心的管理制度与体系，而农村居民与城镇居民权利和发展机会的不平等，一定程度上加剧了城乡结构发展的失衡。改革开放以来，城乡关系逐步得到改善，但农业、农村、农民在资源配置与国民收入分配中仍处于不利地位，"三农"问题依然存在。

由于城乡二元结构的原因，我国的道路系统也分为公路和城市道路，并相应地建立了两套法律体系，公路相关法律法规主要为《公路法》《中华人民共和国公路管理条例》(以下简称《公路管理条例》)《中华人民共和国道路交通安全法》(以下简称《道路交通安全法》)《中华人民共和国建筑法》(以下简称《建筑法》)《中华人民共和国招标投标法》(以下简称《招标投标法》)及住房和城乡建设部部令和公安部部令等，城市道路相关主要法律法规《城市道路管理条例》《建筑法》《招标投标法》及住房和城乡建设部部令和公安部部令等。相应的建设管理工作也由两个部门负责，分别为交通行政主管部门与建设行政主管部门。我国多数省市的交通政管理体制仍沿袭这种传统的二元管理模式，交通主管部门管理城市外的道路规划、建设、运输等，而建设主管部门负责城市道路的相关事宜。

随着城乡一体化进程的不断加快，城市与农村的物理边界逐步趋于模糊，部分道路逐渐由公路向城市道路转化，进而出现了道路建设管理权限不断交织与冲突的情况。原有规划体制使得规划、建设缺乏有效的沟通协调，导致城乡出现各自规划、自成体系的局面。在规划建设时，任何一方都很难具有城乡交通统筹的理念，即使具备了城乡统筹发展的理念，最终也没有能力在规划建设时能真正落地。这种二元制管理模式下产生的交通管理、运营、建设标准的差异，导致城乡交通运输设施的布局缺乏系统科学的考虑，产生了诸多像城乡交通运输设施重复建设、不能有效衔接、运输换乘效率低等问题。尤其在城镇化率较高的地区，城乡间交通运输引发的冲突有所增加。体制分割已经成为制约统筹城乡交通运输统筹发展最主要的因素。

3.3.1.2　城市交通管理主要模式障碍

我国中心城市交通管理体制大致存在以下三种模式。

1．模式一：传统的多部门交叉管理模式

该模式的根本特点是城市交通的各个要素，如城市市区、郊区的交通规划、道路设施、客运、公交、出租车、轨道交通、水路、驾培、物流、货运、民航、市政等，归属多个部门进行管理。这里的多个部门一般包括交通、城建、市政、城管、公安等。这是在传统计划经济体制之下形成的城市交通管理模式。城乡二元分割的交通体制管理方式在这里体现得尤为明显。这样的城市交通管理体制带来几大问题：一是管理部门众多，各自职能相对单一，便于管理的细化，但是部门间的协调配合难度较大，对运输市场变化的应变能力较低；二是职能、职责交叉明显，容易产生内耗，行政效率低下；三是以管理为目的，管理职能突出，但是服务功能相对弱化，从这个意义上来说，已经不能适应我国目前提出的建设服务型政府的要求。

2．模式二："一城一交"的大交通管理模式

这种模式的最大特点是由一个部门对城市交通的各个要素如城市市区、郊区的交通规划、道路设施、客运、公交、出租车、轨道交通、水路、驾培、物流、货运、民航、市政等进行统一规划管理，不仅如此，城市内的铁路、民航等其他交通方式的统一协调也归属市交通局（委员会）进行。社会发展要求城市交通诸要素要协调统一，实行"一城一交"的城市也是在多年来多头管理问题的积累后，自发地在摸索中走出来的一条新路。其

最大的优势在于：一是实现了决策、执行和监督的分离和协调，减少了管理层，提高了管理效率，降低了管理成本。二是实现了城市交通在发展战略、规划和决策方面的统一，为城市交通的全面、协调、可持续发展奠定了基础。三是实现了各种运输方式管理的协调、统一，从根本上消除了条块分割、部门分割的不利影响，整合了交通运输资源，有利于建立和形成交通运输快速反应机制。四是在提高城市交通宏观管理能力的同时，社会服务职能得到显著增强。现在在我国中心城市，还有北京、成都、上海、武汉等地实行了"一城一交"的城市交通管理模式。

案例：2006年1月20日，成都市委、市政府撤销交通局，组建交通委员会，将市交通局的全部职能、市政公用局的城市公共交通、客运、出租车、市公安局的交通技术规划和安全设施规划管理、市经委承担铁路、公路、邮政、通信航空等综合运输协调和物流行业管理等职能，都归入新交通委员会。路网规划时，不再提公路路网的概念，所有的路都是城市道路，城市内外的道路系统是连续统一的，而且城市内外运输管理也是统一的，城乡客运都有公交连接。

3. 模式三：由交通运输部门对城乡交通运输（含城市公共交通管理）实施一体化管理

这种模式可以视为从模式一向模式三的过渡。实行这种模式的城市中，交通运输局除负责所辖区域公路规划建设和水路运输管理的职能外，还对公路运输和所辖范围内的部分城市交通职能，如城市公交、出租车等进行不同程度的管理，虽然实现了交通运输管理的一体化，但是在交通运输基础设施的建设、管理、养护等方面尚未形成集中统一管理。这种模式有三个显著特点：一是相对多部门交叉管理，管理机构模式较为精简，管理职能相对集中，实现了城乡交通运输的一体化管理，提高了交通运输行政管理效率；二是尚未建立城市综合交通管理体制，各种运输方式的管理依然较为分散；三是交通行政管理对市场变化的应变能力进一步提高，社会服务功能也得到明显增强。代表城市如哈尔滨、沈阳、西安等。

显然模式一是最不利于开展城乡交通运输统筹的，模式三次之，模式二最为有利，但西部地区大部分城市交通体系的管理模式仍然在使用模式一。

3.3.2 规划建设理念与目标因素

3.3.2.1 城乡交通统筹理念

由于传统规划习惯的影响，我国仍有相当部分交通规划技术人员及决策管理者没有把城乡交通统筹发展的理念应用于实际规划中。与"城乡统筹"相关的规划实践虽然从 20 世纪 90 年代就以"城乡一体化"规划的名称出现，但从规划内容来看，其规划着眼点仍然是城市，而非城乡关系的良性互动；2003 年党的十六届三中全会上，"城乡统筹"发展上升为国家战略；2005 年十六届五中全会，提出"社会主义新农村建设"，2007 年十七大提出"形成城乡经济社会发展一体化新格局"；2008 年《中华人民共和国城乡规划法》颁布实施，真正体现国家城乡统筹战略思想的交通规划研究与实践开始大量涌现。但关于城乡交通统筹的内涵、考察标准、实现途径等关键问题至今尚未形成统一的认识。

缺乏城乡交通统筹标准，规划理念不统一，概念模糊，导致定位不清，最终所谓城乡交通统筹规划又落入以前的老路：城乡规划各自为政、重城市轻农村；重建轻养、以建代养；重干道建设、轻城乡衔接、重基础设施建设，轻服务管理。从各地城乡交通规划编制情况与实际效果来看，国内也有一些成功案例，但由于地域、经济差异巨大，想直接复制借鉴并不太容易。总的来说，现阶段能真正做到从城乡交通统筹发展理念、高度、视野进行的规划却不多，能执行到位的更少，在一定程度上制约了城乡交通统筹发展的推进工作。

3.3.2.2 统筹规划建设目标与定位

城乡交通规划之所以需要统筹的主要原因就是目前城乡缺乏足够的

良性互动，城乡间交通状况服务水平的差距越来越大、对城乡整体社会经济发展的不利因素逐渐凸显。整体的城乡交通统筹规划应该包括：统筹城乡交通规划建设、统筹城乡交通运营管理、统筹城乡交通养护管理、统筹交通信息服务平台等内容。这些内容的建设目标侧重点各有不同，最终合成总目标——实现城乡交通协调、可持续健康发展。具体目标可从以下几方面考虑：

1. 增强城乡交通的整体性

打破行政界线、部门界线、地域界线，实现运输过程的连续性、无缝性和全程性，各组成运输方式的基础设施、运输装备等软硬件设施要相互连接和配合紧密，城乡交通融为一体，区域内交通运输系统的整体优化、协调发展，满足城乡居民出行和城乡经济发展的交通需求。

2. 提升城乡交通的"公平性"

公平性是指农村居民在交通通行方面能够享受与城市（城区）居民的相同或相近的政策、运输服务等。完善运输保障政策。实现城乡内各行政城乡的多重性、平等性和包容性，淡化行政城乡的概念，形成一个统一的整体，促进城乡内的协调统一，加强城乡内外的开放联系：完善融资、运营、政策等相关交通制度，全面形成高品质、平等化、多层次的交通运输服务系统。要求规划城市服务功能向农村扩展、交通公共设施向农村延伸、公共服务向农村覆盖。

3. 优化交通结构模式

根据城乡不同的交通特点与城市规划目标，依据轨道交通、快速公共交通、普通公共交通及个体交通方式在城乡交通出行方式中承担的功能不同，对不同地区的交通资源进行合理地调节、配置，使城乡交通路网、站场、线路、信息等资源均衡配置，能够与当地交通需求协调匹配，发挥交通资源的最大效能。

4．可持续发展

制定可行的保障措施，从体制机制、政策法规、资金等方面保障城乡交通发展的良性可持续发展。保障体系涵盖现代信息化技术、智能交通、绿色交通、安全保障等内容，应以发展高效率安全的绿色、智慧、生态交通为导向，提高安全与应急保障能力。

5．统筹城乡交通运输信息系统

基于现代交通化技术，构建公开和共享的城乡交通信息系统，实现城乡交通信息的统一收集、处理、分析和利用，为城乡交通运输和旅客出行提供可靠、便捷、高效的交通信息服务。

3.3.2.3　城乡交通运输服务规划

运输服务规划对于整个城乡交通统筹规划实施效果的影响很大，设施建得再好，只要配套服务没做好，就会极大影响使用效率，甚至最后被诟病、放弃使用。要尽量避免出现这种"重基础设施建设，轻服务管理"做法。调研中曾发现有些乡镇客运站、招呼站建成后配套服务管理跟不上，杂乱差现象普遍，利用率低，实际上是资金与资源的极大浪费。交通运输服务应包括旅客运输服务、货物运输服务、交通信息服务等方面，规划应该全面，注重提升行业管理水平这种"软实力"。应创新体制机制，注重人才队伍建设，提高行政执法水平，形成高效能行业管理体系。

西部多数地区在进行交通运输规划时未将运输服务与基础设施建设同步规划。运输服务规划如若没有跟上，城乡交通运输服务的均等化就很难实现。据悉，西部多数地区因交通基础设施建设欠账较多，普遍在基础设施上投入力度较大，而在管理、服务体系建设、人员队伍培养等方面的投入相对偏少。运输服务规划滞后，后期在进行服务配套时，可能会发现原有建设标准不满足相关要求，导致重复建设、资源浪费。

3.3.3　地形与地貌因素

地形地貌主要影响交通建设成本与施工难度，同时一般还与当地人口、经济条件密切相关。西部地区面积辽阔，地形复杂。在西部广大丘陵和山区地区，很多市县经济发展水平较低，农村居住相对分散，交通需求也相对分散，且这些山区地区交通建设成本高昂，在很大程度上影响着城乡交通统筹发展目标的实现。

3.3.4　资源因素

马克思说："城市本身表明了人口、生产工具、资本、享乐和需求的集中，而在乡村里所看到的却是完全相反的情况：孤立和分散。"城市不仅是居民集中居住的地域，还是经济发展中心。在市场经济体制下，受"效益最大化"的驱使，资源与要素必然会由农村、农业和农民等向城市、工业和第三产业以及市民转化和集聚。土地、资本与劳动等资源要素因此不断地聚集于城市，这也是当前"三农问题"产生的根源之一。西部地区城乡资源的聚集程度有所差异，交通设施状况也不尽相同。总体来说，城镇化率高的地区城乡交通差异相对较小。统筹城乡发展要逐步实现城乡规划的一体化、公共服务的均等化、资源要素配置的市场化。统筹城乡交通对城乡统筹发展具有先导性与基础性作用，在规划实施时应考虑城乡总体规划与地区资源布局。促进公共资源在城乡之间均衡配置，生产要素在城乡之间自由流动，构建起现代城市和现代农村和谐相融、协调发展的新型城乡形态。

3.3.5　经济因素

一个地区经济实力的高低是决定其城乡交通统筹能力最为重要的因素之一。交通基础设施的新建或改造，都需要巨大的资金投入，除高速公路外，国家对项目的定额投资有限。现行体制下，城市交通建设资金通过地方财政收入来保障，其主要来源有：城市维护建设税和公用事业附加；依靠地方政府自筹以及国内贷款和利用外资、出让土地的收入等。而公路的投资主要来自车船税和国家、省、市补贴资金与转移支付等。西部地区相当一部分市县的经济基础相对薄弱，县、乡财力不足，且融资平台较低，筹集建设项目配套的资金压力大。很多小城镇规模小，且过于分散，缺乏特色，人口聚合力弱，加大了统筹的难度，因此不少市县级政府主体实施城乡交通统筹的积极性不高，制约着城乡交通运输，特别是农村交通运输的快速发展。很多地区在资金不充裕的情况下要优先保障城市（城区）交通规划建设，农村公路建设管养投入很少，使得城乡交通水平差距不断扩大，城乡二元分割现状得不到解决，三农问题突出。令人欣慰的是现在国家层面对农村问题越来越重视，对农村公路投入不断增加，整体政策环境越来越利于农村公路的持续健康发展，这种背景下的城乡交通统筹的施行还是有足够的政策空间。

3.4　城乡交通运输统筹规划与建设基本原则与内容

根据第一章对城乡交通运输统筹发展的内涵特征的分析，整体性、公平性、均衡性、可持续性的内涵特征，决定了其规划建设的原则与内容与一般交通规划有所不同。

3.4.1　基本原则

在充分考虑各市县的地形条件、交通需求、经济社会发展因素的情况下，对行政区域路网、站场、线路、运输、市场、管理等交通设施进行统筹考虑、统一规划、整体布局、缩小城乡交通设施与服务方面的差距，让城市居民和农村居民享受同等质优、价廉、方便、快捷、安全的交通文明服务。其目的是优化资源布局，缩小城乡差距，使城乡居民共享社会发展的成果，而不是加大城乡差距，加剧资源的分布不均，其政策上是有一定的倾斜性的，具体可参考如下：

（1）政府主导、多方参与，注重实效、建养并重的基本方针，按照统筹规划、总体控制，适度超前、分步实施的原则，全力推进城乡道路网一体化建设。在城乡统筹一体化背景下规划公路建设、四好农村公路建设、小城镇建设、土地总体利用、农业产业化基地及新农村建设等统筹规划，与农村山、水、田、林、渠治理紧密结合，做到规模适当、结构合理、环境优美、经济适用。在统一规划指导下，按各地区经济社会发展特点与城乡居民出行实际需求分步实施，先易后难，先急后缓，示范带动，重点突破，分类推进。

（2）始终坚持"统筹规划、协调发展"的原则。在城乡交通运输统筹协调发展中，一方面要充分利用现有交通基础设施，切实加强城市综合交通枢纽的建设，完善城市交通与区域交通之间的衔接，做好城市内交通与城市外交通的衔接。另一方面，要围绕"三化"带"三农"的要求，充分发挥交通在增进城乡交流、缩小城乡差距等方面的优势，切实加强农村地区交通基础设施建设和运输组织管理。

（3）因地制宜，分类指导原则。根据各地的经济水平、交通需求、地理条件、资源潜力状况，恰当利用地形，合理选择路线方案、技术指标和路面结构型式。结合"城乡交通运输一体化"发展目标的要求，坚持以发展为主题，在较高的平台上保持适度的投资规模，远粗近细、讲求实效，使规划具有连续性、指导性和可操作性。

（4）坚持"关注民生、环保和谐"的原则。充分考虑城乡居民的出行需求，把交通的舒适、快捷、高效、安全放在首位，实现城乡交通服务均等化；合理开发、利用、保护和节约自然资源，做到交通发展与自然生态环境承载能力以及土地资源利用的和谐统一。

（5）坚持"科技先导、创新驱动"的原则。在交通建设中，注重发展交通的信息化和智能化系统，加大交通信息平台硬件和软件升级的力度，依托科技和创新的力量提高交通效率，提升行业技术和管理服务水平。

（6）坚持"建养并重、加强养护"的原则。认真贯彻执行交通运输部"建养并重，加强养护；防治结合、以防为主；养护兼顾、以养促改；标准管理、确保畅通"和"修建与养护相结合，以养护为主"的方针，在加快公路建设的同时，要加强现有公路的养护管理工作，以更低的社会经济成本，管理和维护一个更安全、更畅通、更和谐、更高效的公路基础设施网络，为公众出行提供更好的服务。

（7）注重城乡衔接，改善农村交通基础设施，形成完善的城乡公路网。为提高出行便利化程度，乡、村道必须配套建设足够的支线、沟通线、联络线，使农村公路成为具备一定连通度的"网状"，保证区域内公路网总体布局的协调和路网整体效益的发挥。四川省"十三五"综合交通运输发展规划明确提出：要进一步改善农村交通基础条件。对标全面建成小康社会，着力消除农村公路发展的薄弱环节，按照"四好农村路"的要求，促进农村公路建管养运协调发展。加快推进三州民族地区剩余建制村通达公路、剩余乡镇和具备条件的建制村通硬化公路建设。稳步推进人口集聚的撤并建制村、重要农业产业园区等节点通硬化路建设，进一步扩大路网覆盖范围。着力推进农村公路窄路面加宽和安保工程建设，保障农村客运安全运行。加快推进县乡道路面改造和等级提升，提高通行保障能力。推进农村公路桥梁和渡改桥建设。

（8）节约用地，安全环保原则。统筹城乡交通建设必须时刻保持节约资源理念，尤其是要加强对土地资源的保护，坚持节约用地；保护耕地，同时注重环境保护、历史文化遗产的保护。不宜大拆大建，优化交通和人居环境，切实服务群众。

3.4.2　建设内容

基于城乡交通运输统筹的基本内涵，其规划建设内容与一般交通规划的建设内容侧重点及对于建设项目的选择标准有所不同。以四川省为例，城乡交通运输统筹规划建设的主要包括以下几个方面的内容。

（1）优化现状路网，提高路网通达率，保证乡（镇）、村与市区的通达。

（2）合理规划调整场站布局及建设规模，包括城市公交首末站、乡镇客运站、招呼站等，同时应充分考虑各类交通方式的有机衔接，追求零距离换乘和无缝衔接。

（3）各类道路等级改造，重点是城乡公路等级改造。

（4）完善各类安保设施，尤其是通村通乡公路上的配套设施。

（5）消除四五类桥梁，保障运输安全。

（6）其他运输服务配套设施建设，如路牌、停车场站等。

具体项目指标内容，结合四川省实际及 12 个城乡交通运输统筹试点县的问卷调查综合相关专家意见，概括出一些可以量化，易于考察的技术指标，主要建设指标如表 3-3。

表 3-3　城乡交通运输统筹发展主要建设指标

分　类	技术指标	备注
路网设施	综合路网人口面积密度（规模）	定量
	公路干线比例（结构）	定量
	公交化改造公路三级及以上比例（结构）	定量
	道路铺装率（条件）	定量
场站设施	客运场站的建成率	定量
	实行公交化改造的配套站建成率	定量
	场站布局合理性	定性

3.5　城乡交通运输统筹规划与建设的策略与方法

西部地区情况千差万别，地形地貌条件、经济条件、道路通行条件、人口密度和出行方式及需求等均存在质和量的差异。因此，城乡交通运输统筹发展不能搞"一刀切""大帮轰"，更不能一个模式生搬硬套。必须实事求是、因地适宜，要针对不同地形条件、不同经济状况、产业特点和不同需求确定适合当地实际，制定有利于可持续发展的阶段性目标，通过阶段性目标的逐个实现来达到长远目标。以下为一些可供参考的策略与方法。

3.5.1 改革管理体制

3.5.1.1 改革交通运输管理体制，破除城乡二元制模式

城乡交通运输统筹首先应通过深化改革，破除城乡交通运输统筹发展过程中的各种体制、机制障碍，理顺管理制度，加快整合优化职能相近、权责交叉的部门，着力转变职能，建立一个高效统筹城乡交通运输的实施主体。避免规划建设中出现交叉管理，各自为政的局面，最终实现构建"一城一交"的大交通管理模式。这种模式对从源头上改变城乡交通分治的局面具有重要的现实意义。未来交通管理体制发展的方向，纵观发达国家的交通管理体制经验，交通运输均实行集中统一的管理体制，即综合运输管理体制。其中心城市为适应经济和城市发展的需要，将原本属于交通、城市建设及规划部门的相关职能予以合并，达到了统一规划、协调发展、机构精简、节约成本、减少交叉环节的目的，有力地促进了城市交通和社会经济的全面发展。如美国的区域规划协会（Regional Plan Association，简称RPA），将交通规划归属于区域规划部门，并通过立法将区域规划法制化和制度化，要求不同部门和不同地区的政府部门组织起来，在上级政府的主持下共同进行区域规划的编制，交通基金也由各地政府共同申请和使用。这种方式既能够最大限度地实现区域规划的整体性，实现政策引导目标，又充分考虑到了各地的实际情况，能因地制宜地进行规划建设。

西部地区地域广阔，情况各异，各地区在体制改革过程中要充分结合自身特点，遵循积极稳妥、循序渐进的原则，不可不切实际地盲目推进。在条件暂不具备或不成熟地区，可先将体制改革重点放在优化各部门管理职能与分工上。特别需要建立高效的部门间的沟通协调机制，设置专门机构和专门人员负责具体事务，应加强各种交通运输方式的协调

以及城乡交通运输一体化管理体制向县级及其以下延伸。

3.5.1.2 尽快实现管理职能法定化，积极推动相关配套法律修订

"权由法定、有权必有责、用权受监督"是法制社会的基本特点，交通运输管理体制的法制化是国外中心城市交通管理的普遍经验，交通行政管理机构的设立及其职责权限均由相关法律法规予以明确限定，并对政府机构之间、地方政府之间的关系加以明确和规范，为行政机关执行交通运输管理职能提供法律依据。交通管理体制改革一旦与原有法律发生冲突，必须以法律的修改和完善为先导，一旦形成新的法律，交通运输管理体制就得到法律的保护。现行的法律法规是在现行的交通运输管理体制上制定的，要顺利、彻底地实施体制改革，相关法律（公路法、城市道路管理条例及地方法规）是必须调整的，要以法制的手段解决体制的冲突，避免政出多门，法规"打架"。

3.5.2 进行更高视野与层次的规划

交通设施对社会发展具有先导性与基础性作用，统筹城乡交通规划要服务于城乡统筹发展的全局，要符合城镇体系规划，避免重复建设，促使城乡良性互动、协调发展，最终解决三农问题。统筹一方面要充分发挥主导城市对整个区域在整体功能定位、发展规划、产业结构、市场结构、基础设施布局等诸方面的主导作用；另一方面要建立区域范围内系统的、完善的城镇体系，做到大、中、小城市及镇在本区域范围内合理布局，进而使区域整体效益得以发挥，最终促进区域范围内城乡经济、社会联系不断增强，实现城乡协调发展的目标。在推进这样一种以区域一体化为中心的城镇化过程中，关键的因素不是单个城市的规模大小，而是区域内城市之间、城乡之间联系的强弱程度。也就是说，"联系"是其中最重要的因素。"联系"就是这种新的城镇化模式区别于传统城市化模式的最根本要素。城乡交通统筹要时刻以此为目标，才有可能实现城

乡基本公共服务均等化、公平性及可持续性。具体还可参考以下几方面的内容。

1．坚持服务优先的发展理念

坚持服务优先的统筹发展理念，尽最大努力实现城乡交通运输服务均等化。对于已建成，但尚未配套实施运输服务设施的线路，优先安排资金保障运输服务设施建设；对于正在规划建设的道路，运输服务设施的规划建设应同步进行，避免后期重复建设或返工，造成资源的极大浪费，确保服务优先。以四川省为例，结合该省实际，提出在规划时应侧重考虑并予以解决的以下几方面问题。

（1）与城乡交通统筹发展配套的路网不够完善。

四川省与城乡交通统筹发展配套的路网还不够完善，主要表现在：一是农村线路等级低，影响农村客货运输的安全出行。二是公交化改造的农村公路技术标准低，四级或等外公路还较多，严重影响了车辆的安全通行，制约了城乡公交的一体化发展。三是实行公交化改造的路网覆盖面还不够广，个别市县与县城接壤乡镇的城乡客运班车均未实现班车公交化。

（2）与城乡交通统筹发展配套的场站设施还不够完善。

场站的合理布局及规模是统筹城乡交通运输可持续发展的基础与保障。与统筹城乡交通运输发展配套的场站设施主要包含：乡镇客运站、公交首末站、实行公交化运行的客运班线配套站。目前，与统筹城乡交通运输发展配套的场站不够完善主要表现在：一是农村客运站覆盖率不高、等级偏低，功能不齐全，大多数乡镇客运站还只是简易招呼站，同时候车亭、招呼站等简易客运基础设施数量也不足。同时，客运场站利用率不高，运输资源浪费，运输效能不高。二是个别市县还未建成公交首末站。三是农村客运与城乡公交换乘、衔接站布局不够合理。

（3）村落布局相对分散，联通公路建设成本高。

四川省面积辽阔，地形复杂，各地区经济发展水平差异较大，部分丘陵和山区地区的市县农村布局相对分散，经济发展水平较低，导致交通需求相对分散，开展的村村通工程较大程度地改变了现状农村的出行条件，通村公路建设成本高，经济效益较小。

2. 实施全域规划

交通运输规划不再按城、乡定位分别实施规划，由统一部门实施整个区域的交通运输规划，可根据需要合理确定城乡交通规划管理层次，建议分为市域交通运输规划、县域交通运输规划和乡镇交通运输规划三个层次，明确界定三个层次的内容范围、管理职责和相互关系。实际上，2008 年出台的《中华人民共和国城乡规划法》已经确定城乡统筹规划的理念，把综合交通规划纳入城市总体规划体系中，只是深度仅限于宏观层面。交通运输管理部门应该参与城乡规划，这样才能使交通运输规划更好地服务于城镇体系规划。

3. 用足用活国家扶持政策，统筹城乡交通建设项目

由于二元制体制，统筹城乡交通建设难点主要在农村，农村项目常常缺资金与政策支持，各部门应用足、用活国家扶持政策，准确把握国家投资方向和重点，争取国家、省、市在政策和资金上的支持，抓住机遇，统筹目标相近、方向类似的相关转移支付资金用于发展农村公路。如新农村建设、乡村土地集中开发利用、农村公路畅通工程、"四好农村路"（建好、管好、护好、运营好）等。尤其是近几年四好农村路建设，在政策方面支持力度很大。"四好农村路"建设可以看出未来几年农村公路发展的机遇，统筹城乡交通建设要抓住这一有利时机，优化村镇布局、积极争取各级政府出台支持政策。截至 2018 年年底，四川省共建有"四好农村路"全国示范县 10 个，省级示范县 45 个。通过推进四好农村路建设，四川省农村公路总里程达到 28.6 万千米，位居全国第一。全省乡镇、建制村通客车比均超 90%，到 2020 年年底实现所有具备条件的乡镇和建制村通客车。

3.5.3 统筹技术标准

城乡道路技术标准的差异，主要是源于其功能定位、服务对象等方面的不同。城乡交通运输统筹并不是要按统一的技术标准建设，而是要充分认识两者在功能定位、服务对象等方面不同，从统筹的角度出发，结合城镇体系规划中土地利用、产业布局等要素合理选择相应技术标准，妥善处理衔接处，实现平顺过渡。实际上，一味追求统一建设标准不仅不现实，也是不科学的，需要站在统筹规划的角度，用长远的眼光来采用相应技术标准。根据各地的实际情况，我们可以根据以下原则来予以实施：

1．根据各地区地形与城镇化水平选取城乡交通统筹规划建设标准

根据地形与城镇化水平，结合城乡规划总体考虑城镇道路与公路标准的选取。一般对于城镇化率较低地区，城乡路网规划宜公路为主；对于地处平原，城镇化水平较高地区或城镇化水平快速发展地区，在城乡交通运输统筹规划时应优先考虑城市道路标准及配套设施，避免后期重复建设；对于山区、丘陵，城镇化率较高地区，城乡路网规划宜优先考虑城镇道路标准。

2．实施有序的等级改造、配套服务设施建设来协调原城乡路网的标准差异

（1）城乡路网衔接处进行改造，消除交通"瓶颈"，确保交通流顺畅过渡；

（2）根据目前道路实际功能与地位，变部分公路为城市道路；

（3）提高农村客运线路技术标准及场站设施，改造配套交安设施，确保城乡客运安全；

（4）根据需求，对城乡线路实施公交化改造，如有必要应提高道路等级；

（5）合理规划建设客运班车及公交客运线网、场站，实现班车客运线路及公交客运线路的无缝衔接。

3.5.4 统筹资金分配，拓宽资金渠道

交通规划统筹最终能否落到实处，关键是因素是资金能否得到保障。从某种意义上讲，城乡交通运输统筹最本质的就是解决资金的问题，即实现资金的统筹。没有资金，再完美的规划也是空谈，然而现行体制下城乡交通建设资金来源、管理及分配方式等存在很大差异。相对来说，城市道路建设资金来源渠道较多，且有地方政府大力支持，相对有保障；而公路尤其是农村公路筹集建设资金压力较大，甚至部分地方还指望从农民身上集资。

统筹城乡交通建设资金分配，需要一个更高层次的统筹主体。从县域层面来说，这个主体应该是县政府，而不是县交通运输行政主管部门或建设行政主管部门。由县政府按照审议通过的交通统筹规划，统筹安排建设资金分配给具体实施部门。从国内较为成功的案例来看（如嘉善县），一个强有力的统筹主体（通常是县政府）是首要条件。

同时统筹城乡交通建设，尤其对于农村公路建设项目，还要积极探讨拓宽资金来源渠道的可能性。创新交通运输投融资模式。积极争取中央车购税资金、中央一般财政预算资金、扶贫开发资金和中央专项建设基金。继续用好省内已经出台的交通建设投融资政策，积极争取省财政资金、地方政府债券等资金用于交通建设。加快推进省级交通投资基金建立工作。鼓励通过企业债券，争取国开行、农发行等政策性银行贷款等方式进行融资。落实市、县政府事权和支出责任，加大对交通建设的投资力度。出台有利政策，吸引社会资本参与交通基础设施的投资和运营。继续加快推动 PPP（Public-Privatl Partnership）模式在交通运输领域的应用。应按照市场经济要求，拓宽筹资融资渠道，利用金融工具，盘活现有的交通专项资金，放大现有资金的投资效应。

3.5.5 结合地域特色

1. 依托产业、充分利用城乡自身资源实施统筹

围绕产业发展修公路。根据城乡产业布局，依托农业与传统优势，

发展特色产业（如旅游、生态农业、特色餐饮等），实现交通基础设施水平的大幅提升。四川省"十三五"综合交通运输发展规划提出：加强交通运输与旅游行业间信息共享，积极拓展交通基础设施旅游服务功能。鼓励发展汽车营地，配套建设生活服务相关功能区，促进房车产业发展。加强运输路线、枢纽站场与旅游景区的交通衔接，鼓励开行旅游目的地与主要客源地间的旅游专线运输，依托旅游集散中心大力发展旅游包车业务。支持拓展多样化旅游航空服务，在川西北经济区试点探索利用民航运输机场发展通用航空的服务模式。成都的"五朵金花"就是城乡统筹成功案例。

案例：成都锦江区充分利用"三圣花乡"地缘优势，以及传统的花卉种植历史，因地制宜，按照城乡统筹的科学发展总体战略，以发展乡村旅游为载体，创造性地打造了花乡农居、幸福梅林、江家菜地、东篱菊园、荷塘月色"五朵金花"，建成了集观光、旅游、休闲、度假、购物、美食、消费为一体，充满田园风光的开放式公园。"五朵金花"模式打破了城乡二元结构，走出了一条农村土地不征用、不拆迁，农民失地不失利、失地不失业、失地不失权，农民变市民、农村变新貌的发展道路；走出了一条专业化、规模化、品牌化的观光农业发展之路；探索出了城郊农村发展乡村旅游，建设社会主义新农村的路子。其发展模式被列为"城乡一体化"的成功样板。依托"五朵金花"构建了经营、就业、保障平台，农民收入由单一的农作物种植变为拥有租金、薪金、股金、保障金的多渠道增收，道路交通等基础设施水平也大幅提升。

2．示范线路与特色线路建设

先期可开展城乡交通统筹示范线路建设与评比，如最美乡村公路、最美统筹示范线路、四好农村公路等，通过媒体网络宣传扩大影响力，形成连带效应，使部分民众先享受到城乡交通统筹的实惠，其他地方看到统筹的积极作用，会更加利于工作的推进。比如四川省先后有 10 个区县评选为"四好农村路"全国示范县，分别为：成都市郫都区、平昌县、江安县、犍为县、金堂县、南部县、成都市蒲江县、广安市邻水县、宜宾市高县、广元市苍溪县。对当地农村公路发展起到了很好的促进作用，对周边地区也有一定的示范效应。

3. 实施乡村振兴战略，推进特色田园乡村建设

建设特色田园乡村是我国一些省份推进乡村振兴的成功经验。关键是要丰富特色田园乡村建设的实践内涵，培育特色产业，保护特色风光，挖掘特色文化，因地制宜致富农民。要鼓励地方创新，以改革的突破推动特色田园乡村建设，发挥好以点带面、示范引领的作用，为乡村振兴提供更多可复制可推广的经验做法。四川省成都市蒲江县就是交通促进乡村振兴的成功案例。

案例：蒲江县具有柑橘、猕猴桃、茶叶、蓝莓等优势农业产业项目，当地以此为依托实现乡村振兴，其中交通运输在实现乡村振兴中发挥了重要作用。按照全域幸福美丽新村的建设规划，蒲江县加快建设配套完善、产村相融的特色产业观光道路。如甘成路、大茅路等路的建成促进了茶产业的发展，庙峰路、猕猴桃园区观光路等路的建成促进了猕猴桃产业的发展，三合路、西禅路等路的建成促进了柑橘产业的发展。2018 年被评为"四好农村路"全国示范县。交通运输为全县农村改善产业结构、促进农民增产增收打下了良好基础，大大改善了村民的出行和生产条件，降低了农副产品外销的运输成本。蒲江县还积极探索推进城乡客运一体化发展，开行农村客运线路 15 条，运行车辆 100 台，行政村通车比率达到 98.5%，初步形成了覆盖全县各乡镇和重点建制村的城乡客运网络格局。农村交通的发展大力促进了蒲江县农村物流发展，该县建立了县、乡镇、村全覆盖农村物流网络，全县拥有邮政、顺丰等品牌快递企业 14 家，中食冷链物流、阳光味道等大中型物流企业 20 家，快递服务网点约 70 个，农产品交易额年均约 90 亿元。

3.5.6 统筹引导产业、居住适当集中

产业是城乡经济社会发展的物质载体与基础。交通运输与产业发展的关系十分紧密，两者间既相互促进、又相互影响。一方面城乡交通建设要与现有的产业布局、城镇和农村居民点相结合，满足经济社会发展和城乡居民出行对交通运输的需求。另一方面交通运输发展到一定阶段后，要实行"以公共交通为导向的发展模式"（TOD）模式，其中的公共交通主要是指火车站、机场、地铁、轻轨等轨道交通及巴士干线，然后以公交站点为中心、以 500～800 m 为半径建立中心广场或城市中心，其特点在于集工作、商业、文化、教育、居住等为一身的"混合用途"，使居民和雇员在不排斥小汽车的同时能方便地选用公交、自行车、步行等多种出行方式。

根据国内城乡统筹成功的经验，尤其是成都市作为国务院确定的"全国统筹城乡综合配套改革试验区"相关的经验，"土地集中经营、项目集中落户、农民集中居住"，对于加速城镇化，优化城乡空间布局有十分积极作用。四川部分县市地广、村民居住过于分散，缺乏规划，不利于城乡交通运输统筹。把农村居民点纳入城乡统一规划，按照规模适度、合理集聚、梯度缩并和有利于生产生活的原则，调整村庄布局，形成梯次合理的农村居住点布局，有利于节约投资，提高资源利用效率。四川省"十三五"综合交通运输发展规划也明确提出：统筹融合，协调发展。促进交通运输与经济、产业、城镇化融合发展。统筹各种运输方式发展，强化综合交通运输枢纽的衔接，发挥不同运输方式的比较优势和综合交通运输体系的整体优势、组合效率。促进"两化"互动、统筹城乡，推动城乡统筹发展，要求构建城乡一体化交通运输网络，推动形成多层次城市公交网络，并向中小城市和城镇延伸，推动干线交通网络覆盖所有县级城市、重点乡镇、重要产业节点、重要旅游节点和交通枢纽。

3.5.7 贯彻资源共享、可持续理念

城乡统筹不是城乡同一化，城乡各自有其特色与资源优势，通过城乡交通统筹规划建设实现交通运输服务均等化，同时也增加了实现资源的共享途径。如乡镇居民可以更快捷地分享城市的医疗、教育、优质商品等各类资源与服务，城市居民也可分享乡镇优美舒适的自然环境、特色农产品、独特的文化旅游产品等资源。只有城乡交通运输统筹发展，实现城乡居民共享资源、互补双赢，才能实现城乡交通运输最终的可持续发展。国家"十三五"规划指出要"推动新型城镇化和新农村建设协调发展，提升县域经济支撑辐射能力，促进公共资源在城乡间均衡配置，拓展农村广阔发展空间，形成城乡共同发展新格局""统筹规划城乡基础设施网络，健全农村基础设施投入长效机制，促进水电路气信等基础设施城乡联网、生态环保设施城乡统一布局建设"。城乡交通统筹不是一蹴而就的事，需要长期投入，且随着社会不断进步也会有新的要求产生，需要的是可持续的发展模式。同时对于建设的成果要管养好，否则会造成极大浪费。

3.5.8 着力解决城乡交通衔接问题

城乡交通统筹建设要促进各种运输方式无缝衔接，有效解决"最后一公里"的问题。在城乡交通基础设施网络中，高速公路是衔接城乡的"主动脉"。目前，沟通大中城市的高速公路网络已经建成，规模效益正逐步显现。规模浩大的农村公路是交通网络的"毛细血管"。"主动脉"与"毛细血管"衔接顺畅，是城乡路网高效运转的关键。据调研，四川省不少地区还存在城乡路网衔接不顺，规划建设标准不一、交叉口畸形、换乘场站设施的布局不合理、存在安全隐患等等诸多问题。对于这些问题在城乡交通统筹规划建设时各部门应该充分调研，协调统筹考虑。

4 城乡交通运输统筹运营管理

自中华人民共和国成立以来，由于城乡二元结构的存在，城市客运与农村客运很自然地被分作两个系统：以城市内公共交通为主的内部客运系统和以农村客运为主的外部交通，虽然也有少部分城乡结合的客运系统，但总体来看城乡客运是相对独立的两个系统，在客运资源的配置和政策的执行方面均存在着较大差异。

随着经济社会的快速发展，先进的各种理念和生活生产方式向乡村渗透，大力发展乡村经济成为各级政府的不二选择，城乡间人与人的交流越来越频繁。联结越来越密切，货物交换与通达也是如此。而交通作为连接彼此的纽带，特别是城乡间的客运发展要求越来越高。因此城乡交通融合和一体化成为必然要求。

但由于城乡经济结构、发展理念等方面存在许多明显差异，我国的城乡交通一体化进程充满着坎坷和艰辛，全国各省各地都在积极地摸索着与本省本地经济发展和本地特色相适应的模式。

4.1 城乡交通运营的差异

2008 年 3 月，中央改组并成立了新的交通运输部，城乡客货运的规划、建设和管理归属交通运输部。新的交通运输部研究了城乡公共交通资源如何整合的问题,期望进一步强化有关城乡交通资源的升级与衔接,并在此基础上建设安全、便捷、畅通、绿色的客货运网络。以期达到城乡间各生产要素的有效流动与整合,进一步提高公交服务水平,城乡居民共享改革发展成果的目的。

但目前城乡之间客货运营存在较大的差异,主要表现在城市客货运以较完善的公共交通和物流服务网络为载体,为居民提供质优价廉的公共交通服务,而对于农村客货运而言,不同地区间城乡差异就比较大。对于成都市而言,由于经济发展总量很大,发展速度较高,2018 年,成都市实现地区生产总值 15 342.77 亿元,按可比价格计算,比上年增长 8.0%(下同),高于全国 1.4 个百分点。三次产业结构为 3.4∶42.5∶54.1,加之地域优势明显,道路条件在大部分区域符合公交开行要求,城乡间的差距较小,城市各区域内和区域间的出行次数约为 2.5 次,明显高于省内和西部地区的其他区域,且成都市坚持了公交发展优先策略,对农村客运进行了较大规模的城乡公交一体化改造,在大成都范围内促进了城乡交通运输统筹一体化的发展,开行了基本无差异的城乡一体化公交,较为典型的是郫都区、温江区、双流区等地域,同时在部分地区实现了村村通公交。而除成都区域的其余省内地区,由于各地的经济及综合发展条件农村的限制,客运仍以道路客运为主。由于城市公交与农村客运在经营方式、管理体制、思想理念及相关配套政策措施等方面存在较大的差异,从而对城乡交通一体化的发展还存在较大的发展阻力。

4.1.1 管理体制不同

西部地区城乡客运在管理体制上还比较混乱,多部门、多头管理的现象也还存在于部分地方;虽然大部制的实施为城乡客运一体化提供了可靠的机构设置保障,但由于利益分配与冲突的存在、部门衔接等问题的存在,导致城乡客运统筹一体化发展的机制并没有完全理顺。表 4-1 就反映出了城市公共交通与城乡道路客运的区别,城乡客运由交通运输部门主管的农村客运班线承担，虽然目前的城市公交也划归到交通运输部门，但目前其管理工作仍然处在理顺阶段，两者在税费、政策、法规、标准等方面都存在较大不同。

表 4-1　城市公共交通、道路客运的区别

项　目	城市公交	道路客运
主管部门	建设部门（现交通运输部门）	交通运输部门
性质	公益性为主	经营性
政策	享受优惠的税收政策	很少享受优惠的税收政策
税费/用地	免收过桥过路费，减免城维费、城市教育及附加，公交场站建设用地可减免税收或由政府拨划	需缴纳过桥过路费、客运附加费、养路费、运管费、工商税、营业税以及投资场站等
财政	享受政府政策性补贴	很少补贴
法规标准	《城市公共汽电车客运管理办法》地方性《公共交通管理条例》	《中华人民共和国道路运输条例》各地方性《道路运输管理条例》
核载人数	按照车内面积核定载客人数（8 人/m²）	按照座位数核定载客人数，且不许超载
营运模式	定时定点发车，中途设置上下站点，到站停靠	不定时定点发班车，进站载客，原则上不许中途上下客
客运站资源	免交站务费	要交站务费和公交站停靠费
线路确定	由城市政府规划，可跨区延长线路	区县范围行政审批，大部分线路不许进城
经营主体	国有公交企业占绝对优势	国有、集体、个人，多元化经营

由于二元分割局面仍然没有完全打破，道路客运与城市公交仍存在两种不同的政策、观念和运行模式等。

4.1.2　法规上的差异

在城乡交通运输统筹之前，对城区公交和农村客运的管理部门不

同，对公交的管理都有相应的条例，但并不相同。交通运输部的《道路运输条例》主要是对农村客运的规定。大部制的实施，将以前的城市公交管理功能由建设部门划入交通运输部门，但相应的法律、法规还未及时清理和完善。涉及票价、荷载等方面在城区公交和农村客运的规定有很大的差别，也造成了目前农村客运存在着许多问题，如超载、班次混乱等。

4.1.3 运营模式的差异

城市公交具有特许营运权，集约化运营，显然城市公交在资源配置和客源方面具有很明显的优势。城乡公交向农村延伸，各地基本都面临对原有多家客运公司进行购买、参股、改造和管理的情形，而这些企业大都是单车承包及租赁等方法，使城乡客运体系并不统一和完善，也使城乡客运统筹一体化发展的进程受阻。

4.1.4 硬件条件的不统一

就硬件条件而言，阻碍城乡客运一体化建设和发展的因素有：城镇（区）与农村的道路条件、公交站点等设施的发展理念、投资额度及建设等方面的滞后性。在乡村道路建设方面，国家虽说一直大力支持，使农村道路条件有了很大的改善，但村-村间的道路还存在较大的不完善性。城乡统筹的要求之一就是统筹城乡道路的规划、建设，公交站的设置、公交线网的密度以及站点的覆盖密度要全面考虑，即使城区居民的出行需求得到极大的满足，同时也要极大满足农村居民的出行需求，为公交车辆与线路的开行提供硬件保障。有条件的地区，城乡公交应能"村村通"。但从调查和研究的情况来看，目前西部地区许多地方仍然不能达到这个要求。

4.1.5　统筹城乡交通运输中产生的各类矛盾

虽然各级政府尤其是交通运输管理部门近年来都颁布了一些利民、惠民的运输优惠措施,但政策的不完整性导致各地政府出台的各项运输政策各自为政,尤其表现在财政补贴机制方面。这就造成了政府做好事,运营企业"埋单",被动承担优惠政策任务实施而相应补贴短缺甚至没有的局面。运输成本的日益增长也导致城乡客运统筹在实施过程中,企业发展、利润增长与公交公益性的矛盾日益突出。另一方面,城乡客运一体化进程中,大力发展和提倡的规模化经营和现有管理手段、措施的滞后性之间的矛盾也越来越突出。在城乡客运统筹一体化运营过程中,各地政府鼓励大企业及企业间采用兼并、控股、参股等方式,促使新型、现代化和规模化的运输企业形成。但是,由于相关法律法规的滞后性,对新生的规模化企业缺乏有效和与时俱进的管理与宏观调控措施,因此也存在着一些企业利用政策的漏洞,采取虚报的方式获取中央政府的油补及其他补贴,从而使造成资源和财政的浪费,近几年来,许多市县政府委托了科研、学校等专门机构就补贴问题进行分析与研讨,也取得了一定的成效。

4.2　统筹城乡交通运营相关概念界定

城乡道路客运是服务居民出行和紧密联系城乡人流、物流的重要纽带,是城乡经济社会一体化推动与发展的重要基础,也是提高居民生活质量和出行便利的重要保障,与民众的生产生活密切相关。从现状来看,城乡客运主要体现在城乡道路客运,只有在部分条件具备的地方,水运才承担一定份额的客流。因此,推进城乡道路客运一体化的发展,达到城乡道路客运合理布局、顺畅衔接、优化结构、共享资源、政策协调、优质服务的目标,这是践行科学发展观、落实国家"三农"政策、贯彻统筹城乡协调发展战略的必然措施,也是促进企业规模化发展、发挥专业比较优势、提升运输行业的可持续发展能力、加速转化城乡道路客运发展模式的迫切需要，对推进城乡道路客运在本区域及全省范围内实现公共服务均等化等方面都具有十分重要的意义。城乡客运一体化涉及的因素很多，其构成系统十分庞杂。在城乡交通运输统筹研究中，本书先对城乡交通运输统筹相关的几个概念予以界定和分析。

1. 城镇化

自改革开放后，我国对人口流动的控制逐步放开，大量农民工涌向城市，为蓬勃兴起的各类企业提供大量的劳动力，为经济的增长做出了巨大的贡献，也加快了城镇化的发展。城镇化的进程反映了整个社会从"日出而作，日落而息"的传统乡村逐渐进化为工业与服务业为主的现代城镇社会进程，包括农民工身份与职业转变、土地使用类型的转变、产业结构的变化及包括城市带等地域空间的重新布局与形成。就城镇化而言，不同学科、不同视角有着不同的解释，这里城镇化主要是指人口向城市地区集聚、乡村转变为城市的过程。

城镇化是与生产力发展相匹配的必然产物，也是社会发展必然会经历的阶段。从历史发展来看，生产力的发展对城镇化的兴起会起到十分明显的促进作用，18世纪以来，产业革命促进了生产力的发展，也催生了城镇化的兴起，城镇化的兴起也进一步促进了生产力的发展。发达国家的城市进程即证明了这一点，19世纪的英国、20世纪中叶的美国及欧洲发达国家先后基本实现城市化，同时也代表当时先进的生产力。许多国际组织把城镇化水平作为衡量一个国家生产力与经济发展的重要标准之一。因此，城镇化发展水平也代表了一个国家的生产力水平，城镇化水平通过城市人口占全国人口的比例来衡量，比例越高，城镇化水平越高。

以四川省为例，2018年四川经济总量迈上新台阶，经济结构实现新突破，新动能活力持续释放，经济运行总体平稳、稳中有进。2018年，四川省实现地区生产总值40 678.1亿元，按可比价格计算，比上年增长8.0%。其中，第一产业增加值4 426.7亿元，增长3.6%；第二产业增加值15 322.7

亿元，增长 7.5%；第三产业增加值 20 928.7 亿元，增长 9.4%。三次产业对经济增长的贡献率分别为 5.1%、41.4% 和 53.5%。人均地区生产总值 48 883 元，增长 7.4%。2018 年，四川省出生人口 92 万人，人口出生率 11.05‰；死亡人口 58.3 万人，人口死亡率 7.01‰；人口自然增长率 4.04‰。年末常住人口 8 341 万人，比上一年年末增加 39 万人，其中城镇人口 4 361.5 万人，乡村人口 3 979.5 万人。常住人口城镇化率 52.29%，比上年年末提高 1.5 个百分点。对作为人口大省的四川来讲，在前两年城镇化率快速提高的基础上，2018 年城镇化水平继续稳步推进，取得明显成效。尽管如此，四川各地的城镇化的水平又存在较大的差异，表 4-1 反映了四川各地城镇化水平。而表 4-2 则反映了城镇化进程阶段及其特征。

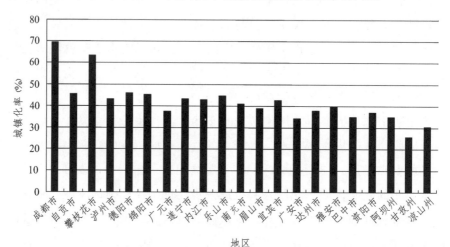

图 4-1　四川各地城镇化水平

表 4-2　城镇化进程阶段及其特征

进程阶段	生产力水平	城镇化水平	城乡关系	劳动力
起步阶段	不发达	较低	对立	不流动
快速发展阶段	较发达	快速增长	联系	单向流动
基本实现阶段	发达	50%	融合	双向流动
完全实现阶段	高度发达	70%～80%	融合加深	一致
高级阶段	城乡统筹，实现城乡一体化			

就目前四川省城镇化发展的情况来看，城乡客运可以分为城乡公交和道路客运。城乡公交即城区（核心镇）与镇（村）间的交通联接方式，在所属区域内，统筹城市道路和公路，规划和设计固定线路，并统一编号，确定好首末回车场站并沿线路合理设置停靠站点，按城市公交运营管理模式、采用公交车型。处于市（县）域行政中心的城市，此区域的公交经营模式较为成熟，这里不再多述；城区—镇间一般设定为干线公交线路；处于所属范围内的重点镇为中心镇，其下线路一般为支线公交。这里所说的城乡公交为狭义表达，主要指干线城乡公交，也包括条件具备的镇下属支线线路。图 4-2 为城乡公交网络示意图。在开行条件具备的镇（乡）尤其是中心镇与村间开行公交。开行条件不具备的地区仍采用原有的农村道路客运或城乡公交与道路客运相结合的方式，待条件改善或具备时再纳入城乡公交一体化体系。

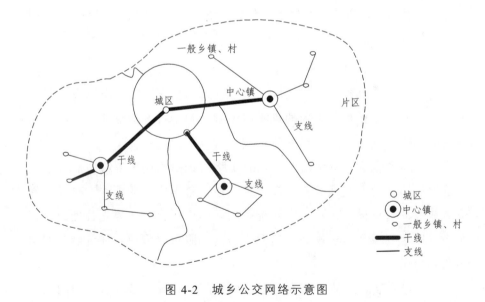

图 4-2　城乡公交网络示意图

2．城乡一体化

目前在我国还处于城镇化进程发展和推进过程中不可或缺的、需要完善的高阶阶段。生产力的发展、城镇化的进程、城乡一体化促使区域内的城乡居民、产业布局、资源利用、资本技术要素深度融合，这些要素互为市场和相互服务，融合的结果促使区域居民在生产方式、生活方式、人员流动、物资流通，甚至居住方式都产生巨大的变化，在融合过程中不免会在经济、社会、文化、生态、政策方面产生各种新问题，这个过程需要在发展理念和政策措施上进行革新、经济结构的互补、调整和增长方式的转变，以及在政策上要求平等、利益上谋求一致。可以预见，城乡间在发展中会逐渐形成深度融合的整体，"城乡"这一词会逐渐消失。城乡深度融合的过程和一体化进程显然具有重大而深远的社会变革意义，不仅需要思想观念的更新，政策措施的变化，也需要产业规划布局和利益关系的调整。城乡一体化程度越高、经济发展越快，一体化进程也就越加速，也就对城乡交通的路网密度、交通设施完善和齐备等方面提出了更高的要求，从而构建适应区域交通运输一体化的基本条件，区域交通运输一体化的形成必然会促进社会经济的进一步发展，也能满足日益增长的居民出行需求。因此，加快城乡客运一体化、网络化发展，成为一种必然。

3．城乡客运一体化

城乡客运主要包括城市区域、城市近郊的公交、出租车以及城际、城市农村间、乡镇村范围内的班线、旅游、包车等客运形式。参考了大量文献，本书认为城乡客运一体化应包含以下内容：

（1）城乡客运一体化指城乡间的线路、场站（包括市域的枢纽站）、车辆等运输资源及其他运输生产要素，通过科学合理的规划、建设，形成有成效的管理模式，建立完善统一的运输市场，改革建立合理的运行机制，以达到城乡客运规划、建设、经营、服务、管理、评价诸多方面的统筹协调。

（2）城乡客运一体化应充分根据城乡间的差异，结合城乡间的人员出行特点，引导和发挥城市和乡镇间各种运输方式的优势，合理衔接，协调发展。

（3）城乡客运一体化是互相借鉴，互相促进，有效创新，协调发展的双向演进过程。

（4）城乡客运一体化系统应是开放的，需建立统一协调的城乡客运一体化系统，整合原有的客运系统、运行系统和客运管理系统，融为一体，资源调度统筹，形成合力。

（5）城乡客运一体化应形成设施设置符合需求、运行协调有序，管理统一，应以法律、机制为保障，提高运输管理体系各子系统联接紧密，统筹城乡交通运输的规划、投资与建设。同时也要在城乡一体化发展的背景下，强化域内运输体系与外部运输间的关联性。

综上所述，可以对城乡客运一体化进行如下定义：在十分畅通的、符合公交车辆开行条件的城乡道路上，具备较完备的场站（枢纽）等基础设施，合理配置城乡客运资源，高效协调发展，形成高效运作的城乡客运网络体系，最大限度地提高运作效率和运输服务水平，实现人员流动和运输市场的有序发展，从而达到城乡居民出行方便、城乡社会经济高效发展的目的。也可以说，要采取各种措施，结合城乡客运发展的客观需求，顺应城乡一体化的发展规律，合理调控运力，促进各种客运方式综合协调发展，力争城乡客运系统模式达到统一、有序、协调。城乡道路客运一体化，是道路客运与城市公交分工合理、无缝衔接、共享资源、管理统一、发展积极的客运组织模式。

所以，城乡客运系统是有机联系、相互补充、相互促进并且由人员、车辆、道路、场站等诸要素构成的统一整体。

4.3 城乡交通运营统筹发展模式

4.3.1 城乡交通运营统筹发展影响要素

城乡道路客运统筹一体化发展或叫交通统筹发展主要涉及线路、场站、车辆、管理等几方面因素，下面就这些因素加以分析。

1. 线路因素

城乡道路运输一体化中,线路因素主要体现在道路使用与组织方面,应按科学的管理方法,根据各线路的道路条件特点,优化路网结构,形成整体的路网结构和规模,合理组织交通流,提高整体路网的运输效率、提高道路利用率。

2. 场站因素

场站是运输经营集散活动的场所,是运输网络节点,也是影响运输组织生产的重要因素,更是运输客运市场的载体。区域场站的建设可由该区域的经济发展状况、人员流量与流向、活动主要路线与区域等方面进行决策。

3. 车 辆

车辆是满足居民日常出行必不可少的条件,更是城乡客运统筹一体化的重要组成部分,但由于城乡间的居民出行、道路干支线条件等存在着较大的不同,因此车辆的配置应符合城乡一体发展的要求。应根据城乡居民的出行需求及客流量、道路条件、企业的规模和能力等因素综合考虑不同线路上的车型结构(舒适性和便捷性)、投放客运车辆数量、配套设备配备等,这些既包括企业自身的市场行为,也包括区域交通运输主管部门应对运输企业加以引导的管理行为。目前,城市化水平的提高和区域经济的快速发展,居民出行需求逐步加大,同时居民对出行的便利性、舒适性等方面的要求也发生了较大变化,所以城乡道路客运一体化推进过程中,车辆配置也随着这些变化而进行适应性的优化。

4. 管 理

管理是城乡道路客运统筹一体化发展中的不可或缺的因素,城乡道路客运一体化体系的推进,必须要采取引进加培训教育的模式,提高管理人员的素质。一是大力引进高素质人才,提高强化行业管理队伍管理水平和专业素质。二是要定期对管理队伍进行专业管理的培训教育,努力使运输管理能与时俱进地及时出台相关适合的政策,高效地完成运输行业管理工作。形成组织体系完善、制度完整及有效、分工与责任明确合理、调度指挥灵活等组织协调管理体系。根据客流量季节不均衡、时间不均衡性等因素，如根据赶集、活动、重大节日等对运输的需求，及时调整相应班次，力争既能满足居民出行需求，也能保持发班的使用效率和降低车辆的使用成本。

推进城乡交通运输统筹，仍需要政府政策导向、资金投入、硬件规划建设等诸多方面的支持，因此城乡交通运输统筹，应与区域经济的发展规模和水平应相适应。

4.3.2 城乡客运需求特征分析

4.3.2.1 城乡关系演进

城市指在人口密集、产业密集较高的区域内，各种产业布局集中、组织明晰、分工明确、相互依存的一种区域组织形态，它与乡村的区别十分明显。城市经济基本特征为：以第二、三产业为主，第一产业为辅；人口密集，土地利用效率很高、空间布局紧凑且规模较大，是区域的政治经济中心；社会组织性强、管理效率较高。

《中华人民共和国城市规划法》认为，城市就是在一个区域中，相对乡、镇来说，具有高密度的人口、产业，是政治经济中心。

乡村区域里，以第一产业发展为主，区域分块明显的农村人员松散的聚集地。美国学者 R. 比勒尔等人认为：乡村一词主要指一片区域里人口稀少、密度小、用地规模主要集中在农业经济方面，但居民生活与城镇居民没有实质性区别，仅仅在社会特定的其他部分存在部分差异。《中国乡村建设》指出："乡村是相对于城镇、城市而言的，是各种农业经济为主的居民的聚集地，该区域用地层次简单且主要以农业为主，是一个社会总区域的概念"。国家统计局于 1999 年发布的《关于统计上划分城乡的规定（试行）》，对乡村又做出了统计意义上的解释，规定指出"农村"与"乡村"是从属关系，乡村包括农村和非建制镇。

城乡发展的演变历史路线大致为：乡村孕育城市—城乡开始分离—城乡出现对立—城乡建立联系—城乡发展融合—城乡逐步一体，这个演变过程反映了城乡发展进程的进阶规律，也反映了城乡演变的总体趋势。总体上城乡关系的变化，可概况为以下三个较为典型阶段（见图4-3）。

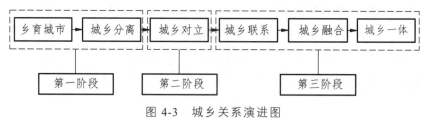

图 4-3　城乡关系演进图

第一阶段：乡村支援城市，乡村提供人力资源与资金支持城市发展，这是城市依赖于乡村生产剩余以扩大再生产的阶段。

第二阶段：乡村与城市先相互独立发展，乡村与城市的经济发展差距越来越大，产生种种矛盾，且发展为有日益扩大的趋势。

第三阶段：随着城市的进一步发展，原有的社会架构也成为社会经济发展的阻力，需要对原有架构进行重构，也需要把城市发展的有效方式向乡村渗透，城乡两个相对隔离的范畴相互渗透也成为必然，城乡界限渐渐模糊，进而产生了城市与乡村融合的新时代，也即通常所说的"城乡一体化"。

近年来，乡村居民出行需求也发生了明显的变化，交通运输业也快速适应这种发展需求。城乡客运一体化发展一定是要能够实现全区域内线路布局网络化、运力调配和管理控制系统智能化。目前就西部地区而言，还正是起步和发展的阶段，城乡交通运输一体化的实现还很漫长而艰巨。城乡客运一体化应以资源占用较少、成本较低，区域居民出行效率较高为出发点，这就要求城乡客运线网组织布局合理、线路配置优化、运行组织方式科学合理、干支线有效衔接。在满足高效运行的条件下，要实现城乡车辆组织运行的科学合理，就应在对区域居民出行和经济发展进行充分调研及科学预测的基础上，优化调整原有线网布局，使干支线合理结合，冷热线均衡分布，服务空间区域内形成种种层次的有效循环，提升区域内客运网络的运输效能。

为使智能化实现调配运力与管理控制，首先是要对客运线网组织布局进行合理规划，科学调度组织运行车辆。其次应建立区域客运信息系统，使相应行业管理部门和出行者均可及时掌握线路、发班情况等动态信息。再次应建立完善的运输安全保障体系，保障运输运营安全；适时调整动力配置，以及时适应客流量的动态变化，车辆总体发展规模应与客运车辆的区域内的出行情况、调度水平及行车组织的有效性相适应，充分发挥区域联动效应，实现运力调配区域化。

4.3.2.2 农村道路客流的分布特性

城乡道路仍主要表现为县域城乡道路，因此城乡交通运输运营统筹应首先分析和研究县域农村道路客运的客流分布特性，主要包括时间分布特性和空间分布特性。

本书选择四川省内一些典型市县，通过对农村居民出行进行调研及查阅西部地区类似区域的调研资料，来对客流的分布特性进行分析。农村居民出行以进城务工、赶集、探亲访友及其他出行目的为主，包括上学、就医。从时间和空间需求方面来分析，这部分人的出行活动，对城乡一体化的客运资源配置会产生比较大的影响，在进行城乡客运一体化的研究过程中必须给予考虑。

1. 出行目的与方式

四川省的南充、达州等地的外省务工人员较多，其出行目的地的距离较远，且出行规律性较强；短途出行人员多选择步行、自行车、电动车或摩托车等方式，其他短途多在于进城务工、走亲访友和购物等类型，农村居民的私家车相对于城市居民的拥有率较低，对于公交类型的客运有较大需求。出行方式选择，对城乡客运一体化发展模式、各种客运方式的高效衔接与换乘产生重要影响。因此，调查和分析农村客运的出行类型，对城乡客运一体化的研究具有十分重要的意义。

近年来，由于私家车的快速发展和"互联网+客运"模式的快速推进，且共享汽车、滴滴快车和顺风车的兴起，新的城市居民出行模式产生，这类可暂归为出租车出行方式。根据《成都市温江区公交发展规划》（2016年）提供的资料，温江区2017年和2020年交通方式分担情况如表4-3所示。

表4-3 温江区区内出行特征年交通方式分担率表

出行方式	常规公交	私人小汽车	地铁	出租车	非机动车	步行	其他
2017年	0.33	0.22	0.12	0.05	0.1	0.1	0.08
2020年	0.35	0.20	0.15	0.04	0.12	0.11	0.03

可以看出，从政策导向和居民出行发展趋势上分析，公共交通（含地铁）出行方式是温江区政府的坚持发展的方向，结合其他各地的情况，公共交通（含地铁）呈现出明显的上升趋势。

对于农村而言，定时定线的客运班线及城乡公交车显然无法满足农村居民多样化的出行需求，再随着近年私家车快速增长等因素的影响，居民出行也出现了所谓的"便民"类型的网约、合租等"黑车"出行方式。这些现象的出现，对客运的统筹运营也提出了进一步的要求，同时也对线路布局、城乡客运高效衔接等提出了更高的要求。

2．时间分布特征

分析城乡的客流时间分布规律，是确定城乡客运线网布局和运力、车型配置的基础。参考各类资料并进行实地验证，得出四川省的一定普遍规律的客流时间分布特性。

城乡客运在时间上呈现出十分明显的不均衡性，主要表现在日、周、季和年上的不均衡分布。

（1）农村客流日分布特征。

农村客流的日分布呈现出潮汐性较强的特征。早晨进城，晚上出城，是农村居民出行的明显特征，因此早出晚归是农村居民主要的出行特点与形式。客流流向表现为，早高峰时，前往县城方向的客流相应较多，流向各乡镇的客流和班车则很少；晚高峰时与上述情况相反，从县城返乡的客流与班车居多，而流向县城的客流与班车空车比例很高，从而构成典型的客流"潮汐"现象。

根据客流量在一天 24 h 不同时间内的分布，农村居民出行情况可划为双峰、三峰、平峰三种分布类型。

双峰型：主要由劳务型客流构成，一天内的客运在时间上会形成早晚两个高峰。在许多不同地区，都表现出这种很典型的客运类型，具体时间上一般表现为清晨（6：00—9：00）进城，傍晚（16：00—18：00）返乡。

三峰型：在早高峰晚高峰"双峰"的基础上，由于某些城乡距离较近及线路运行及时便捷，故存在部分农村居民在中午时分（10：30—11：30）返回乡村家中的情况，因而也会在中午时分形成另一个客运小高峰，流量一般会小于早晚高峰。

平峰型：在较为偏远地区的农村，其客流特征在时间分布上，与前面两种类型一般会有显然差异，客流量在全天中的时间分布虽有变化，但变化幅度不太大，一般表现为无明显高峰。

（2）按周分析，一周内的周一到周五五个工作日，城乡居民出行普遍以上班工作、去学校学习为主，出行的需求和时间表现为很强的规律性。而在周六周日时，城乡居民多以休闲、聚会、娱乐、访亲拜友等为主，出行需求的随机性较强。因此按一周时间出行的分布，明显以工作日和周末为界线，差异十分明显。

（3）农村客流季节分布特征。

农村客流在季节分布方面，由于存在农时节气的差异，因此，表现为不同月份的客流也存在着较为明显的差异的特征。农忙时，农村居民需要购买生产资料并回家从事耕作事宜；农闲时节，休闲、旅游、进城打短工、经商、赶场等。春节、清明、五一等节假日也会引起较大的客流变化，学校的寒暑假期，也会引发农村客流的波动，这些时段会形成相对的出行和流向高峰。

（4）按年为区间分析出行特征。

比较明显的在如春节、"五一""十一"等重要的节假日出现十分明显的客流高峰，并且以返乡过年、外出游玩、走访亲戚等较多。一年中，在重要时间点上的出行需求很高，出行上会出现不均衡波动，这也对运输运营的配置、调度和管理提出更高的要求，而城乡统筹的运营管理模式正是解决这些问题较好的策略。

3．空间分布特征

（1）空间分布总体特征，城乡居民出行空间分布总体表现为不均衡性，主要体现在以下几点。

① 冷线和热线交织于不同的客运线路，不同区域的城乡道路客运线路，按客流量的多少可以分为冷热线。热线一般分布在人流比较密集的城区及附近有集中的工厂、学校等区域以及一定规模的乡镇和有一定旅游资源的区域，客运需求量大。而冷线则一般分布在离中心城区较远的、人口规模少的区域，相对而言其出行需求较小。

② 对同一线路而言，不同的路段对客流也有不同的影响，某些线路总体来说，各路段的客流相对稳定，可以认为是均衡型线路；相对的不同路段上也就存在不同断面流量的大小明显有差异，相应的也分为冷线段和热线段，不同节点上的客流出现上下波动，可以认为是上下波动型线路。

③ 对于同一线路的不同方向而言，进城和出城分别可认为是上行和下行线路，在尤其是早晚高峰的特定时间段内，相向的两个方向间客流差异较大，且随早晚高峰时间的不同，呈现出客流量相反的情况，类似于所谓的"潮汐现象"。

（2）客流集散分布特性。

在某些中心乡镇、集市及人口相对集中的镇村等区域，居民的出行较为频繁，类似于城市中心的集散特性。

（3）线路客流集散特征。

线路在一些路段及相应停靠点处，常常会有较为稳定的客流，乘客上下和换乘较为频繁，其主要产生原因是与居民生产生活及相关区域的使用性质有关。一般该类的集散主要分布在城区及乡镇、村落、集市、学校及人员较多的各类单位。

2．农村客流空间分布

不同的农村区域，不同的线路，其客流量差异较大，某条线路的不同路段的断面流量也会形成较大的差异，这就构成了客流的空间分布特征。一般情况下，中心城区与一些中心镇（乡）间客流较为密集，出行人员较为稳定，普通和较为偏远的乡镇则在与中心城区和其他乡镇村间客流相对低些；而一条线路上，在不同的路段的客流通常呈现变化，具有一定的梯度性。

3．方向分布特征

一般来说，城乡线路也呈现出上下方向性。有的线路双向客流在同一时段内几乎相等，而有的双向客流在同一线路则差异较大。空间客流在方向的分布形态上也存在单、双向两种类型。

单向型：单位时段，一般选择为 1 h 内，其客流在一定时间段上呈现单向特征较为明显，上下行运量差异很大。这与农村出行人员的"早进城，晚返乡"出行特点相关。高峰时段的单向型表现十分明显。

双向型：单位时段内双向的客流数值相差不大。一般在非高峰时段，多数线路表现为双向特点。

4.3.3 城乡客运主要形式分析

通过对典型县市城乡客运发展现状的调研分析，当前城乡之间的客运形式主要有以下几种。

1．城际客运班线

根据区域线路划分情况，跨市/县域客运班线为城际客运班线，这类客运班线，其起讫点一般在两个或两个以上的市/县节点，表现为城（县）

—镇（乡）—城（县）。乡镇节点对于城际客运班线多为过路停靠，乡镇节点多分布于干线及一些重要的乡村公路沿线上，是覆盖了乡镇节点的线性分布。

2．城乡客运班线

城乡客运班线，一般是指从中心城区出发，发往城区周边乡镇和规模村的客运班线，一般具有"定班""定线""定时"的三定特点，车型多为中小型客车。但由于城乡客流存在时间和空间上较大的不均衡、不稳定性，导致此类班线车辆常无法按时发车，高峰时重载供给不足、低峰时空载车辆过剩的情况较为突出，易导致企业运营成本较大和客运资源的浪费。

3．城乡公交

城乡公交是城市公交的外延，它是指将服务范围扩展至乡村的公交延伸形式，进而形成城乡公交一体化的运营模式。城乡公交一般也与客运班线一样，具有定线、定时的特征，但城乡一体化进程也要求发车频次高、票价低于班线客车，与班线客车相比具有的竞争优势更大，因此，深受城乡居民出行的欢迎，这也应是城乡交通运输一体化的重要指向。

成都市经过这几年的探索总结出以下几点：其一，周边各县区到成都的公交基本上是由成都公交集团与当地运输公司合资成立的新公司统一经营；其二，各县区内的公交由当地政府整合为一家公司经营，每年由政府考核并进行补贴，但其补贴额度逐年呈几何级数增长，或许在几年后会成为政府的一大负担；其三，目前还存在着订制公交或包车的新现象，这为成都及周边地区的人员交流提供了便利条件。而随着成都地铁的快速发展和延伸，城乡公交也存在着客运量逐年减少。在成都市以外的其他地区，由于经济发展的滞后，还存在着有多个经营主体，因此也就存在着城乡公交和城乡客运之间的因争抢客源而引发的竞争，这种现象易引发经营矛盾和纠纷。

4．出租车

出租汽车作为城乡客运及公交的补充形式，能充分发挥灵活机动、出行方便的特点。但出租车常常活动在易拉客的中心城区及人员密集区域，其他部分区域打车较为困难。近几年出现的滴滴、顺风等网约车，在很大程度上弥补了这一缺陷，但目前由于网约车打车费用的补贴已逐渐消失，其价格已不具备较强的竞争优势。

5．非法小汽车

由于以上存在的诸多问题，并且随着近年来私家车快速发展，许多不具备经营资质的私家车辆也进入客运市场中来。参与的车辆既有家用车辆也有小客车，由于不用缴管理费等方面的费用，这类"黑车"费用比出租车和网约车等低廉。这类"黑车"的出现扰乱了客运市场，但也说明客运市场在各种客运形式都存在的情况下，还有不能满足人民出行需求的情况。对这类"黑车"目前各地仍缺乏有效监管，车辆安全性能和驾驶员的素质等无法保证，存在很大的安全隐患，因此如何进一步完善城乡客运体系，努力使城乡公交延伸到区域内的各个角落，不留死角，使"黑车"没有生存空间，这也是各级交通运输管理部门应深入思考的问题。

4.3.4　城乡客运一体化发展趋势分析

1．国家大力推进城乡客运一体化发展

"十三五"期间，国家大力推进城乡客运一体化建设，大力度完善城乡路网建设和城乡客运一体化体系。交通运输部发布的《综合运输服务"十三五"发展规划》，对城乡交通一体化建设提出了明确要求，进一步强化城乡客运一体化发展，加强城乡运输一体化的支持力度。明确在"十三五"期间着力建立一体化的城乡客运服务网络。重点是提升农村客运通达深度和覆盖面，并对农村客运通达状况进行监测和考评，有条件的地区优先实施农村客运公交化改造；城乡客运的票价、税费、补贴、通行等方面的政策进行统筹协调，促进和提高城乡基本公共服务均等化。

2016 年 11 月，交通运输部联袂财政部、国土资源部、住房城乡建设部、农业部、商务部、供销合作总社、国家邮政局、国务院扶贫办共同发布《关于稳步推进城乡交通运输一体化提升公共服务水平的指导意见》（交运发〔2016〕184 号），详细规定了实施城乡交通运输一体化具体目标和实施方案。同时，交通运输部办公厅制定了《交通运输部办公厅关于开展城乡交通运输一体化建设工程有关事项的通知》（交办运〔2016〕140 号），进一步对城乡交通运输一体化工程建设的实施与评估等要求做了进一步的明确。

2．城乡客运一体化建设由大规模建设转向优化发展

《关于稳步推进城乡交通运输一体化提升公共服务水平的指导意见》（交运发〔2016〕184 号）更强调补齐短板，加快交通基础设施建设，推进运输供给侧结构改革，完善管理机制、完善政策保障体系，提高服务质量和水平。发展原则强调市场的作用、供给优化，这也为交通运输一体化的发展指明了方向。未来城乡客运一体化发展由量向质转变，查漏补缺、优化结构、有效衔接、提升服务质量等方面的优化成为下一阶段的发展重点和方向。四川省城乡客运一体化建设也由大规模建设转向优化调整发展。

3．城乡客运一体化建设受到新技术的影响

"互联网+"和新能源汽车技术的大力发展，对城乡客运一体化建设产生了较大的影响。随着国家政策的引导和倾斜，这两项新技术必然对城乡客运一体化的完善产生快速和较大的推进作用。

乡村客源存在分布分散、季节性强、不确定性强等特点，不易集约化、规模化，因此乡村客运的运营成本居高不下。而"互联网+"的兴起，将能缓解甚至有效解决这些问题，并能充分发挥有效便捷集散资源，分散的地域客源、集中的网络运营平台形成有机统一，使客流组织的计划性更强，有效提高客运效率，利于降低城乡客运成本。因此，"互联网

+""城乡客运一体"在近几年将进一步渗透到城乡客运一体化的各个环节中，最终将有效改善和提高城乡一体化的发展水平。

另外，目前在城市公交的大力推广的电动汽车和气电混合动力汽车，也有利于有效降低公交运营成本，降低政府补贴额度，因此政府财政大力支持电动客车的配置，也会极大激励地方政府鼓励和引导城市公交企业用电动公交客车作为新增公交客车的选项。到 2020 年，全国预计在新增公交客车电动公交客车占公交客车新增之比将达到 70%，电动公交的累计保有量将超过 30 万辆。从技术趋势来看，政策倾斜将会使未来主要发展方向着眼于电动型的公交客车。

4.3.5 城乡客运统筹发展基本模式与特点

4.3.4.1 城乡客运统筹发展基本模式

综合研究分析全国不同地区城乡客运统筹的发展实践过程，城乡客运统筹的基本发展模式可认为是：站场建设一体化、发展规划一体化、管理主体一体化、政策法规一体化、评价体系一体化。

1．发展规划一体化

主要包括站场、线网建设、客运信息系统、客运市场规划及市场管理等。统筹布局，科学规划归属不同部门管理的站场及运营线路等运输基础设施。灵活推进市场准入制度，线路经营权以限期制和服务水平替代终身制，完善并通过服务质量招投标制度来选择和确定经营者。

2．站场建设一体化

站场建设主要由交通主管部门统筹，在区域范围内对城乡线网客运站点的选址、等级、规模、服务功能等统筹规划、建设、运营、管理，布局科学合理，力争使各站点与各种客运方式有效衔接。站场规划建设，既要考虑线路路网衔接的有效性，也应做到与如公交、班线、旅游客运等的有效衔接，还应考虑与其他运输方式的有效合理衔接，做到能充分利用各种运输资源。

3．管理主体一体化

管理主体一体化指对农村班线客运、城市公交客运和出租车客运等城乡客运有统一的管理主体——交通运输部门进行管理。事实上，城乡客运一体化管理一定要避免多重管理，并由该部门对运输客运市场进行管理和监督，进行城乡客运许可审核、市场管理规章制度制定和对违纪、违法行为按规章制度进行处罚等。

4．政策法规一体化

即统一城乡客运相关政策法规，包括运价、税收、信贷和发展政策，涉及的相关法律法规应进行梳理、统一和更新，逐步健全政策法规保障体系，消除运输行业的政策壁垒，建立统筹的税收、规费征收政策、健全资源共享政策等等，更好地服务于城乡客运经营主体，使之对城乡客运一体化的实现起到推进和保障作用。城乡客运（更准确地说是区域的客运）法规、政策应体现全覆盖、公平和均等化的原则，同时应更进一步严格执行安全保障制度，确保交通运输安全。

5．评价体系一体化

对于城乡客运一体化的实施效果进行评价应是本阶段优先考虑和实施的内容，这样对于实施效果可以进行及时有效的评价，针对存在的问题进行及时处理，也可使一体化进程更有序并向着正确的方向发展。评价体系的实施应主要由市县交通运输管理部门对所属区域客运活动统一规划和制定评价指标体系和实施细则，统一或委托有资质的第三方定期开展对各经营主体进行综合评价，并将评价结果作为各经营主体进入、增加、减少、退出客运市场的重要依据，也成为主管部门制定相关政策的依据。评价组成员组成应包括相关单位和群众，以客观反映乘客对客运服务质量的感受、其他人员的感受等，并合理确定评价权重。

4.3.4.2　城乡客运统筹发展基本特点

从城乡客运统筹，实现一体化发展所经历的不同的阶段和不同的发展模式来看，其发展具有以下基本特点。

1．系统性

城乡客运不仅是农村和城市公交客运的简单结合，而更核心的是统筹，也即在一定城乡区域内，以某一运输站场枢纽或中心区域为中心，在所有区域内，各种客运方式的有机组合，从而在区域路网上，实现所有运输资源有效配置、充分利用。这就要求城乡客运一体化系统涉及的人、车、路、站场、企业、管理部门等广义的构成要素相互协调、相互支撑、相互约束，以使客运系统更好、更充分地满足全区域人员出行的需求，并充分促进对社会经济的发展。

2．地域性

城乡客运一体化所说的区域是由中心区域的客运所辐射的范围，或者说是由中心区域的经济辐射范围所确定的。因此，这里就是指在一定的城乡区域范围内，客运线网的一体化和系统化。具体而言，县属城乡客运一体化中所涉及的区域，是以县城为中心辐射到全县范围内的乡镇及辐射到其他区域内的相关城市的范围来确定的。

3．动态性

随着经济的进一步发展，城乡一体化进程的加快，居民的出行需求也在不断提升。因此，为更好地满足居民的出行需求，在推进城乡客运一体化的进程中，对其功能的完善也是动态变化的。应充分考虑到区域范围内不同群体的出行特征，如县域内赶集、走亲戚拜友、上学、就医是主要的出行目的，只有充分考虑了这些因素，才能使客运一体化进程更能满足居民的出行需求，并及时动态地为居民出行提供优质服务。

4．协调性

城乡客运一体化的发展要求全区域范围的各种客运方式要能做到有

效衔接、相互协调、换乘方便，充分发挥各种运输方式各自的优势，使区域内的交通运输系统的运输效率和运输效用达到最大化。尤其应注重城乡间、乡乡间客运的高效衔接、换乘便捷。

5．开放性

城乡客运系统应是开放系统，对运输经营者来说，总体要求较低，但仍然存在一定的门槛要求，只要符合门槛要求，达到一定条件，进入运输市场较为容易。因此灵活的市场准入和退出机制，易于达到优胜劣汰的目的，符合条件、经营合理科学、满足居民出行需求的运输经营者能够方便地进入市场并发展壮大，同时经营不合理、服务水平差、乘客意见大的经营者会退出客运市场也是必然的。开放的系统和相应的机制能保证运输市场形成良好的竞争机制。

4.3.6 城乡客运统筹一体化运营机制

作为城乡统筹关键组成部分的城乡客运统筹，其运营机制是否合理和科学，对城乡客运一体化的实施效果，最终破除城乡二元制、真正构建城乡一体化具有十分重要的意义。本书认为城乡客运统筹一体化运行机制，其内涵应充分结合区域内的城乡客运一体化的特点，在城乡客运的运营管理中，由政府规章制度、实施政策、方法手段及客运一体化运营的组织架构与运行模式等要素构成的管理系统。其重点内容如下。

1．政府实施城乡客运产业规制的原则

作为准公共产品的城乡客运行业，兼顾公平与效率是政府部门制定城乡客运一体化的相关规章制度和政策时应考虑的重点。应结合区域客运需求的大小来制定，并针对不同的区域，如需求较大的区域可引入市场竞争的机制，并按制定重点包括服务质量内容的招投标方式选择进入运输服务企业，并严格按与企业签订的合同运作；空间和时间需求不均衡的区域，相关政策应更注重能保证居民出行的公平性和便利性。

2．城乡客运统筹运作中政府与运营者的关系

为充分发挥市场机制的优势，以提高资源利用效率，极大满足城乡居民出行需求，政府应在政策标准、价格监督管理及公共服务等职能方面发挥应有的作用，引导企业规范经营行为。而相关客运企业应在不违反相关法律法规的基础上，充分理解相关运输政策，服务于城乡居民，并享有为居民提供运输服务方面拥有的自由权。因此，在城乡客运一体的推进过程中，政府应正确引导企业发展，对企业经营行为进行监督管理，约束企业的不良行为，而企业则应充分运用相关政策和市场的变化及时调整经营策略。

3．城乡客运统筹可持续运营的组织架构

要实现城乡客运统筹可持续一体化发展，要求交通运输主管部门对涉及城乡客运一体化系统中的车辆、线路、政策措施、财政支持等方面也应统筹监督管理，形成完善和合理的客运市场准入、退出机制，并明确各经营主体的经营范围，重构机构设置，区域内应统一规制、政策和行政程序，对涉及的道路、站场、线路等资源进行有效管理。

4．完善组织保障体系

城乡客运一体化的实施需要一个高效的运行机制来支撑，这就要求多个部门相互协调、相互促进、共谋发展，并新构较为完善的组织体系。这就需要这些部门紧密协作，会商制定并实施系列措施与政策，从管理机制、线网情况、场站资源、运营车辆等方面对涉及客运的构成要素进行合理优化配置，真正实现城乡客运的统筹管理、合理分工、有效衔接、协调发展，进而渐进形成和完善与城乡一体化建设相适应的城乡客运一体化保障体系，保障城乡客运一体化的有序推进。

4.3.7 城乡统筹交通结构模式选择

西部地区各地地形地貌存在着很大的不同，各地区的经济发展、交通状况存在较大差异，所以，城乡交通运输统筹一体化发展涉及的交通

结构模式的选择一定要从当地实际特点出发，选择适合本地区特点的城乡交通运输一体化发展模式。西部地区应结合自身存在着的平原、丘陵、山区等典型地形特点来确定其交通结构，并结合各地区的经济发展状况和水平，合理调节不同交通方式在不同地区的比例和发展程度等。下面四川省为例，从本省的地貌情况、经济状况、道路条件、城镇化率等方面来说明四川省的城乡统筹交通结构模式。

1. 平原、城镇化率高、经济发达、靠近中心城市的地区

发展方式：交通结构应是以城市公交、城乡公交发展为主，农村客运为辅的发展策略。原因是该区域人口密集、经济发达、地形平坦、道路条件较好、路网密度较高、工业化程度较高、基础设施较为完善，部分地区的经济和路网条件甚至同东部发达地区县市相当。因此该区域应实行公交优先发展策略，在市县区域内靠近市县的乡镇重点推行城市公交延伸，或加快客运公交化改造，提高区域公交覆盖率，提高公交服务能力，逐步将原有农村客运线路和运力进行改造或退出。越靠近中心城市，其公交化覆盖率应增大，参考东中部城市的做法，公交覆盖率的比例一般应不低于60%。一般而言，该比例随着经济的发展不断提高；而距离城市较远的区域，主要是乡村地区，其特点是人口分散、经济发展水平不高，此类区域，宜维持现有的农村客运，但应做好客运线路与公交线路、站场间的有机衔接。

2011年12月，四川省郫县（现为郫都区）被确定为四川省城乡交通运输一体化的试点。郫县国资收购了郫县巴士公交有限公司的非国有民营股份，接收了郫县蜀都公共汽车有限责任公司，涉及股东上百人，共计427台车、1 091人，月载客量500万人次，年营收8 372万元，最终归于郫县巴士公交有限公司一家"国有"。其大股东为成都市和原郫县，双方各占56.05%和43.95%的股份。运营后，县内的线路补贴由原郫县政府来承担，跨区域互通线路则由成都市和原郫县政府按5：5的比例分别进行承担。近年来，随着成都公交服务水平的提升，成都市政府给

予的财政补贴逐年增加，已足以支持公交为民服务的投入。但在四川省，这种情况只有处于在经济发达的成都市才能实现。

对于该种交通结构模式，建议：一是在基础设施方面，应加快各类公交站场规划，并逐步落实到位，在核心区域对长途客运站做外迁处理或将其改造为公交站场，并大力扩展优化公交站场，为城乡公交线网优化做好基础铺垫。二是在运输管理方面，通过采用收购、重组、兼并等市场化方式，大力开展企业资源整合，整合运输市场主体；并进行线路优化工作，对原有线路在保证线路通达率的基础上，采取延长、新增、合并、调整线路等方式，结合各类站场设施及区域的客流特点，构建高效、便捷的路网结构。三是在处于平原地区的城区大力推进以电动车为主的公交运营车辆。四是构建和完善可持续的政府财政补贴机制，补贴主要由当地市县政府来承担，国家、省适当考虑，并有侧重地向一些区域倾斜，目前建议国家和省政府与地方的补贴比例可以考虑定为2：8。

2. 丘陵地区及一些城镇化率较高、经济发展较好的地区

发展方式：这类区域的交通结构发展，宜采用城乡公交和农村客运并重发展策略。该区域经济发展较好，工业相对集中，人口也较集中，城乡公交、农村客运并重的发展策略符合该地区的情况。城乡公交的比例应按区域经济发展和工业发展情况定 20%～60% 较为合适。这类区域，应参考地域公布、历史沿革、风俗习惯等保留公交客运线路和班车客运线路，加强和完善相应配套换乘设施建设，充分发挥客流聚集疏散功能，并力图实现城乡居民的换乘次数多为一到二次即可到达目的地的目标。

该类交通结构模式，建议在基础设施上：一要加快城区内站场及换乘枢纽建设，可以采取新建或对域内原有长途班车客运站外迁、改建等方式，合理布局和增加各类站场和换乘点；二是提高区域内公交路网和站场设施的等级，强化安全运行。在运输管理上：一是在规划与调整过程中，应综合考虑区域内的城市规划约束、客运一体化布局发展战略、

客流需求及变化、企业发展意向等影响因素，根据客流的变动情况，科学合理地调整公交、班车运行线路及区域，及时调整修订公交运行区域、班车运行区域及换乘区域的布局；二是统筹区域线网布局规划，充分利用和整合区域内的公交、城乡公交和农村客运的站场及设施，统筹规划功能层次合理、布局优化的客运枢纽站和城乡客运网络，优化路网衔接，城乡居民出行实现换乘便捷、衔接无缝的目标；三是推进企业主体整合，在保持现行公交、班车正常运行的前提下，引导公交和班车企业进行合理整合，提高运输企业的集约化、公司化程度。实施交通运输统筹一体化发展的地区，建议补贴主要由国家（省）及当地市县政府共同承担，国家（省）、市（县）的补贴比例可以考虑定为 4∶6。

3. 山区或县域农村区域较多、城镇化率较低、财政实力较弱区域

这类区域的交通结构发展策略，以引导农村客运规范经营为主，靠近县域中心的乡镇率先开展公交化改造。这类区域的经济发展水平普遍较低，道路条件较差，地方财政支持力度有限。因此，应重点以发展客运市场为主，并强化规范和完善区域内班车客运市场。随着经济的发展，可考虑在具备条件的靠近县城部分乡镇逐步培育公交客运市场，但不宜操之过急，避免引发地方财政负担过重及引发客运市场不稳定情况的发生。

该类交通结构模式，建议在基础设施方面，优先考虑提高路网通达率和农村公路等级，分步加强和完善农村客运体系建设；以建设农村区域客运站、招呼站为基础，加强和完善农村客运服务设施建设；道路受条件限制的，应强化交通安全设施建设。运输管理方面，以提高区域的行业管理水平为主，制定适合本地实际的城乡道路客运发展政策，引导农村客运市场和企业不断发展壮大；积极引导和鼓励大中型运输企业"车头向下"，将运输线路线路延伸至乡镇和行政村，提高农村客运的覆盖面和通达度。对于可实施交通运输一体化的地区，补贴主要由国家（省）及当地市县政府共同承担，国家（省）级的补贴政策应有一定倾向性，与市、县的补贴比例可以考虑定为 8∶2。

城乡交通运输统筹工作是项十分复杂的系统工程，西部地区城乡交通运输统筹，就是在充分考虑西部地区特殊的地形地貌特征、交通需求、经济社会发展水平等因素的情况下，在充分考虑区域内城乡存在差距的条件下，对线路、路网、站场、运输经营、市场规范管理等因素予以统筹考虑、整体布局、统筹规划、统筹建设与管理。核心就是围绕着消除城乡二元结构，打破城市内部交通和城市对外交通的界限，打破交通运输行政划分的约束，破除城乡分割，实行均等化策略，使城乡都能同等享受优质、价廉、便捷的交通运输服务。交通结构组成作为交通规划的重要部分，应统筹考虑，发挥各种交通运输方式的有利因素，从当地实际及其特点出发，实现不同交通运输方式的协调发展。同时，也需看到，随着经济发展，居民的出行日趋多样化、对出行的要求日益增高，也要求城乡交通运输一体化发展的程度越来越深。因此，交通运输结构的组成也应该是一个动态适应与变化的过程，就总体趋势而言，公共交通的比例应逐渐增大。

4.4　城乡交通运输统筹运营规划

4.4.1　运营线路规划

4.4.1.1　城乡地域分析

城乡交通运输统筹规划的区域包括城区、城乡接合部和广大的农村地区。区域的政治、经济、文化、科技与信息中心一般位于城区，对周边地区的吸引和辐射作用极强；连接城市与农村的城乡接合部，是过渡区域；广大的农村地区则地域辽阔、居民分散分布，客流在时空上呈现较强的潮汐性出行分布，农村居民的出行目的多样化，农村区域的土地利用及产业结构明显与城市不同。因此，传统的城市公交从规划和运营方面来看均不宜直接用于农村公交规划及运营，而目前所谓的城乡公交统筹一体化规划是指区域覆盖了包括城镇、城乡及农村地区的规划，更具有全区域覆盖、层次性、地域性、经济特征多样化的特征，所以在开展城乡运输统筹一体化规划时，应重点注意做到：

（1）协调性。城乡接合部是过渡地区，内连城区、外联农村，因此规划时应更注重该区域的客运规划应具有良好的适应性、过渡性，以适应城市扩张和发展的需要。

（2）动态性。随着城市的发展，原来的城乡接合部也很可能成为城市新的组成部分，而新的城乡接合部也会形成，并不断外移，城市规模不断扩大，因此城乡接合部的规划应具有很强的动态性。

（3）层次性。城市区域、城乡接合部和广大农村的特征各异，因此应按不同的层次对不同区域进行分层分析和规划。

（4）宏观性。规划区域覆盖所有城乡区域，覆盖面广，各自区域的特点与人口构成较为复杂，因此线网规划应以宏观为主，不宜过细。

（5）综合性。虽然城乡运输统筹一体的线网规划是专项规划，但由于城乡区域道路交通条件、土地利用条件、政策因素等情况各自差异较大，尤其是农村地区有诸多限制，所以在进行区域线网规划与运营管理时要综合考虑这些因素。

西部地区土地面积较大，地形复杂，涵盖有高山、高原、丘陵和平原，各地区位条件差异较大，资源状况也各不相同，交通条件存在较大差异，经济发展水平也参差不齐，所以西部各地区的城乡交通运输统筹一体化发展政策和策略也表现出较强的不一致性。西部地区县域生产总值、财政收入量在全国所占比例一直较低，相对东部沿海发达地区的发展速度也较缓慢，不同县域间发展极不平衡，差距较为明显。实现城乡统筹发展，其重点和难点均在县域。因此，本书主要以县域为研究对象。为更好地区分地域的差异性，符合实际地确定不同地区的城乡交通运输统筹一体化发展模式，本书根据西部各省区经济发展的实际，结合地形地貌条件，以四川省为例，对县域城乡交通运输统筹进行研究，并将县域分为三类地区：平原区、丘陵区、山区。从县域经济及交通运输发展水平看：处于四川省平原地区的各县域，经济基础条件均比较好，城镇化率也比较高，具有便捷发达的交通运输网络，线网覆盖率和道路交通条件明显好于其他地区；处于丘陵的县域，同时也处于成渝两大经济区的腹心，这两个经济核心区的共同作用也促进了丘陵县域的经济发展，因此丘陵县域的经济基础也比较好，交通也较为便捷，但与平原区域相比，总体水平发展仍然不高，大部分市县域的人均生产总值低于全省平均水平；四川盆地周边山区，地域跨度大，地理区位、地形气候、特色资源、产业发展差异明显，经济基础薄弱，除个别县市较好外，大部分县市与全省县域经济发展差距明显。

4.4.1.2　线路等级划分

鉴于城市公交与城乡公交的不同特点，公交线路统筹一体化不能一刀切，应结合区域特点和经济发展状况，分类分级进行规划设计。根据土地利用情况和道路等级及功能特点，将其分为三个层次。

第一层主要指连接城区内和中心城区至郊区的公交线路。它主要承担城市区域内各居住小区、商贸和办公片区间的联系，也涉及这些区域与交通枢纽的联系，还有中心区与郊区的联系。公交规划应主要考虑增大线网密度、优化线路走向，具备较高公交覆盖率、很好通达性等服务功能。当城乡接合部扩展纳入城市范围时，相应的原有的城乡交通也纳入城市公交线路范畴。

第二层是指连接中心城区和各乡镇间、乡镇与郊区间的公交线路。它主要承担长距离、大运量的运输和具备快速服务的功能。第二层公交线路规划应考虑连接区域的客流需求，在保证顺畅连通所有乡镇的同时，要合理、协调和控制性发展公交线网密度，充分考虑和体现区域间的差别，并与市域线网保持良好的接驳。

第三层主要指连接乡镇、镇村间、村村间的公交线路。该层公交线路直接服务于乡村居民，主要承担村村间的小运量业务。因此，此层线路的规划应以通连乡村为主，结合城乡具体状况，分情况逐步将城乡客运向城乡公交模式转化，应分阶段进行规划，其远景目标为村村通公交。

由此可见，三个层次的公交客运线路相互补充、协调发展、互成体系，共同组成科学、合理、完善的城乡一体化的公交线网。在具体规划布局时，应充分考虑到各层线路的功能实现、同时考虑线路的长短和便捷程度，也应避免过高的线路重复，对区域内涉及的各层级线路进行优化、合并，以提高线路的利用效率。线路上的公交站点设置，应考虑设在居民出行集中点，不同线路尽量利用共用站点，方便搭乘和换乘。

4.4.1.3　线网布局结构

确定线网结构在线网规划布局中也是核心内容，线网结构的科学合理决定了线网的有效利用效率和总体发展方向。城乡客运统筹一体化的公交线网划分为三个层次，是基于大致的行政区域和经济发展水平，更深入一些的研究认为，每个层次所包含的区域仍然有着行政区域大小之别，经济发展相异，与周边地区经济往来的密切程度也不一样的差别，在布局设计时应予以充分考虑，这里也只研讨大致的思路。结合实际的情况，城乡公交线网结构布局大致有下列四种类型可供选择。不同的线网布局结构反映出中心城区在相应区域内所处的地位，与外界交往和开放的程度，中心城区内的公交体系发达程度。

"树状"结构如图 4-4 所示：以中心城区为核心向四周的（市）县城区、向乡镇中心，并由此形成各市县向各乡镇、各乡镇间、乡镇到村的连接。较为明显的是，对于中心城市影响力大、辐射范围广且深、对市域城镇吸引力很强的区域可归类于树状结构。

"星状"结构如图 4-5 所示：中心城区到周边城区、市主城区到各市县、各市县到各乡镇。"星状"结构也反映中心城区与外界的联系有较高的紧密程度。

"轮轴"结构如图 4-6 所示：中心城区的内部公交、中心城区至各乡镇及乡镇间、乡镇到村的城乡公交。轮轴结构适合于市内公交体系较发达的区域。

"通道"结构如图 4-7 所示：跨区域（组团）、区间、区内（组团）的公交线网。"通道"结构适合特大型城市、大城市中心城区与郊区间的公交路网，各组团具有联结的紧密程度较高的特点。

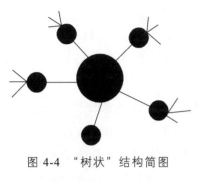

图 4-4　"树状"结构简图

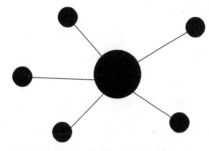

图 4-5　"星状"结构简图

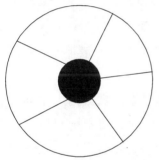

图 4-6　"轮轴"结构简图

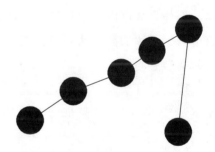

图 4-7　"通道"结构简图

4.4.1.4　布局方法与衔接模式

1. 线网布局方法

农村地区的社会经济结构、产业特征与居民出行特征均与城市存在很大差异，因此农村公交线网规划方法不能照搬城市传统的常规公交线路网络规划，应结合当地的城乡地域条件、居民出行等特点，探讨实用的、可操作性强的、与城市公交不相冲突的城乡客运统筹一体的线网规划方法。本书拟选择以"枢纽—线路—站点"的"点线面"顺序开展城乡客运线网的统筹规划。

"枢纽—线路—站点"的做法首先确定枢纽布局,根据区域内的经济发展特征,首先定"枢纽",这样能使后面的线路、站点布局达到既能满足居民出行需求,又能较好地发挥运输效率,从而方便居民出行和换乘,也使后续的线网规划和站点落实能有效与大型客流集散点有机衔接,有利于较好地集散客流。

首先,根据区域内城区聚集特点、用地性质以及农村居民出行需求的概率分布,在区域内,确定公交枢纽点,也包含主要布局于乡镇的农村客流集散中心。

城市内的枢纽站点指城市内的大型客流集散点和换乘点,可分为确定型与待定型枢纽,其枢纽等级可由各地确定,并报省级交通运输主管部门审核或备案。确定型枢纽点是指现有的火车站、长途客运站、公交站场、客运港口、机场等;待定型枢纽点主要设置在不在上述确定型范围,但却是城市内集散量较大的地域,如易集聚大量人员的较大型的集贸市场、成片的商贸区域及大型商场等。各中心乡镇一般可作为农村客流的集散中心。

其次,开展城区线路与乡村线路的统筹规划。城区内,主要以公交枢纽为"纽",进而延伸和"编织"线网模式,初步构建城区公交线网,再由城区客流状况分析来优化确定第一层次的城乡公交线路;再以城区的公交枢纽和设于各乡镇的农村客流集散中心为"关键点",延伸和"编织"城区与乡镇的第二层城乡公交网络,进一步形成具辐射状模式的城乡公交网,便于客流集散与换乘,也即完成第三层次城乡公交线路。

最后,沿线网各路段布站设点,并按统一的标准进行建设,并纳入交通运输主管部门进行统一管理。

城乡公交线网统筹规划解析图如图 4-8 所示。

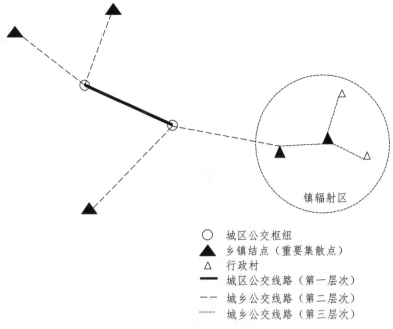

镇辐射区

○　城区公交枢纽
▲　乡镇结点（重要集散点）
△　行政村
——　城区公交线路（第一层次）
－ －　城乡公交线路（第二层次）
-----　城乡公交线路（第三层次）

图 4-8　城乡公交线网统筹规划解析图

2．线网衔接模式

线网衔接模式的选择对实现城区与城乡公交的无缝衔接、合理换乘、提高运输效率有着非常重要的作用，它与城市面积、人口规模、城市布局、土地利用、城市交通顺畅程度、城区外区域的客运枢纽分布等因素有关。一般而言，城乡公交在城区内的衔接方式有分方向边缘式和穿越式两种。

分方向边缘式如图 4-9 所示，它是指进入城区的线路一般应考虑避开中心城区，客流以过境或设在城区边缘的枢纽站点为换乘点，在这些公交换乘枢纽与城区内的公交相衔接，从而减轻城区内部的交通压力。这些枢纽站点多涉及城区与外部区域的客流，客流线路枢纽应按照进城方向与相应城区距离较近位置设置。这种方式具有较小的城市内部交通干扰和与城区公交不易重叠，并能够达到快速集散客流、直达骨干线运输线路、直达出行目的地的服务目标等优点。但也存在可能会增加换乘次数，目的地为市中心区的乘客存在换乘问题，也对这类目的居民的出行带来一定的影响，弱化中心区的吸引力等弊端。这种模式比较适合城区规模较大，衔接对外客运枢纽较多的城市。

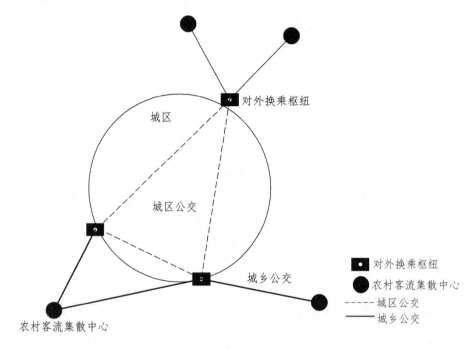

图 4-9　分方向边缘衔接图

穿越式衔接方式如图 4-10 所示，它是指进出城区的线路，充分利用城区内的主干线路从市区穿过，共享一些城区的公交站台，在城区中心或处于穿越线路的一侧城区边布局换乘枢纽。该种衔接模式具有城乡公交直达率高、换乘次数相应减少，城区中心可达性与吸引力增强的优点。但又会造成城市内交通拥挤程度增加，交叉线路与其他线路产生不良竞争等问题。此模式宜适于城区规模、交通量较小且城区道路条件较好的中小城市。

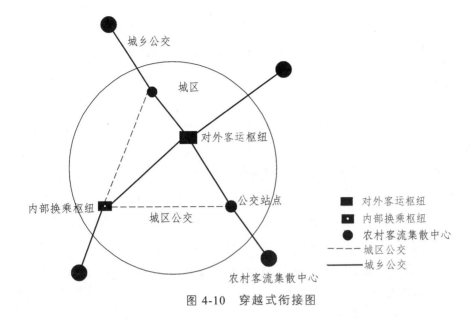

图 4-10 穿越式衔接图

4.4.2 车辆配置规划

4.4.2.1 车型的结构与标识

城乡客运统筹一体化的客运车辆车型结构的选择应尽可能地体现城市特色，注重不同市场对车型的不同要求。在这里，本书参考相关文献提出不同城乡客运线路等级适宜采用的车型结构：

第一层次公交线路宜选用 10～12 m 的高级大型公交客车；

第二层次公交线路则宜主要选用 10～12 m 高级大型公交客车和 8 m 左右高、中级中型公交车的混合车型；

第三层次公交线路则宜主要选用不大于 8 m 的普通中型客车，也应考虑配置部分少量小型公交客车。

考虑到居民出行的合适性需求，车辆在选型时可适当提高车型档次。实际的车辆选型时，应综合考虑投入、产出的关系，充分考虑车辆购买价格、车辆运行成本、车辆维护保养成本等与运行票价间的关系；应考虑安全运行、居民出行的合适性、车辆技术性能的完备性等；应考虑相应站场的容量和车辆实载率，根据道路条件、客流状况等适宜选择车型，并明确更新与投放的周期；车辆选择还应与企业经营模式、管理模式相适应，既利于树立品牌也有利于展现车型优势。另外，还应考虑注重环保和信息化建设。

为方便乘客乘车、便于车辆调度与管理，所有公交车应统一编制车辆代号。

对于农村客运车辆，由于农村地区客流分散、客流量少、地形复杂，因此农村客运车辆宜选中小型客车，车身长度宜在 4.8～7.5 m；运行于山区路段的车身长度以 3.5～4.8 m 为宜；路基宽度在 3.5～4.5 m 的行驶特别困难路段，各地可根据当地道路条件，选择合适的车身长度。区县向附近乡镇延伸的公交线路，道路条件较好的，宜选车身为 7～10 m 的公交型客车。

4.4.2.2　车辆运力配置

城乡客运车辆运力配置主要受到下列因素的影响。

1．城乡公交客运需求量

城乡公交客运需求量指城乡居民出行产生的需乘坐公交的人员数量，对于居民出行需求而言，反映了公交服务利用的规模大小。城乡公交客运需求量也是编制公共运输车辆投放数量、编制运输企业生产经营计划和线路运营作业计划的主要依据。

2．公交乘客周转量

公交乘客周转量指各公交线路乘载的乘客数量与运送距乘积的总和，以人千米为计算单位，是乘客运输计划的主要指标之一。影响旅客周转量的直接因素是客运量的大小和旅客平均运距的长短。周转量越大，则对公交车辆的配备需求就越多。

3．公交线路长度

公交线路长度指连接起讫点、经过的道路中心线公交运行长度，分为：0~12 km 的超短线路；20~30 km 中等距离线路（10~28 km 也是常见的常规公交线路）；30~50 km 中长距离线路；50 km 以上长距离线路，多运行于市郊和郊区间。城乡公交线路布局应能极大满足居民便捷出行需求，并能较大程度（应留有一定余地）发挥运载工具的运输效能，提高公交服务水平。一般按城市规模、产业布局、乘客构成及公交出行的最大时耗来确定公交线路平均长度。

4．营运车辆周转速度

公交营运车辆周转速度，系指车辆在公交线路上往返运行一周的平均速度，也可以通过周转率来反映，这个指标包含公交车辆在运行线路上的运营时间以及在线路各站点（包括首末站）的停驻时间。显然，运营车辆的运营周转速度高，则运营车辆在运行线路的周转率就高，投入的车辆就可以相对减少，而要提高运营车辆周转速度，就需要相应地提高运行线路的道路条件。

5．发车间隔

与运营车辆周转速度相关的指标还有发车间隔，它是指从线路起站依次发出的相邻两辆公交车的时间间隔。公交车辆要按一定的行车间隔时间准时发车，并沿规定运行路线周期行驶，发车间隔短，则发车频率高，投入的车辆也会增多。所以，配备的公交车车辆总数，既要保持一定的载客率，又要能按优化的时间间隔在运行线路上周转，保障乘客的出行需求。

4.4.3 客运设施统筹规划与建设

客运设施的统筹规划，主要涉及城乡客运站点的选址，站场规模、站场等级及服务功能的确定等，由区域交通运输主管部门统筹规划、合理布局，充分利用站点设施，完成各种客运线路和服务方式的有效衔接，并与城乡规划总要求相匹配、相配套。

一是应合理布局城乡道路网，加大和优化路网道路建设规模，尤其是合理强化农村道路建设。为了保障乡村居民方便出行，提高道路公交通达率，建议构建树形路网或以树形为骨架道路的混合式路网。这种路网结构道路连通了各乡村，为村乡、村村便捷出行提供可行的路径，也考虑了乡村间的出行需求。

二是科学合理地加快道路客运场站建设。应按"谁投资、谁经营、谁受益"的原则，实行交通运输管理部门与乡镇政府、个人联合投资等方式建站，候车亭面积宜为 25 m² 左右，并可考虑设立能满足一般居民需求的商品小卖部，并给提供土地资源的农户进行经营管理，也可以使他们成为相关站场的管理者和风险防范的预警者。农村客运公司实行统一进站、统一票价、统一调度、统一发班、统一核算经营，初步形成县到乡、乡与乡、乡到村的农村客运网络。在具体实施时，可根据不同乡镇的重要度，在各乡镇上设立不同等级的汽车客运站，如在辐射功能较强的重点乡镇设立二级站，较弱的乡镇上建立准四级。

4.4.4　服务体系建设

城乡客运统筹一体化建设的一个重要组成体系就是要确定和推进标准化的服务体系建设，因此应从严把从业人员资质、统一服务程序和要求出发，建立和推进完备的城乡公交车服务操作质量标准体系。在此体系中，应强调增强从业人员的服务意识和责任意识的重要性，为树立区域城乡公交的品牌形象奠定基础。

建立完善对城乡公交运营企业的监督考核机制对城乡客运一体化建设也是至关重要的。在分析和借鉴现行城乡公交服务质量标准基础上，细化和优化考核子指标，以期更符合城乡交通运输一体化的要求，指标的制定与优化应本着科学、合理和较强可操作性的要求。交通运输管理部门应定期、不定期地对城乡公交企业进行考核和监督，周期性地开展综合服务质量评定活动，强化对运输企业的经营行为进行引导和约束。

建议引入第三方参与考核指标和实施细节的制定，参与周期性考核，确保严格执行公平、公正、公开原则，以协调政府、企业与乘客的利益。

建立城乡客运企业服务质量激励和制约机制，调动城乡交通运输企业提高运营服务质量的积极性。可尝试建立促进城乡客运服务质量提高的扶持基金，该基金的年度拨付量严格与周期考核情况挂钩，这样既可让行业管理部门进行考核和督查的企业有一个有效抓手，也能极大增进运营企业抓好并提高服务质量的积极性。根据考核情况，对达到相应等级的运输企业拨付相应的资金，对获得超额分数的运输企业可适当增加奖励数额。这个评价体系的设立，也能对所谓的冷线公交（主要在第三层）亏损进行弥补，增加城乡公交企业的可持续发展能力。值得注意的是，对于城乡公交而言，应参考市内公交车辆，按 $0.125\ m^2/$ 人的标准设立站立席，城乡客运公交车辆根据道路条件情况设立较适合的站位标准。

要积极鼓励运输企业参与冷线运输，对申请经营冷线的运输企业，政策上应有一定倾斜，在开业手续、客运线路审批、运营牌照办理方面实行优先和优惠政策，可考虑对"热"线参营企业配备一定的"冷"线，也可考虑收取合理的"热"线使用费补贴"冷"线方法，这样对于保证运输企业的业绩、保障居民出行、推动全区域的交通运输发展等方面有较好的作用。

4.5 城乡客运统筹发展管理体制

体制问题的解决不是一朝一夕的事，需要所有与此相关的部门和组织共同努力和协作。本书建议彻底打破目前多头治理的管理体系，建立集中统筹的管理机构，明确职能、统一管理，层次明确、服务到位的大交通管理模式，这既是未来管理体制的发展方向，也是推进和实现城乡客运统筹发展的保证。

明确职能、统一管理，层次明确、服务到位的大交通管理模式如图4-11 所示。

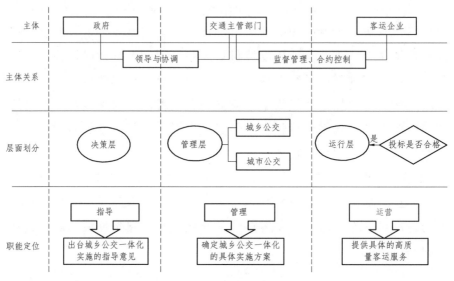

图 4-11　大交通管理模式

大交通管理模式有如下的特征。

（1）政府是城乡客运统筹的决策层，起到领导、指引与协调的作用，负责涉及城乡交通运输统筹发展相关政策、法规和实施指导意见的出台，具有很强的引导和约束功能。

（2）交通运输主管部门是代表政府执行交通运输管理权威性的交通运输综合机构，统筹管理区域内的城市、城乡公交和农村客运，它应将政府发布的城乡客运统筹一体化发展法规、实施指导意见转化为具体化、可操作落地的实施办法，具体组织和制订审议交通运输规划、城乡公交的线网布局、运营服务标准与调度、客运资源配置、确定费率、明确收费标准及服务质量标准、服务和质量监督稽查等工作。

（3）客运企业是城乡客运的经营主体，通过投标竞争等途径取得线路的经营权、签订运营合同明确其权利和义务、为乘客提供高质量的客运服务、执行管理部门的政策性任务。交通运输主管部门根据考核细则对其实行监督管理。

需要说明的是，大交通管理模式不是一蹴而就的，应结合实情，循序渐进、重点突破、分步实施，逐步建立体系完整、机构优化、职责明确、管理顺畅、运转协调、行为规范、办事高效、有利于城乡客运统筹一体化发展顺利实施的交通运输行政管理模式。就目前而言，管理体制的突破不是件容易做到的事，因此可以考虑先建立城乡客运一体化工作领导委员会，由政府牵头，交通、建设、公安、财政、规划、物价等部门组成成员单位，办公室可设在交通运输部门。明确各参与部门的管理权限与职能分工，建立政府部门牵头的协调机制，各部门密切协作，共同搞好城乡客运统筹一体化建设。

4.6　城乡交通运输统筹政策体系

4.6.1　统一城乡运输市场规则和管理政策

城乡运输服务水平与期望存在较大差异的直接原因在于城乡运输管理模式的不合理。理顺和改革城乡运输管理模式，对城乡交通运输基本公共服务均等和公平化的实现具有非常重要的现实意义。因此，应突破城乡间传统体制下因城乡运输市场规则和管理政策的差异而造成的城乡运输市场分割和壁垒，城乡交通运输纳入统一的运输体系，建立城乡统一的市场准入机制、统一的监管和退出机制、统一的发展政策，执行统一的市场规则、统一的政策标准，建设开放、有序、公平、高效的运输市场环境，建立衔接配套、运行高效、竞争有序、权责一致的制度体系。政府在推进城乡交通运输统筹一体化发展时，要充分发挥好市场在运输资源配置上的基础性作用，促进优质资源的有效配置，实现合理流动，降低城乡交通运输时间成本与交易成本，促进交通运输企业在城乡区域内的有序竞争，实现共赢发展，促进城乡交通运输管理的协调统筹发展。

4.6.2　落实农村运输优惠扶持政策

为有效保障城乡居民能真正享受均等化的交通运输服务，政府应出台并落实涉农运输的扶持政策。一是通过税费减免来扶持涉及农村经营线路的客运企业、物流企业的发展；二是通过政府定价、限价或者冷热线交互运行的方式来保障农村客运线路的经营秩序。政府相关部门应在充分进行调研的基础上，出台促进农村客运发展的扶持政策，对符合公司化经营管理及城乡公交、农村客运要求的客运企业，分线路分类别落实相应的优惠扶持政策。可考虑在一定期限内对专营农村客运的运输企业实施营业税、所得税、运管费等减免的政策，也可考虑对专业接送农村地区小学生上下学的营运客车实施各种规费减免的政策。对于县城与乡镇之间、乡镇与乡镇之间的客运线路，可考虑实施客运附加费减半征收的政策，而对于乡镇与行政村之间、行政村与行政村之间的客运线路，实施客运附加费全免的优惠扶持政策。

4.6.3　完善城乡交通运输安全监管机制

确保交通运输安全是"以人为本"和可持续发展的本质要求，完善城乡客货运输安全监管机制，建立适应城乡交通运输一体化发展要求的管理机制，对于切实保障乘客生命财产安全、维护交通运输和谐发展环境具有重要意义。

1.完善省、市、县（区）、乡镇四级安全监管体系。

在城乡运输日益繁荣的背景下要确保交通运输安全，必须分级落实安全防控责任，确立省、市、县（区）、乡镇四级安全监管体系。需要对现行的有关法律、法规和规章要进行必要的修改，明确四级安全监管机构的法律地位、责任和权利，分级负责相应行政辖区范围内的安全监督工作，上级监管机构应对下级的监管工作提供帮助、培训和指导。在明确监管职责上，省级交通运输部门主要负责本行业重点部位或重点项目的安全监督工作,负责制定本行业安全监管的有关政策,指导市、县(区)、乡镇的交通运输安全监督部门搞好本地区的安全监督管理工作。市、县(区)政府的有关安全监管部门负责本地区行业的安全监督工作。改变乡镇安全管理实行委托执法的方式,法规授予乡镇政府相应的监管权限,乡镇政府设立综合性安全监督管理机构,内设交通安全监督管理岗位,在法定的职权范围内负责本行政区域的交通安全监督工作。

2．财政保障城乡交通安全监管工作的正常运转。

安全监督是为经济建设服务的,需要投入,安全监督的投入需要政府的支持。由于乡镇的经济发展很不平衡,经济欠发达的乡镇比较多,财力基础很脆弱,需要省、市级财政、县(区)级财政的大力支持。解决好乡镇安全监管机构的运行经费、人员经费和装备经费,省、市、县(区)财政应每年按一定比例划拨专项经费给乡镇政府,保证乡镇安全监管机构的正常工作。

3．加强全员全过程安全管理,形成安全管理联动的工作机制。

首先应加强对运输企业及区域内居民的(包括农民)安全教育和宣传工作,增强他们的安全意识、法律意识和自我保护意识。其次督促运输企业更新完善相关管理制度,要求管理措施明晰,各项记录完整,能完整反映企业的经营管理,尤其是安全运营的全过程管理,对事故情况应重点记录,并及时上报相应管理平台。管理部门的各项考核能准确反映运输企业的经营与安全管理过程;能完整反映驾驶员的各项考核记录和完善的基本信息,强化对驾驶员适速行驶、复杂反应判断、处置判断、注意力分配的培训教育与考核;强化对车况进行规范检查维修;提升驾驶员安全驾驶技术和车辆管理技术,加强运营全过程的动态监管。最后要应将安全管理"横向到边、纵向到底",贯穿于从业人员、经营者和车辆准入、监管及退出等管理的全过程,强化对全体从业人员质量信誉考核,使安全意识和管理切实成为全体运输从业人员红线。四是构建和完善相关部门各司其职、协调联动、信息共享的工作机制,确保城乡运输安全管理工作能够顺利展开。

4.6.4 建立合理化化补贴机制

城乡交通运输统筹应通过对原有城区公交、城乡公交及对城乡班线进行公交化改造，使城乡客运发展更具有可持续性，最终形成功能完善、服务高效、衔接紧密的城乡客运一体化运营的交通系统。这一目标的实现，离不开完善的分类分级的、具有地域特色的、极大满足区域居民出行且客运效率较高的补贴机制。

第一应明确城乡客运一体化的补贴对象，其二应建立科学合理补贴标准与方式。补贴可包括三部分：（1）对乘客的票价优惠。针对出行居民，通过优惠的方式吸引乘坐公共交通，提高公交占交通出行的比例，转变居民的出行方式，促进居民出行方式更为合理，并使客运持续发展。（2）支持客运企业发展。大力扶持和推进城乡客运一体化建设，并从政策面上给予支持，为客运企业创造良好的经营环境，这是对企业的一种间接补贴。（3）对线路进行补贴。建立科学合理的补贴额度测算模型，主要考虑单项补贴、线路经营状况及线路服务质量等因素。还应拓宽补贴资金的来源并使其占区域生产总值的比例合理并可持续。本书主要研究对线路进行的补贴和对补贴的效果进行评价。

区域范围内具有公益性的线路可称为运输企业的"服务线路"，亦即经过城乡客运统筹建设之后，城乡一体化的公共交通运输系统将逐步形成、建立和完善。"服务线路"具有一定的社会福利性质，其车公里收入接近或低于其成本。因此有如下要求：一是政府对票价严格管控，以利于引导居民乘坐公共交通出行，但会对运输企业的利润产生一定的影响；二是政府针对一些客流较小的冷线指令性要求开设线路，企业收入和盈利均会产生较大的影响。因此，"服务线路"应由政府在充分分析和构建合理补贴模型的基础上给予合理的亏损补贴，保证运输企业的持续发展。"服务线路"可根据实际具体情况界定，补贴金额的核算建议以运行线路单元进行，企业所获得的补贴总额是其所运营的所有"服务线路"补贴金额的总和。

4.6.4.1 线路经营模式

城乡公交线路经营一般存在直接授权和招标授权两种经营模式。在城乡客运统筹一体化发展推进的进程中，建议采用招标授权经营模式来推进和完善城乡客运统筹线路的建设，这也更有利于运输资源的有效配置。

1．招标原则

政府针对符合竞标资质的竞标企业，根据线路属于亏损性线路还是盈利线路两种类型，采用"亏损额（政府补贴）"或"利润额（上缴利润）"竞标的方式竞标，也即盈利和亏损（补贴）合理的企业中标。

竞标应从企业规模、车辆配置状况、从业人员状况、线路营运方案，热冷线线路配置、各线路车辆数、线路走向、站点设置、运行时间、各线路平均发班频次、日计划班次、线路票价机制、安全生产管理措施、服务质量管理制度与措施、车辆技术保障、突发事件应急处置方案等方面进行综合评价。

2．政府职能

政府在实施招标授权经营模式的情况下，主要进行公交线路的规划、冷热线搭配、经营线路的确定（含运营线路车辆的类型要求、营业时间要求、发车时间间隔、票价等方面提出要求），组织线路招标，并对经营规范进行全过程监督等。

3．企业服务质量的要求

为在城乡客运统筹一体化推进过程中，保证社会或经济效益的发挥，要求中标的运输企业对其服务质量进行承诺，对中标的运输企业明确应上缴利润或补贴的额度，承诺政府根据区域内的实际情况提出的其他要求。企业应自觉接受交通运输主管部门和政府定期或不定期的对其服务质量进行的监督和考核，同时接受社会的监督。若服务质量未达到规定要求，政府有权限令其改正，严重者取消其线路经营权，并在一定时期内使其自动丧失竞标权。

4.6.4.2　补贴额度测算模型

1．补贴需考虑的因素

线路的补贴应主要从单项补贴、线路经营状况、线路服务质量等因素进行考虑。

单项补贴指运输企业为更好服务运营线路和根据政府规定要求，所涉及的车辆购置、票价优惠、公益任务承担、燃油价格上涨等因素，政府应给予的单车相关项目补贴。

线路经营状况，主要考虑的是冷热线、客流状况等有关情况，对于冷热不同的线路分别采取科学合理的策略，热线要降低补贴额度，冷线则应对亏损额度进行调研并合理进行补贴，以提高企业的经营积极性，发挥线路的公益性。对冷热线路都存在的运输企业，则从总体上进行合理控制，避免出现运输企业申报多少补贴就批准多少补贴的盲目补贴策略，这要求政府相关部门一定要定期对运输企业的经营状况、载客人次情况、票价执行情况、车辆维护保养、车公里的收入与成本、运输企业规模、人员数量与构成等因素进行调研与分析，充分明确公交线路的公益性质，这样才能使运输企业盈利有理、补贴合理，既保证居民的出行需求，又能保障企业合理的利润。政府还应根据不同线路投入的成本、票面和优惠获得的实际利润，确定标准成本利润率，并根据调研分析情况，对补贴额度、票价形成等进行调节。

线路服务质量调节，是指补贴额度与线路服务质量挂钩。线路服务质量则是指在对运营企业进行补贴前，其补贴额度应与运营线路的服务质量挂钩，可分等级进行补贴，服务质量优异，则相应线路经营企业获得全额补贴，服务质量较差的线路，根据评分的差异，政府相应进行一定额度的扣减，补贴额度与服务质量调节挂钩，有利于运输企业重视提高服务质量，也有利于区域内城乡客运一体服务水平的提高。

所以运营企业获得的线路补贴额（Total Line Subsidy，TLS）包括单项补贴（Single Subsidy，SS）、线路投资回报调节额度（Adjustment of Line Investment Return，ALIR）和线路服务质量调节额度（Adjustment of Line Service Quality，ALSQ）三部分组成，计算公式如式 4-1 所示：

$$TLS=SS+ALIS+ALSQ \qquad (4-1)$$

在用式 4-1 进行补贴测算时，各项目的测算周期都应当保持一致。

2．单项补贴的测算

单项补贴主要包括运营车辆购置补贴（Vehicle Purchase Subsidy，VPS）、票价补贴（Fare Subsidy，FS）、公益性补贴（Public Welfare Subsidy，PWS）、燃油价格补贴（Fuel Price Subsidy，FPS）及其他补贴（Other Subsidies，OS）。测算模式如式 4-2 所示：

$$SS=VPS+FS+PWS+FPS+OS \qquad (4-2)$$

式中：VPS——车辆购置补贴，政府为鼓励运输企业选用节能环保型车辆、淘汰落后车辆，提高线路的经营水平，而由政府通过补贴承担的部分成本。

FS——票价补贴，因政府对票价管控而导致的低票价对运输企业造成的亏损补贴。

PWS——公益性补贴，运营企业因承担政府指令性任务或执行社会公益职能所造成的政策性亏损，政府对其进行的补贴，主要包括刷卡优惠补贴、老年卡补贴、残疾人补贴、学生卡优惠补贴和换乘补贴等。

FPS——燃油价格补贴，由于燃油价格上涨，政府从优先发展公共交通角度考虑，补贴承担一部分油价上涨成本，以保障运输企业因承担社会公共职能而不致收益下降。

OS——其他补贴，各地因存在不同的实际情况而应由政府进行补贴的项目，如车辆尾气整理补贴、政府主导的大型活动而调用运营企业开行免费线路等所进行的补贴等。

3．线路服务质量调节

线路的服务质量是管理部门十分重视的内容。线路质量标准和执行力的实现情况是决定对运营企业的补贴是否合理的重要因素。因此，政府制定科学合理的服务质量评价标准，定期对线路进行考核评价，并按线路服务质量考核评价得分情况对运营企业进行补贴额度调节，针对不同服务质量的运营企业进行不同额度的补贴。线路服务质量调节通过如式 4-3 所示的核算模式进行：

$$ALSQ = P_r \times P_c \times C_l \times P_s \tag{4-3}$$

式中：P_r——挂钩比例，在标准成本利润率中，与服务质量挂钩的比例，此比例的大小也决定了运营企业获得的补贴额度，挂钩比例建议取 20%～40%，此比例的取值可根据实际服务质量的情况可进行动态调整。

P_c——标准成本利润率。

C_l——线路规制成本。

P_s——服务质量调节率，反映线路服务质量与标准服务质量之间的差距，按式 4-4 确定。

$$\begin{cases} P_S = 0 & \left(\dfrac{S_q - S_S}{S_S} = 0 \right) \\[3mm] P_S = \dfrac{S_q - S_S}{S_S} \times 100\% & \left(-0.4 \leqslant \dfrac{S_q - S_S}{S_S} < 0 \right) \\[3mm] P_S = -1 & \left(-1 \leqslant \dfrac{S_q - S_S}{S_S} < -0.4 \right) \end{cases} \tag{4-4}$$

在此，将线路服务质量调节率分为三类，实际实施中可根据区域公共交通的发展情况和要求进行更进一步的细化。达到标准服务质量的运营企业，其服务质量调节率为 0，可获得全额各项补贴；线路服务质量评分高于 60%，而低于标准得分时，根据得分情况，补贴额度为 60%～

100%；线路服务质量评分低于标准得分 60% 时，全额扣除与服务质量挂钩的补贴，并对下一阶段的竞标过程实施限制。

对线路服务质量进行评定，各地应根据该区域内运营线路的实际情况来进行制定，主要考虑因素为：① 安全性，包括行车责任事故间隔里程、行车无事故天数、行车责任事故次数、行车责任死亡事故频率等指标；② 舒适性，包括高峰满载率、全日线路平均满载率、车厢舒适度、驾驶员乘务人员文明服务情况、年班次平均投诉次数等指标；③ 准点性，包括班次间平均间隔时间、班次间隔准确率、首末班次准点率、行车准点率等指标。

4. 补贴效果评价

目前情况来看，实施城乡交通运输统筹策略，各级政府每年给予公共交通补贴额度上升幅度十分惊人，几乎逐年呈几何级数增长。形成这种状况的原因有政府各相关部门缺乏对运营企业的运营过程的调研和分析，缺乏补贴执行标准，缺乏相应的约束机制，补贴很多时候也没有达到既定的预期，因此有必要对补贴效果进行有效评价，这也可使政府细化对各类运营企业和运营线路的补贴标准，也可作为政府对新开辟线路开展投标的参考依据。

补贴效果评价可从线路运营生产情况和线路服务情况两方面予以考虑。

线路生产情况主要考虑线路经营成本和收入情况。前者主要考虑线路实际经营成本与线路规制成本的偏差情况。实际经营成本大于规制成本，说明了企业经营效率低下导致了线路运营经营性的亏损，也可能说明了政府的规制成本应接受进一步分析和合理化；若实际经营成本小于规制成本，则节约了成本，在规制成本制定合理的情况下应对线路经营企业进行适当奖励。使线路经营成本小的运营企业获得较高的投资回报率。

与对线路服务质量补贴模式调节涉及的相关因素相似，线路服务情况也应考察线路安全性（行车责任事故间隔里程、行车无事故天数、行车责任事故次数、行车责任死亡事故频率等）、舒适性（高峰满载率、全日线路平均满载率、车厢舒适度、驾驶员乘务人员文明服务情况、年班次平均投诉次数等）、准点性（发班班次间平均间隔时间、班次间隔准确率、首末班次准点率、行车准点率等）等。

补贴效果评价仅是为各级政府部门提供了一定的思路选择，在实际执行时，应进一步建立和细化科学合理的评价指标体系，并以此评价方法对线路的补贴效果进行定期评价和改进以完善评价指标体系。

站在西部各省区的角度来看，由于各地经济发展不均衡，且交通运输条件差异较大，因此补贴政策也应结合各省区平原、丘陵、山区、高原等不同的地形特点，并结合各地区不同的经济发展水平和国家、省（自治区）、市、县的交通运输统筹政策及各种公交和客运补贴政策，合理确定不同区域的补贴比例。以四川省为例，成都平原地区可以主要由市、县一级来承担公交补贴；丘陵、山区则应更多考虑在省和国家的层面增加补贴比例，这应由省一级交通运输主管部门来进行合理的统筹。

4.6.5　建立完善的、高效的城乡物流网络体系

构建顺畅的城乡物流网络体系，降低物流成本、提高物流效率，对促进农产品、农资产品、日用品等在城乡间良性流动，促进城乡一体协调发展，对农民增收、解决"三农"问题，最终为城乡一体化发展和全面小康目标的实现等具有重要的支撑作用。因此，政府应采取切实有效的措施，保障城乡物流网络体系的建成和高效运作。

（1）合理规划建设城乡物流网络体系，促进城乡物流高效、无缝对接。目前，西部各地城市物流呈现快速发展的态势，但农村物流的发展却仍然严重滞后，甚至一片空白，城乡间的物流差距不断扩大，特别是西部地区地形复杂，平原、丘陵、山区、高原并存，地区之间的差异也较大，这也制约了农村物流产业链的延伸和运行效率的提升。因此，应着眼于空间资源整合，统筹规划建设省市物流园区（中心）、县级配送中心和农村农家店等物流基础设施和物流服务网络，优化城乡物流空间设

施功能及布局，促进城乡物流统筹发展，实现物流公共服务设施均等化和城乡物流渠道的双向融合和无缝对接。农村物流网络体系构建模型如图 4-12 所示。

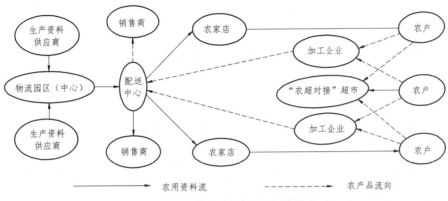

图 4-12 城乡物流网络体系构建模型

（2）加大物流基础设施投入和建设，不断完善城乡物流网络。随着我国一系列惠农政策的发布与实施，西部各地农村物流基础设施的建设取得了一定的成绩，但农村地区仍然存在路网密度低、公路技术等级低、专业仓储设施缺乏、农村网络普及率较低、站场设施建设滞后且与其他运输方式直接衔接不畅等问题，物流基础设施的建设依然十分薄弱。强化和加大对农村物流基础设施建设的投入力度，完善城乡物流网络体系应是目前各级政府应高度重视的问题。

（3）创新农村物流组织方式，充分整合社会物流资源。政府部门应制定更为科学合理的政策，来引导整合现有农村公路、水路、邮路和信息高速公路的资源，使之对农村物流发展起到重要的支撑作用。宜采用竞争、兼并、重组、建立战略联盟等方式，整合现有运输、仓储、商贸、供销、邮政、农业初级产品加工等物流资源，进而构建物流信息共享的网络服务平台，提高物流企业竞争力和抗风险能力，满足农村多样性、复杂性的物流需求，并延伸产业链，使农产品顺畅通过商品流通循环环节传递到各类消费者处。物流服务提供商间宜加强合作，提高业务创新能力，实现"一网多用"，提高农村物流市场的覆盖面，构建适应"农超直联"的高效物流服务网络体系。

（4）完善农村物流运营网络，积极培育龙头农村物流企业。根据各地农村流通业发展的实际，采取引进和培育相结合的方式，选择讲信誉、社会责任感强、致力于发展农村物流的有实力龙头物流企业，利用其完善的网络资源向农村辐射，或鼓励农村现有流通企业进行服务升级，与城市大型流通企业进行联合、重组，鼓励企业做大做强，大力发展第三方配送，提高农村物流服务质量。

（5）构建和完善政策体系，创造和优化促进农村物流健康发展的社会环境。农村物流的发展，良好的环境支撑是必不可少的。因此，各级政府应构建和完善相应的政策体系，制定促进农村物流发展和网络体系构建的政策体系，促进农村物流的健康发展。

5 城乡交通运输统筹养护与管理

5.1 城乡交通运输统筹养护管理范畴及意义

5.1.1 城乡交通统筹养护管理范畴

由于城乡二元结构的历史原因，我国的道路分为公路和城市道路，并相应地建立了两套法律及标准体系。公路方面相关法律法规主要为《公路法》《中华人民共和国行政许可法》(以下简称《行政许可法》)《中华人民共和国行政诉讼法》(以下简称《诉讼法》)《中华人民共和国道路交通安全法》《公路安全保护条例》及一些地方条例如《四川省农村公路条例》《四川省公路路政管理条例》等，城市道路相关的法律法规主要为《城市道路管理条例》《建筑法》《招标投标法》及住房和城乡建设部部令和公安部部令等。同时两者在道路养护方面的技术标准体系也有较大差异，交通运输部主导的养护相关规范主要有《公路工程技术标准》《公路养护技术规范》《公路桥涵养护技术规范》《公路隧道养护技术规范》等；住房和城乡建设部主导的规范主要有《城市道路工程技术规范》《城镇道路养护技术规范》《城市桥梁养护技术标准》等。

城市道路养护管理门一般为住房和城乡建设部对口指导下的城市管理部门、市政设施主管部门等，负责城区内道路(含桥梁)的养护维修、运营管理、质量监督等，保障城市道路完好，主要是服务城区市民。其中，政府组织建设和管理的道路，由其委托的城市道路养护管理门负责管养。单位投资建设和管理的道路，由投资建设的单位或者其委托的单位负责管养。城市住宅小区、厂区内等内部道路，由建设单位负责管养。市政道路养护资金需求较大，主要来源为地方政府财政预算。与城市道路对应的公路，其管理机构为交通部对口指导个地方公路管理部门，如公路局、交通局、养路段等。其主要养护资金来自中央成品油价格和税费改革中的消费税和地方政府自筹。公路按行政等级分为国道、省道、县道、乡道、村道，其中县道、乡道、村道统称为农村公路。由于养护管理体制、养护资金来源、养护技术标准、政策支持、人员素质等各种主客观原因，导致农村公路一致是公路养护管理中的薄弱环节，很多农村公路实际上处于"失养"状态。相比而言，国省干道养护水平及状态要好很多，基本与城市道路养护管理水准相当。

综上所述城乡交通养护管理统筹主要是解决广大农村公路的管养短板，使农村也能获得交通资源及相应的道路服务水平，延长路网全部道路的使用寿命，从全寿命周期来看也是节约养护费用，保护路产的重要手段。农村公路具有"等级低、分布广、数量大、交通量低、养护资金少"等特点，其养护管理工作体制改革也在逐步实施试点，管养工作面临的很多问题也处于探索解决之中。因此，本文论述的统筹城乡养护管理的对象重点是针对农村公路养护管理，目的是建立健全完善的城乡养护管理机制，形成城乡交通协调发展的养护管理模式。具体是指对一个行政区域内及区域间的公路与城市道路等交通设施的养护与管理所需的人员、资金、设备进行统筹计划，对现有养管机制与体制进行改革，使公路特别是农村公路得到及时的养护与维修，随时保持服务功能，为连接城市与乡村、缩小城乡差别提供基础设施支持。

5.1.2 城乡交通统筹养护管理意义

公路的养护管理，各地的情况略有差异。本著以四川省为例，其公路养护体制大致经历了几次大的改革：自 1988 年开始改革，将省养国省道及公路管理机构一次性下放到市（州）；1993 年，省交通厅将国省道的建设养护计划权下放到市（州）；1995—1997 年，为进一步深化公路养护体制改革，市（州）交通主管部门又将国省道及公路养护管理机构下放到县，实现了县一级的管理模式。城区道路养护一直由城市管理部门或市政建设相关部门管理，相对稳定。总体上城区道路与国省干道养护管理已处于相对较高水准，然而广大的农村道路交通实施的管养工作，却还是一个较大短板。城乡交通统筹养护管理，切实提高农村公路管养水平，服务三农，对社会协调、可持续发展，全面实现小康来说有着重要意义。

5.1.2.1　国家层面

在全面建成小康社会、实现中华民族伟大复兴的征程中，人口多、底子薄、发展不平衡仍是基本国情，尽管乡土中国正在经历千年未有之变局，但农业还是"四化同步"的短腿，农村还是全面建成小康社会的短板。

解决"三农"问题，一直是国家的基本战略。全面奔小康，关键在农村；农村奔小康，基础在交通。农村公路在整个路网中作用相当于"毛细血管"，是农业和农村发展的先导性、基础性设施，是社会主义新农村建设的重要支撑，对广大人民群众民生的意义巨大。近年来，特别是"十八大"以来，随着国家"四好农村路"建设等一系列强农惠农措施的提出，为改善农村交通条件、发挥服务"三农"的基础性先导性作用提供了重要支撑，我国农村公路的路网建设取得了惊人的成绩，农村居民出行条件显著改善，为农村经济社会进步及"三农"问题的解决提供了强有力的保障，为全面建成小康社会发挥了重要作用。但是当前农村公路发展依然存在着基础不牢固、区域发展不平衡、养护任务重、养护资金不足、安全隐患路段或桥涵多、防护设施缺失、交通服务水平不高等突出问题，与城区交通服务水平差异较大，离全面建成小康社会的整体目标还有一定距离。

5.1.2.2 省内层面

2012—2015年四川省开展了城乡交通运输一体化示范试点工作，四川省交通运输厅根据《四川省交通运输"十二五"发展规划》制定印发了《四川省"十二五"期推进城乡交通运输一体化示范试点工作方案》，并组织对申报示范试点的县（市、区）进行了专家评审和综合评定。经报省政府同意，双流区、广汉市、绵阳市涪城区、眉山市东坡区、广安市广安区、江安县、简阳市、射洪县、犍为县、阆中市、泸县、广元市利州区12个区县被确定作为"十二五"期城乡交通运输一体化示范试点单位。2016年9月，省政府印发实施了《四川省创建"四好农村路"示范县评定办法》，随后四川省交通运输厅印发了《四川省创建"四好农村路"示范县评定实施细则》（川交发〔2016〕59号），全省以"四好农村路"建设示范县创建为抓手，推动农村公路建、管、养、运协调发展。根据安排，2016年至2020年，全省每年组织开展一次示范县的申报和评定工作，全面评价农村公路发展的组织保障及建设、管理、养护、运输等工作，省政府对经评价获得"四川省四好农村路示范县"荣誉称号的示范县在农村公路建设计划安排、资金补助等方面给予鼓励支持。2017年8月，四川评选出首批"经验先进、效果突出"的"四好农村路"省级示范县。与此同时，由省政府命名的平原地区的先进典范——成都市郫都区、贫困山区的先进典范——巴中市平昌县、丘陵山区的先进典范——宜宾市江安县等3个县还成功创建为国家级示范县，并使四川成为创建全国示范县最多的省份之一。2017年10月1日《四川省农村公路条例》正式施行。该《条例》作为四川省农村公路发展史上第一部专门对农村公路建设、管理、养护、运输进行明确规范的地方性法规，它的颁布实施标志着四川省农村公路发展步入了规范化和法制化轨道，具有里程碑的意义，填补了四川省农村公路管理中的法律空白，也使四川省公路法规框架体系得到了进一步完善，将有利于四川省农村公路规范有序发展。

5.2 城乡交通运输统筹养护管理的影响因素分析

5.2.1 养护管理体制因素

城乡交通养护管理体制是指适应其运营特点、符合其管理内容、便利其服务对象的道路养护机构设置及其权限划分制度。养护管理体制主要由管理职能、管理机构、管理人员、管理规则、管理运行机制五个要素组成。管理职能可以划分为行政管理职能和业务管理职能，道路养护管理职能的核心问题是职能配置和权限划分两个。管理机构的设置依据主要有两个方面：一是按照不同管理职能及对应权限的划分进行设置；二是按照不同行政层次对应设立。管理人员是影响道路养护管理效率和水平的重要因素，道路养护管理人员的配备，要从质量、数量与结构等方面综合考虑。管理规则是保证公路养护管理体系高效运转的规则体系，主要从以下几个方面体现：一是有关的法律、法规和规章；二是政府制定的有关政策；三是行业、专业技术标准与规范；四是各级各类管理机构为本单位、本系统规定的工作章程、作业制度、考核制度、岗位责任制度等；五是道路养护管理运行机制。

我国农村公路管养体制，可大致分为三个时期。

1．初期创建期

1949—1978 年是我国农村公路管养体制发展的初期创建期。受制于当时生产力水平与经济条件，农村公路的养护主体为农民工和一些城镇职工，形成了由政府给予一定的资金支持，以统一规划、尊重民意为前提，让公路周边受益的群众参与公路的建设养护管理体制。

2．调整完善期

1978—1997 年我国的国民经济总体经济实力不断增强，随着十一届三中全会改革开放战略决策的确立，农村公路养护管理体制的主体被道班工人和一些临时工所替代，进一步加强公路养护质量管理和成本控制，形成了由专业养护人对公路进行养护的机制。

3．改革期

1998年至今，随着我国综合国力增强，社会全面进步，农村公路通车里程、养护管理水平提高等方面均取得了实实在在的成效，为农村特别是贫困地区带去了人气、财气，也为党在基层凝聚了民心。农村公路管养体制改革以《公路法》《公路管理条例》以及地方农村公路管理条例为依据，以"四好农村路"建设为推手不断优化，逐步引入竞争激励机制，以法制手段加快改革进程。近几年，四川省内正在不断完善好县乡村三级养护管理体系，加快推进县级机械化养护中心、养护站（道班）等养护设施建设，建立政府主导、部门协作的农村公路应急保障体系，制定应急预案，应急物资储备充足，工作责任落实到具体机构和人员，初步建立起符合社会主义市场经济的公路养护管理新机制。

如前文所述，由于城乡二元结构的历史问题，我国的道路分为公路和城市道路，养护管理体制机制也有较大差异，总体上按道路发布范围、等级、重要程度可分三大部分：一个是城区道路管理体制；一个是国省干道管理体制；一个是农村公路管理体制。前面两个比较完善，运行也比较可靠，农村公路的管理体制相对薄弱，存在诸多问题。对主要问题的分析结果如下：

一是管理职能不明确，部门职能交叉。如路政管理、养护任务实施等。同一事项多个部门审批，无有效监管，推脱扯皮的情况时有发生。一般来说按照交通运输部要求县道的日常养护、专业养护由县级交通运输主管部门或者从事农村公路管理的机构负责。乡道的日常养护由乡级人民政府负责，村道的日常养护由乡级人民政府指导村民委员会负责。乡道、村道的专业养护由县级交通运输主管部门指导乡级人民政府负责。但是到了乡道、村道，落实起来比较困难，有些地方乡政府只是名义上负责乡、村道管养，人员及资金配备极少，同时路政执法权又还在县级公路管理部门，县级部门并没有足够的力量管理广大农村公路。

二是农村公路管养部分行政审批不确定和不规范。目前普遍存在农村公路涉路工程行政审批的审批流程不确定和不规范等问题，特别是农村公路村道的涉路项目范围不明确或者空白、公路用地权属关系边界不清等问题较为突出，经办人员在个人理解和办理意见方面存在较多的不确定性，可能导致出现较大的审批责任和安全风险。另外，办理流程与资料要求不规范等问题，会导致部分涉路工程缺乏必要的安全技术评估，影响农村公路的营运安全。

三是农村公路管养长效发展机制不健全。长期以来农村公路由于地处偏远、里程长、权属复杂等一直缺乏相应法律法规，管养薄弱。与城区道路管养水平相差甚大，农村居民通行条件长期得不到改善，没有一个保障农村公路管养长效发展的机制。鉴于此，2015 年四川省政府出台《关于进一步促进农村公路建管养运协调发展的意见》，全面落实各级政府责任，着力构建公共财政保障和建管养运协调发展两个机制，推动农村公路持续健康发展。2017 年 7 月 27 日，四川省第十二届人大常委会第三十五次会议表决通过了《四川省农村公路条例》(以下简称《条例》)，并将于 2017 年 10 月 1 日起正式施行。《四川省农村公路条例》是四川省农村公路发展史上第一部专门对农村公路建设、管理、养护、运输进行明确规范的地方性法规，它的颁布实施标志着四川省农村公路发展步入了规范化和法制化轨道，具有里程碑意义，填补了四川省农村公路管理中的法律空白，也使四川省公路法规框架体系得到了进一步完善，将有利于四川省农村公路规范有序发展。

5.2.2　养护管理资金因素

城乡交通养护管理资金问题最突出的就是农村公路，农村公路养护资金相比国省干线、城区道路养护资金是比较缺乏的。我国农村公路养护资金的主要来源有：一是燃油消费税转移支付；二是地方各级政府按照国家相关要求制定农村公路养护管理财政预算；三是中央财政对一些特殊困难地区，通过转移支付安排的农村公路养护资金；四是受益企业或个人捐助的农村公路养护资金；五是村民委员会通过"一事一议"方式筹集的农村公路养护资金。

农村公路的养护资金虽然来源渠道较多，但总量较少、标准低、不稳定，同时还存在以下问题：

一是农村公路的养护配套资金标准较低且难落实。2019年9月以前四川省在燃油消费税转移支付中，按国办〔2005〕49号文件确定的标准，以县道每年每千米7 000元，乡道每年每千米3 500元，村道每年每千米1 000元的标准将农村公路养护补助资金足额拨付到各县（市、区），同时要求地方财政给予一定的配套资金，但很多县（市、区）没有将省政府转移支付的资金严格按照要求用于相应的农村公路养护管理工作上。2019年9月5日，国办发〔2019〕45号文对农村公路养护资金要求规定："省、市、县三级公共财政资金用于农村公路日常养护的总额不得低于以下标准：县道每年每千米10 000元，乡道每年每千米5 000元，村道每年每千米3 000元，省、市、县三级的公共财政投入比例由各省（区、市）根据本地区实际情况确定，并建立与养护成本变化等因素相关联的动态调整机制。"此标准相对于国办〔2005〕49号文件标准虽有所提高，但是总的来说这个转移支付标准也不高，而且据调研原来中央转移支付标准并未有多少改变，还需县级公共财政配套安排农村公路养护资金，才能达到国办发〔2019〕45号文的要求。实际上县级公共财政投入十分有限，同时由于农村公路养护责任主体县级政府，省、市级资金投入积极性又不高。以市、县（区）公共财政投入为主的农村公路管理养护资金长效机制未建立起来，导致养护经费的配套难以落实，稳定的资金来源得不到保障，个别县（市、区）甚至没有把农村公路管养人员工资纳入财政预算管理，导致"养路与养人"的矛盾日益突出，"养人不养路"的状况时有发生，极大地影响农村公路管养水平及人员的稳定。

二是养护资金被公路建设及重要农村公路的养护所占用。虽然省政府通过加大资金力度来支持农村公路的建设和管理养护工作，但有些地方对农村公路养护管理问题认识上存在偏差，认为农村公路交通量小不需要养护，建设更容易做出成果，做出政绩，存在重建轻养思想，在建设资金不足的情况下，资金用于加大公路建设，使得本已并不充裕的养护资金更加紧张。有些地方政府只重视部分重点线路农村公路的养护工作，将大部分养护资金用于保障重点线路，使得很多通村公路没有养护资金补助，加大了养护资金缺口。

三是农村公路大中修资金匮乏。截至 2018 年年底，四川省共有农村公路总里程约 28.6 万千米，其中桥梁 24 540 座，目前有相当部分的桥梁都已达到大中修年限，尤其是还有 1 200 多座四、五类桥，亟需大量养护资金投入。尤其是早期建设的农村公路受资金制约，大多按"先通后畅"的原则建设，技术标准低，抗灾害能力弱，安全防护设施不足，亟需改造升级。但是农村公路养护的补助标准远远不能满足大中修的资金需求。大中修资金都无法保证，路基、路面、桥梁等预防性养护也无从谈起，反而使更多的乡村道"以建代养"或"弃养待建"的现象较为普遍，形成一个恶性循环机制，增加了全寿命周期养护成本，降低了公路使用寿命，浪费了社会投资。

5.2.3　养护管理人员及设备因素

长期以来，道路养护管理部门机构设置臃肿、人员扩充迅速、整体素质不高、效率不高的问题一直比较突出。通过调查与走访有关部门了解到，城乡交通养护管理人员的技术素养差异较大，越到偏僻地区，越找不到专业养护人员。即便在三四线城市的基层养护部门，具备高素质、高水平的养护技术人员也不多，有些养护人员只了解常规路面的养护技术，对沥青类、水泥类路面的养护新技术、新材料新工艺等缺乏相应的认知，对桥梁隧道检测评定缺乏基本技能，对预防性养护了解也不多。在一些乡村，乡镇农村公路管理机构仍未实现全覆盖，人员配备多为兼职，专职和技术人员缺乏，与农村公路的快速发展不适应。实际上当地农民成了乡道、村道养护作业的一线人员，由于年龄、受教育水平等的影响，他们缺乏基本的养护作业专业知识，对新技术、新设备、新工艺的理解应用能力有限，不会操作智能化的机械设备，学习能力普遍不强，要想通过专门的培训提升其专业技能也有一定难度。

在偏远农村，公路养护工具比较落后，仍以传统的扫帚、铁锹为主，缺少大型的养护机械设备，会导致养护效率低下。而随着农村公路养护里程、高等级路面的数量、农村公路里程的不断增加，对养护专业化设备有了更高的要求。但是由于资金、技术人员配备缺乏，一些地方农村公路管养一直停留在养护低等级路的水平上。很多先进的施工、检测、养护技术无法在这些地方的农村公路上推广应用。

5.2.4　养护管理技术标准因素

城区道路及国省干道、县级公路按照现行的《城镇道路养护技术规范》《公路养护技术规范》等行业技术标准实施，养护决策、检测、施工、质量验收均有明确可靠的标准。四川省农村公路中的乡道、村道一般都是四级及以下公路，截至 2018 年年底还有约 2.67 万千米的外级公路（占全省农村公路里程的 9.5%）。现代道路养护决策需要可靠的路况检测数据，包括公路技术状况指数 MQI，具体几个分项指标如路面技术状况指数（PQI）、路基技术状况指数（SCI）、桥隧构造物技术状况指数（BCI）和沿线设施技术状况指数（TCI）。由于历史原因，以前建设的很多农村公路本身质量不高，各种病害发展迅速。对农村公路需要养护些什么，具体应该怎样养护，具体养护到什么程度没有标准，我们需要出台相应的技术标准，以使农村公路养护管理质量得到保证。2019 年交通运输部第一次出台了《农村公路养护技术规范》（JTG/T 5190—2019），作为行业推荐性标准，于 2019 年 7 月 1 日起正式实施，解决了部分农村公路养护的技术问题，它的出台对农村公路养护具有积极意义。

5.2.5　养护管理理念因素

农村公路养护管理由于人员素质普遍不高、专业技术人员较缺乏、技术手段落后等，养护管理理念陈旧，人员不作为的现象较普遍。同时由于部分村道权属复杂，田路分家、路宅分家的实施难度大，路域环境较差，超载超限治理任务艰巨，村道的路政管理基本缺失。预防性养护、全寿命周期养护、信息化管理等先进养护理念没有贯彻到工作中去。缺乏有效技术管理，未建立信息化档案，道路桥梁缺乏基础数据资料。当地政府及管养部门宣传力度不够，一些民众爱路护路的意识不够。

5.3　城乡交通运输统筹养护管理基本原则及建设内容

5.3.1　基本原则

城乡交通统筹养护管理应坚持以下原则：

（1）坚持"以人为本"原则。以群众满意为出发点和落脚点，强化政府服务职能，改变管理理念和服务模式，减少城乡间养护管理水平的差距，全面提高农村公路养护管理水平。

（2）坚持"农村公路建设、管理、养护并重"原则。深化改革，完善机制，正确处理改革、发展、稳定的关系，积极推进农村公路养护市场化进程，充分发挥养护市场监管职能，推进农村公路养护管理体制改革。

（3）坚持"统一领导、分级管理、以县为主、乡村配合"原则。明确各级政府农村公路养护管理责任，建立健全以县级人民政府为主体的农村公路养护管理体制和以政府投入为主的养护资金渠道，促进农村公路持续健康发展。

（4）坚持"统筹安排、综合平衡、多方筹资、专款专用"原则。坚持农村公路养护资金专款专用，采取干支线农村公路兼顾，以干线农村公路为主，养护与改建兼顾，以养为主，实现养护工程的良性循环。

（5）坚持"分类指导、突出重点、专兼结合、灵活多样"原则。积极帮助和扶持贫困地区加强公路养护管理工作，提高区域路网整体水平。

（6）坚持"科技护路、环保节约"原则。加大自主创新力度，提高科技成果对养护管理事业的贡献率。推行预防性养护和绿色养护技术，降低工程成本，坚持预防养护、日常养护、周期养护协调发展。注重环保和可持续发展理念，建设绿色公路。

（7）坚持"依法治路、保障畅通"的原则。健全法律法规体系，加大农村公路保护力度。全面推进依法行政，把坚持依法行政与积极履行职责统一起来，提高管理效能，增强管理透明度，确保农村公路的完好畅通。

（8）以"四好农村公路"为目标导向，切实服务农业农村农民的原则。党的十八大以来，在交通运输部的大力支持下，四川省委省政府高度重视"四好农村路"建设，坚持党政主导，示范引领，全力推进，掀起了新一轮农村公路发展高潮。

5.3.2　建设内容

基于四川省城乡交通统筹的基本内涵。城乡交通统筹养护管理的主要内容包括以下几个方面。

（1）推进农村公路养护管理体制改革，包括运行机制、考核机制等，完善养护管理体系。进一步理顺国省道、农村公路和水运管养体制，培育规范有序的公路建设、养护、服务市场，培养拼搏奉献的公路养护管理专业队伍，加大农村公路养护资金投入，实现公路、水路养护的"机械化、规范化、标美化"。同时努力创新养护管理模式，加强预防性养护，实现周期性养护的良性循环，提高养护质量，突出公路服务质量和社会效益，不断提升公路服务品质，更加注重内涵式发展。

（2）拓宽养护资金渠道，提高养护资金管理水平，保证资金的落实率。充分发挥地方政府财政资金的调节作用，整合多方资源，逐步形成"上级补助、地方筹资、社会融资、利用外资"的投融资体制，多渠道、多方式筹集建设资金，满足示范试点规划内项目建设的需要。

（3）提高技术人员及养护机械配置水平。实施人才强交战略，紧紧抓住培养、引进和用好人才三个环节，以经营管理人才、专业技术人才、技能人才三支队伍建设为重点，构建多层次、多渠道的教育培训体系，形成完善的交通人才培养、考核评价、选拔任用、激励保障和合理流动机制，造就高素质交通人才队伍，促进交通运输系统管理水平的提高以及交通队伍自身的协调发展。加强与省优秀设计院与交通院校的交流与合作，提高交通建设管理的质量和水平。开展大规模的干部职工培训，组织干部职工走出去，专题考察学习省内外发达地区的先进经验。规划建立机械化养护中心，购置养护机械和材料储供机械，努力构建公路应急保障体系，提高应急保障能力，确保公路运输的安全、畅通。

（4）提高道路通行水平，消除四五类桥梁，改善沿线设施状态，保障公路安全畅通运行。国省道路面使用性能指数达到 90、国省道和农村公路次差等路率均为 0、乡镇公路管理站覆盖率达到 100%、农村公路养护人员和资金落实率达到 100%、渡口管理养护有效率达到 100%。

（5）完善养护管理相关法律、规章制度建设。

5.4　城乡交通运输统筹养护管理模式分析

根据调研,四川省农村公路基本上都是按县乡村三级养护管理体系,即县级有农村公路管理机构,每个乡(镇)有1个乡(镇)交通管理站,每个村有一支相对稳定的养护队伍。各级的部门职责如下:

乡(镇)人民政府:在县(市、区)人民政府确定的职责范围内做好农村公路工作,明确相应的机构和人员具体负责本行政区域内乡道、村道的建设、养护及村道管理工作。

村民委员会:在乡(镇)人民政府和县(市、区)交通运输主管部门的指导下按照村民自愿、民主决策原则,组织村民做好本区域内村道的日常养护工作,配合乡(镇)人民政府和县(市、区)人民政府交通运输主管部门做好本区域内村道的建设和管理工作。

不同之处体现在具体养护实施模式上,现有农村公路按照生产的机械化和专业化程度的不同,养护模式基本可以归类为五种,即群众突击季节性养护、分段承包养护、道班养护、专业公司养护、混合模式。

5.4.1　群众突击季节性养护模式

该模式曾经是农村公路养护中采用最多、最为广泛的一种模式。在税费改革之前,许多地方规定了农村居民必须担任法定公路建勤义务工和车辆建勤工,利用农闲季节集中养护农村公路,这是群众突击季节性养护模式的基础。该模式组织者一般是乡级政府或者村委会,群众出劳动力,市县交通运输部门或乡级政府补助部分沙石材料费。该模式主要适用于交通量小、路产权属复杂、属地性质突出的乡道和村道,对于地广人稀、地形环境相对恶劣的山区,具有一定的实用性。该模式最大的优点是充分发挥了农村劳动力资源丰富的长处,在一定程度上弥补了相对缺乏的农村公路养护资金。缺点施工质量一般不高,监管困难。随着税费改革的实行,"两工"逐渐取消,其适用范围缩小到通过"一事一议"

进行的村道养护。尤其是随着现在农村劳动力的不断流出，该模式实施的难度越来越大，所需费用也在日益增加。除了抢险，抗灾等特殊情况，现已很少得到应用了。

5.4.2 分段承包养护模式

随着农村居民的交通出行量越来越大，农村公路的养护任务也随之加重，尤其是日常性养护，只进行突击季节性养护很难保障道路的安全畅通，需要安排专人进行农村公路养护，由于农村公路分布广、所处地段人口相对较少、养护费用少等原因，部分地区探索实施了分段承包到户的农村公路养护模式。具体操作一般是根据道路等级、交通量大小、材料供应远近等因素测算每千米所需养护经费、然后以招标或比选的方法去选择符合条件的农户，并与之签订承包责任书。该模式一般由县级公路养护部门或者乡级政府组织实施，养护内容一般仅限于道路的日常养护。优点是在一定程度上引入竞争，养护时效基本得到保障，节约了养护成本，也符合农村公路地域广、人口较少的特点。对于一些技术含量低的农村公路养护工作如路面清扫，日常巡查、排水沟疏通、路障排除等，可以采用这种方式。

5.4.3 道班养护模式

该模式是与干线公路养护类似的一种养护模式，主要分为三类：第一类是由县级交通管理部门负责，以道班的形式在重要农村道路沿线布设；第二类是由地方交通主管部门领导，作为其在乡级政府的派出机构（如交管所或者交管站）从事养护生产；第三类是乡政府领导的机构对乡道进行养护。该模式是农村道路养护应用比较广泛的一种模式。该模式的优点是：具有相对稳定的养护人员和适量的养护机械，养护质量相对较高，能完成除了大中修外农村公路和桥涵的养护工作。缺点是：管养分离、生产效率较低、人员机构臃肿，可能导致"养人不养路"的现象发生。乡级政府领导的道班多属临时性机构，常常面临资金困难、养护队伍不够稳定的问题。与目前农村公路养护管理模式改革的主要方向"政企分离、管养分离、市场化、专业化养护"等有较大的差异。

5.4.4　专业公司养护模式

养护公司是拥有独立法人资格、具备相应设备及技术人员和施工资质，在工商税务部门注册登记，与公路管理部门无隶属关系，真正面向市场的经济实体。专业公司的养护真正实现了养护的管理与生产分离，按照成立条件一般分为两类：一类是迎合市场需求，由社会资本成立的以盈利为目的养护设计、施工、检测等公司；一类是由公路养护管理机构体制改革的产物，一般由其从事直接养护作业的养路段或者道班经改制建立的股份制公司。农村公路养护采用该模式，必须特别注意几个问题：一是参与农村公路养护的市场主体较少，投标常常不具备竞争性；二是农村公路养护资金通常不大，对真正有实力的企业没有多大吸引力；三是对承包人的监管力度需有保障。四是应急抢险责任、费用不好确定。该模式优点是充分发挥了市场力量，提高了资金使用效率，实现了"管养分离"，公路养护质量高、效率高。缺点是由于农村公路分布分散、养护资金量不大，企业盈利困难，尚难以全面推广。

5.4.5　混合养护模式

这种模式比较灵活，综合了分段承包养护、道班养护、专业公司养护几种，根据各地实际和养护技术难易程度采取不同模式。一般由于村道的日常养护如日常巡查、日常保养（清洁、整理等）、小修（对轻微损坏进行修补）等承包给了当地农户，这样充分发挥当地富余劳动力，也能提高养护的时效性，增强村民的护路意识。对于县、乡道养护一般由道班（养路段）、机械化养护中心实施，队伍稳定，设备有保障，有一定的技术力量，是县道、乡道养护、应急抢险的主力军。对于一些较大的养护工程如需要专业设备的预防养护工程、修复养护工程（大修、中修工程）、应急养护工程，通过面向社会招标，由专业公司实施。部分条件较好的区县，大部分养护均采用专业养护公司实施，管理机构充当"业主"的角色，一定程度上实现了管养分离。

从国内外试行的一些经验以及城乡交通统筹养护管理的内涵来看，实现管养分离是未来的一个趋势，专业公司养护模式是值得推荐的一个模式，要想克服专业公司养护模式的缺点，需要大力培育区域内的养护公司，壮大市场规模，规范养护市场。

5.5　城乡交通运输统筹养护管理实施措施

应根据各地不同地形、社会经济发展情况探索适合本地区的公路养护管理体制、政策，保障公路养护管理的可持续性。统筹城乡养护管理措施是指从养护管理体制、养护资金、养护水平上统筹考虑。

5.5.1　完善养护管理体制改革

养护体制改革可以从以下几个方面进行。

1. 完善农村公路养护运行机制

进一步落实、完善县乡村三级养护管理体系，针对以往农村公路失养、缺管的情况，成立县级农村公路管理中心，明确县乡公路应由中心负责管养，通村公路应由乡镇（街道）承担管养职能，形成了"分级管理、县乡联动"的农村公路管养机制。县农村公路管理中心将原乡镇（街道）自养公路全部收回，重新明确各级机构责任。路政管理：县（市、区）人民政府交通运输主管部门公路管理机构负责县道、乡道的路政管理工作，指导和监督本行政区域内村道的路政管理工作。乡（镇）人民政府负责做好本行政区域内村道的路政管理工作，协助县（市、区）人民政府交通运输主管部门公路管理机构做好县道、乡道的路政管理工作。养护维修：县（市、区）人民政府交通运输主管部门公路管理机构具体承担桥梁、隧道的养护工作、县道的日常养护和组织实施县道、乡道大中修工程。乡（镇）人民政府具体承担乡道的日常养护和组织实施村道大中修工程，可以通过设置公益性岗位或者采取个人、家庭分段承包等方式对乡道、村道进行日常养护。村民委员会具体承担村道的日常养护工作，在乡（镇）人民政府的指导下，做好村道的小修保养、日常保洁等工作，维护村道的路容路貌。

2．建立长效的农村公路养护管理考核机制

制定乡村公路养护管理考核办法，对每季度辖区内乡道路进行一次养护质量检查，每半年对村道进行一次养护质量检查，做好乡、村道养护质量技术等级评定工作，年终进行一次养护综合质量评比。乡（镇）、村还应分别对辖区内的公路每月进行一次自查，并切实确保公路完好、畅通。县市财政根据考核结果，按照奖勤罚懒原则，拨付工作经费和养护费用。对于城乡公路养护不力、管理不善和社会反映大的乡镇，停拨其公路养护补助的经费，并在全市范围内进行通报。具体可从以下几方面实施：

（1）建立统一评价养护评价标准。由于四川省各地区地形地貌、经济、人口等特点差异巨大，在全省统一标准不大现实，也不符合各地区实际需求。可由各市公路管理部门根据本地区农村公路养护和管理的特点以及规律结合全省农村公路管养的相关精神，制定一个科学和合理的农村公路质量和服务水平的评价标准，同时建立典型路面结构和构造物的评定以及评判标准，包括各种病虫害的修复和维护方案等等。

（2）建立高效的公路考核以及检查制度。考核不能流于形式，走过场，采取有效措施来确保考核公正客观，可采取随机抽取考核路段、随机选派考核人员、县内区域互评等措施。县级公路管理部门、乡镇农村公路管理部门、村委会等相关机构共同参与一起参与调查和考核小组，同时实行按季考核和跟踪督办的制度，按规则进行评比排名，排名应与配套经费挂钩。

3．加强县级管理机构对乡镇及村一级养护部门的指导监督作用

在西部，很多乡镇养护技术力量非常薄弱，很多乡镇只是挂了个乡镇养护机构牌，具体工作是由其他部门人员兼任的，更别说到村委会一级了。所以目前实际上起主导作用的仍将是县级公路管理部门，县的公路管理部门要加强对各乡镇的指导监督，采取有效的经济及行政手段，目前不少地区已把乡村道养护管理纳入政府考核范畴，有的地方给予的分值比例还不低，这样每年度对乡镇农村公路管理部门及管理人员的激励比较大，能促使其遵守规则，积极应对工作。同时县级部门建立不定的期培训制度，对乡道、村道养护管理基层管理人员或劳务人员进行培训指导，为达到更好的培训效果，可以与相关院校或企业合作开展。

4．统一受理涉路行政审批

四川省农村公路的总量在快速增长，各类涉路施工项目（主要包括：在公路上增设平面交叉道口、占用、利用、穿越、跨越、挖掘公路和在公路用地及其控制区修建、架设、埋设管线设施等）数量急剧增加，涉路施工许可问题也日益突显。农村公路的涉路行政审批工作也一直是农村公路管理的薄弱点，四川省于2013年12月将普通公路涉路施工行政审批权限下放至市、县两级，各地在实际运行中都不同程度存在对涉路施工法律政策执行不到位、审批流程不规范等问题，特别是农村公路村道涉路施工许可的主体不明确，事项范围不清晰、公路用地权属关系边界不清等问题更为突出，经办人员在个人理解和办理意见时存在较多的不确定性，可能导致较大的审批责任和安全风险。

农村公路常见的涉路施工行为如下：① 占用、挖掘村道、村道用地或者使村道改线；② 在村道用地范围及控制区内架设、埋设管道、电缆等设施；③ 控制区内设置公路标志以外的其他标志；④ 在村道上增设或者改造平面交叉道口；⑤ 跨越、穿越公路修建桥梁、渡槽或者架设、埋设管道、电缆等设施。农村公路涉路施工管理与审批由于其特殊性，存在道路等级低、覆盖面广、里程长、人员经费不足、技术力量薄弱、执法力度有限等问题，相对涉路施工建设方，处于弱势地位，导致涉路施工审批管理的难度较大。据调研企业反映农村公路涉路工程审批存在的突出问题中，部门权力交叉、权责不清、监管困难是农村公路涉路工程审批存在的最为突出的问题，其次是办理流程和资料要求不规范。另外，针对在农村公路涉路工程审批中存在多个部门参与审批的情况，调研发现有市交通管理部门、县交通管理部门、乡镇政府、村委会、发改委等其他机构参与了农村公路涉路工程审批工作，存在多部门权力交叉的现象。可从以下角度出发优化农村公路涉路行政审批。

1. 明确受理机构，提高效率

多途径向社会明示农村公路涉路施工许可受理部门，建议县、乡道的受理机构为县级交通运输局(或其驻政务中心窗口)，村道为乡镇政府。这样有利于政务服务集中、提高效率、增强许可的权威，同时节约办事人时间，避免出现申请人找不到地方申请的尴尬局面。

2. 充分授权、分级管理，提高监管力度

农村公路涉路施工审批应该分级进行，其中县道、乡道涉路施工许可决定机构应该为县（市、区）人民政府交通运输主管部门公路的管理机构，农村公路中的村道涉路施工许可决定机构应该为乡（镇）人民政府。实际上由于农村公路里程长、发布面广的特点，其涉路施工审批与管理全部由县级公路管理部门实施的难度很大。充分授权能发挥乡镇公路管理部门的能动性与优势，可利用其养护巡查队伍加强对农村公路涉路施工过程的监控。考虑乡镇相关管理专业技术人员匮乏、执法权限弱等情况，应采取加大培训指导力度、县乡联合执法等措施逐步改进。

3．加强事前事中事后指导，提高服务水平

尽管乡镇可能面临相关管理专业技术人员匮乏、执法权限较弱等不利因素，但是其对于农村公路管理天生具有地理位置优势，同时其日常养护管理力量也具备较好的巡视监控能力。因此县级交通管理部门的应加强技术指导，包括审批事前事中事后指导。否则的话，极易出现审批混乱、监管失控、甚至滋生腐败的现象，到时就更谈不上改善涉路施工服务水平了。具体操作时可结合当地实际情况，采取集中培训、直接指导、复杂或影响较大涉路项目共同决策、协同监管等。

4．统一发证，增强许可的权威性

无论涉路施工审批的决定单位是县级交通管理部门还是乡（镇）政府，许可证均由县级交通管理部门统一印发，格式统一。

5．完善安全监督管理机制，强化管养过程的安全管理

农村公路里程长，四五类桥梁多。路况巡查，桥梁检测频率常常难以达到规范要求，而且路线陡坡、急弯、临河、临崖段较多，安全隐患较大。要明确安全监管责任到人，养护人员要定期到全市农村的各个公路上开展拉网式的检查和排除隐患，不落下监管死角，确保人民群众能够安全和便捷出行。农村公路常见的安全隐患有（见图 5-1～图 5-10）：① 路侧防护不完善；② 边坡坡度较大，塌方风险高；③ 路面病害维修处置不及时，开裂，坑槽、沉陷等问题突出；④ 路面洒落渣土、碎石清理不及时；⑤ 公路街道化严重；⑥ 标线、标牌、道路反光镜缺失；⑦ 局部路段雨雾较多、易湿滑、冬季易结冰；⑧ 杂物（晒谷、摆摊等）侵占道路；⑨ 利用公路管涵乱穿管线；⑩ 公路建控区内修建蓄水池等。

图 5-1　路侧防护实施缺失

图 5-2　高陡边坡路段

图 5-3　水泥路面接缝病害处置不及时

图 5-4　路面渣土清理不及时

图 5-5　公路街道化严重

图 5-6　急弯处未设道路反光镜

图 5-7　路面结冰，湿滑

图 5-8　路面晒谷

图 5-9　利用公路管涵乱穿管线

图 5-10 公路建控区内修建蓄水池

6．加强路政管理

加强农村公路的路政管理，对任意侵占公路、路边随意摆摊、公路打场晒粮、挖掘公路、随意开口接道、超载超限等现象，严格按《四川省农村公路条例》的相关规定进行处理。可考虑养护人员兼任路政管理人员（无执法权时，可以上报），养护人员在进行养护作业的同时也负责养护路段的路政管理工作，将路政管理与养护质量捆绑，在进行养护质量考核时将路政管理一并纳入考核指标。沿线设立举报和投诉电话，农村公路沿线居民应起到相互监督的作用，对举报并经核实后确实存在问题的举报者给予一定的奖励。合理设置限宽限高设施，减少超载对道路的破坏。

7．稳步推行管养分离、农村公路养护市场化

《四川省〈中华人民共和国公路法〉实施办法》第二十二条"公路养护应当逐步实行养护管理和养护作业分离制度，并逐步采用招标投标的方式，选择符合条件的养护作业单位承担公路养护作业。公路养护作业单位应当具有与其承担的养护工程项目相适应的人员、设备和技术，具体管理办法由省人民政府交通行政主管部门依照国家有关规定制定。"政企不分、管养一体是计划经济的产物，随着社会主义市场经济的建立和完善，管养一体的公路管理体制已不适应市场经济的客观要求，党的十

七大提出要加快推进行政体制改革，各级行政管理机构的职能由管理型向服务性转变，必须逐步实现将公路养护作业从公路管理机构中分离出来。多年来四川一直在稳步推行管养分离、农村公路养护市场化，由于历史遗留问题无法妥善解决等各种主客观原因，养护市场化的进展一直不算太顺利，管养分离也未完全实现，建议各地区在积极探索适合自身的具体途径和方法。目前部分地区农村公路大中修实现了市场化，效果反映良好。以下一些做法可供参考：

（1）将原农村公路管理部门养护工作人员直接从一线养护中剥离出来，成立县级公路管理所，实施公路养护巡查任务。同时，采用政府采购的方式公开确定了 2~3 家公路养护公司分别承担全县的省、县道公路的日常养护及小修保养工作，由公路管理所负责对养护公司实施考核和监督。对完成的好的公司给予一定的奖励，比如在下次公开招投标中给予一定的加分。对完成得不好的公司进行一定的处罚，比如一定金额的罚款、严重的甚至终止合同等。

（2）根据个人自愿原则利用现有体制内相关人员，成立公路养护公司，在养护公司内部实行自主经营、自负盈亏的制度，养护公司与职工依法签订劳务合同，养护公司对职工应按照企业用工制度进行管理。在一定期限内进行政策扶持，待其发展壮大后再推向市场。

（3）对于农村公路的大修和中修工程的养护权，应该逐步实现向社会开放，采用向社会公开招投标的方式获得。招标工作由县级交通主管部门组织，投标单位应当具备与其承担养护工程相适应的养护人员、机械设备和技术要求。

（4）对于村道的日常养护，鼓励沿线村民分段承包养护的模式。具体组织实施工作由农村公路管理协会（或者村委会）负责。可将养护路段划分为小段（如每 3~5 km 一段），按小段承包给农户，养护费结合当地实际确定，由镇政府农村公路管理机构或者村委会与承包者签订承包合同，规定养护承包期限，一般为一年。相关管理部门对养护质量进行监督，养护工作表现好的承包者可继续签订承包合同。相关管理部门还应对相关人员进行岗前教育。

（5）对于里程短、线路偏的山区公路等一时难以通过市场化运作进行养护作业的道路，可实行捆绑的形式，比如将这些道路的养护与重要干线的建设、改造或养护捆绑在一起进行一体化招标，也可以采用组织沿线村民分段承包养护的方式。

5.5.2　做好养护资金的筹措和使用管理

由于各种主客观原因农村公路管养资金问题相对于城区道路、国省干道管养更为突出，资金不足问题在各地区均不同程度存在。四川省除了少数在经济发达的区市县政府财政投入充足外，大部地区农村公路管养没有受到足够重视，资金严重不足，农村公路缺养失养的现象时有发生，使得城乡交通管养水平差距不断扩大。农村公路资金筹集难度相较于一般道路更难，令人欣慰的是现在国家层面对农村问题越来越重视，对农村公路的投入不断增加，整体政策环境越来越利于农村公路的持续健康发展。除了资金筹措，管养资金使用效率提高也是一项长期且艰巨的工作。具体可从以下几方面入手。

（1）县级以上地方人民政府应当将农村公路规划、建设、养护、管理和运输所需经费列入本级财政预算，经费应当随着农村公路里程的增加和地方财力的增长逐步增加。首先要明确这个是法定资金来源，在《四川省农村公路条例》中明确了的，这个需要各部门努力以确保资金落实到位。而且要明确投入管理养护的资金，不能再走"重建轻养"的老路。

（2）积极拓展筹措资金的来源。①用足用活国家扶持政策，准确把握国家投资方向和重点，争取到国家、省、市在政策和资金上的支持，抓住机遇，统筹目标相近、方向类似的相关转移支付资金用于发展农村公路，比如15年以来的"四好农村公路"建设等；②整合优质资产，盘活资本、资产、资源，组建有一定规模和实力的交通投资公司，专门负责交通建设融资工作；③将公路两侧一定范围内的土地进行收储出让，实行综合开发经营，解决部分配套资金；④ 逐步提高相关资源价格调节基金征收标准，建立有效的偿债机制；⑤ 充分利用"一事一议"财政奖补政策，广泛发动群众和社会各界筹资投劳、捐款、捐物，加快村内公路建设；⑥ 放宽市场准入，采取 BT、BOT 等方式，鼓励各类投资者参与重点交通项目建设；⑦ 鼓励采取出让公路冠名权、广告权、相关资源开发权等方式，筹资养护农村公路。

（3）探索市县财政专项补助、乡（镇）村积极自筹的经费保障模式，全面落实"1053"补助政策，建立城乡公路管理养护稳定的资金来源渠道，确保道路管养经费落实到位。市县财政按照专养县道养护费每年 10 000 元/km，乡道（含群养县道）养护费每年 5 000 元/km，村道养护费 3 000 元/km 的标准将经费纳入预算，足额按时拨付。乡、村（社）要充分运用城乡公益事业建设"一事一议"等各类财政奖补政策的激励作用，多渠道筹措资金，每年给予道路养护管理一定的经费保障。道路养护经费作为日常养护费、工具及工杂开支的专项经费，由市县级相关部门对资金使用情况、用途及效果进行跟踪审查，确保专款专用。

5.5.3　倡导全寿命周期养护理念

农村公路要摈弃以往的"只建不养，以建代养"的做法，在全寿命周期内考虑综合管养成本，积极开展预防性养护。路面预防性养护作为一个完整的概念于二十世纪八九十年代提出，预防性养护在全寿命周期具有良好的费用效益以及保持较好的路面使用性能，近年来交通部和各省市公路管理部门对预防性养护越来越重视，相继颁布了相关的规范、标准。《公路养护工程管理办法》（交公路发〔2018〕33 号）优化了养护工程分类，将养护工程分为预防养护、修复养护、专项养护、应急养护四类，并明确了预防性养护的定义。四川省农村公路路面类型主要为水泥混凝土路面（约占农村公路总里程的78%），其次是沥青路面，另有极少的未铺装路面。

路基预防性养护主要内容：增设或完善路基防护，如柔性防护网、生态防护、网格防护等；增设或完善排水系统，如边沟、截水沟、排水沟、拦水带、泄水槽等；集中清理路基两侧山体危石等；其他养护措施。

桥梁涵洞预防性养护主要内容：桥梁涵洞周期性预防处治，如防腐、防锈、防侵蚀处理等；桥梁构件的集中维护或更换，如伸缩缝、支座等；其他养护内容。

隧道预防性养护主要内容：隧道周期性预防处治，如防腐、防侵蚀处理、防火阻燃处理等；针对隧道渗水、剥落等的预防处治；其他养护内容。

沥青路面预防性养护主要内容：封缝、碎石封层、雾封层、稀浆封层、微表处、复合封层、薄层罩面、超薄磨耗层等。

水泥路面预防性养护主要内容：行车道与硬路肩上的泥土、落石和杂物清扫；局部路段接缝料出现缺损、老化或溢出，应及时修补或清除，并防止泥土、砂石及其他杂物挤压进入接缝内；应经常检查和疏通排水设施，防止积水，以保护路面不受地面水和地下水的损害；路面各种标线、导向箭头及文字标记，应及时清洗和恢复，经常保持各种标线、标记完整无缺，清晰醒目。辅助和加强标线作用的突起路标，应无损坏、松动或缺失，并保持其反射性能；冰冻路段水泥混凝土路面，应加强除雪、除冰、防滑等冬季养护；整段路面防滑处治；整段路面的防剥落表面处理；局部路段板底脱空处治；接缝材料的集中清理更换；局部路段路面裂缝的封堵；路面板块的局部修补等；轻微错台的处理；其他路面病害的主动防护。

5.5.4 优化养护管理人员

农村公路养护是一项系统工程，更是一项长期性的、连续性的工作，零散的、非专业的养护人员不能满足现实养护工作的需求，专业的养护队伍是保障城乡交通统筹发展的重要基础，是农村公路管养实现质量突破的根本，是稳固农村公路建设成果的关键。各级政府管理部门要高度重视人才工作，围绕"两化"互动、城乡交通一体化发展等领域，研究制定聚才引智的专项政策，出台相关的人才优惠政策。启动路桥、隧道、土木、测绘、环保等紧缺急需的高层次人才引进工程，缓解交通运输系统高层次专业技术人才奇缺的压力。交通运输局自身也高度重视科技人才工作，着力增强智力支撑。加强与省内优秀设计院、交通研究院、施工企业及高校的交流与合作，提升城乡交通一体化发展的质量。

可考虑由县级人民政府或其委托第三方负责管理养护人员职业道德培训、专业技能培训、机械设施操作培训、安全施工与管理、应急抢险等方面的专业培训工作。积极鼓励广大农民群众参加农村公路养护管理专业培训，选拔部分学习能力强，能够理解掌握有关专业知识和技能的培训人员，负责起农村公路养护的日常养护。县级公路管理部门还应定期到基层指导和监督养护人员正确、有效地开展养护工作，以实现上与下相结合的模式，共同为提高农村公路养护管理工作而努力。该模式能较好地解决农村公路养护人员不足问题，也有利于充分调动和发挥广大农民群众的积极性，也有助于农村公路养护管理工作持续、稳步、健康发展。

5.5.5 改建养护作业技术手段

养护作业方式要逐步实现由粗放型向精细型、由人工操作向机械化、智能化转变。基本实现养护作业水平高效化、快速化，作业手段机械化、科技化，作业效果优质化、安全化，作业过程低耗化、环保化，作业组织规模化、专业化。具体工作可从以下几方面开展：

（1）通过建立机械化养护中心，合理布局养护管理站，完善路况检测评价制度，加强路政管理和公路保护力度，建立农村公路养护管理科学决策体系。

（2）引进先进可靠的管养设备。如智能巡查车，护栏清扫车，路面保洁清扫车等设备，提高工作高效率与质量。

（3）倡导绿色环保养护，养护过程中产生的废弃物得到无害化处理，循环利用废弃材料等。

（4）逐步淘汰落后工艺，如直接普通热沥青灌缝、冷料修补坑槽、水泥混凝土修补沥青路面坑洞等。

（5）积极采用"四新"技术，不断总结经验，拓宽养护思路，提升养护质量。

5.5.6 提升养护管理信息化水平

据调研，农村公路信息化技术应用程度普遍不高，常常存在工程档案缺失或者无法电子化查询应用，任务派单、报表计划还停留在手工填写单据水平的情况。在信息化技术高度发展的今天显得格格不入。没有建立养护数据库，就无法实现管理决策科学化、基层与管理部门信息沟通分享不及时，导致病害维修处置缓慢，甚至容易引发安全事故。各地区应该在现有道路管养系统基础上，完善补充农村公路相关数据，并应用养护管理决策。信息管理系统平台一般要具有以下优势：

（1）收集农村公路基础地理信息，管理人员可及时掌握区域内农村公路的管养现状情况，为科学决策提供依据。

（2）针对各种申请、批复、报表、资料等提供统一格式，从而便于管理、高效规范；基本实现无纸化办公，避免了纸质资料成堆，不利于查阅的问题。同时也可减少了纸张的浪费，节约办公经费。

（3）节约了资源，系统查询功能能快速方便查询道路工程档案。

（4）明显提升办事效率。利用系统平台强大综合查询、统计、输出功能，能够快速实现公路统计报表等公路信息数据的处理，保证了统计数据的准确性、完整性和连续性，有效地提高了广大统计人员的工作效率。

（5）具有监管覆盖面广、处理速度快、工作效率高等优点，能真正实现区域内农村公路的"无盲区"管辖。

（6）人力成本更节省。随着业务系统的推广，以往在道路相关管理中安排人力下基层检查、监督、处置的情况将更多地被终端系统所代替，从而节省人力、物力等成本。

（7）为养护巡查提供可靠依据，能够实现与基层人员的工作交流。能对农村公路安全隐患进行监测，如水毁、滑坡等地质灾害易发路段，通过一线巡查员可实时传递视频照片相关信息。并准确地确定出位置信息。

（8）能够提供每月进度上报功能，进度填写后可通过平台发送到管理部门，并由系统对各镇（街道）上报数据进行分析、汇总，使管理者一目了然。

（9）对施工动态进行监管，管理部门的技术人员随时可在系统上了解施工情况，并可针对发现的问题提出具有针对性的技术建议。

具体要求及做法可参考以下要点：

（1）建立一套统一标准、结构合理、内容完备以及数据丰富的农村公路基础数据库，逐渐完善近几年的农村公路管养数据。

（2）实现道路、桥涵、隧道等构造物的信息化管理，包括采集数据管理、正式数据管理、查询统计、报表输出等。用户还可以灵活配置属性以实现各类分析统计功能等。

（3）养护工程建设管理，包括计划管理、进度管理、档案管理、资金管理。可实现计划的编报、审核过程，并实时上报工程进度信息、资金使用信息，同时利用 GIS 地图以线形描绘的方式直观地展示项目的进度情况。

（4）日常养护管理，包括小修保养、病害处置、养护巡查、养护资料等。实现功能：对公路、桥梁等进行日常养护巡查病害上报，配合移动端可定位病害位置，监督巡查轨迹等。系统将网上或者终端上报的养护内容和图片信息用电子地图的方式展示出来。记录养处治过程，统计工程量。

（5）路政管理：路政巡查、路政执法、路政许可、执法内务、统计报表。实现功能：对路政执法以及超治等情况的管理，采用手机终端上报的方式，对路政管理信息进行实况取证以及信息上报，并通过网上管理流程操作对执法事件进行处理，可提供各类统计报表查询与下载。

（6）检测数据管理：各类路况检测数据、桥涵检测数据实现信息化查询统计，输出等功能。

（7）系统管理：系统设置、个人设置、新闻公告。实现功能：用户修改密码，对业务正常或异常运作提供日志备份机制，并提供内部公告发布、修改功能。

（8）移动终端：重点考虑智能手机作为应用移动端。具体功能：实现点位及线位的空间信息、基本属性信息及图片视频信息的采集；提供数据的在线传输及离线存储两种模式；实现养护病害的定位、取证功能等。

（9）考核管理：对各乡镇或者路段养护部门进行考核评比。可灵活自主地设置相关考核指标，并自动排名。

5.5.7　借力"四好农村路"建设提升管养水平

"四好农村路"于 2014 年 3 月 4 日提出。农村公路建设要因地制宜、以人为本，与优化村镇布局、农村经济发展和广大农民安全便捷出行相适应，要进一步把农村公路"建好、管好、护好、运营好"，逐步消除制约农村发展的交通瓶颈，为广大农民脱贫致富奔小康提供更好的保障。

2015 年 5 月 26 日，交通运输部印发《关于推进"四好农村路"建设的意见》（交公路发〔2015〕73 号）（以下简称《意见》）。《意见》提出，到 2020 年，全国乡镇和建制村全部通硬化路，养护经费全部纳入财政预算，具备条件的建制村全部通客车，基本建成覆盖县、乡、村三级农村物流网络，实现"建好、管好、护好、运营好"农村公路的总目标。交通运输部拟通过采取加强组织领导、夯实工作责任、开展示范县创建活动、加强监督考核、加强资金保障等有效措施，确保到 2020 年实现乡镇和建制村通硬化路率达到 100%，县、乡道安全隐患治理率基本达到

100%，县、乡级农村公路管理机构设置率达到 100%，具备条件的建制村通客车比例达到 100% 等"四好农村路"的建设目标。2016 年中央 1 号文件也明确提出"深入开展建好、管好、护好、运营好农村公路工作"，标志着"四好农村路"已由交通运输行业上升为中央政府对地方政府的要求。可以看出，农村公路发展迎来了新的历史性机遇，要抓住这一有利时机，积极争取各级政府出台支持政策，推动将"四好农村路"工作纳入政府综合绩效考核体系，加快完善法规制度、资金保障和管理机构，切实落实县级人民政府的主体责任。同时可强化政策激励，培树典型，推广经验，充分调动县级人民政府的积极性。

5.6 案例分析：四川省蒲江县"建管养运"的协调发展模式

5.6.1 蒲江概况

蒲江县位于成都、眉山、雅安三市交会处，毗邻天府新区，属成都"半小时经济圈"；成蒲铁路、川藏铁路、成雅高速 G108、成都经济区环线高速公路穿境而过，是进藏入滇要道，交通十分便利。全县土地面积 583 km²，辖 1 街道 7 镇 4 乡，总人口 28 万人。2018 年，全县公路总里程 1 583.24 km，其中国道 90.39 km，省道 24.72 km，县道 112.53 km，乡道 399.37 km，村道 956.23 km。公路网密度 2.72 km/km²。全县森林覆盖率达 52.6%，是全国首批、全省唯一的国家生态文明建设示范县，四川省文明示范城市，四川省"四好农村路"示范县。

2018 年完成地区生产总值 1 518 510 万元，同比增长 10.3%。其中：第一产业完成 198 752 万元，增长 4.0%；二产业完成 786 030 万元，增长 11.0%；三产业完成 533 728 万元，增长 11.9%。人均地区生产总值 58 698 元，增长 8.9%。三次产业结构为 13.1：51.8：35.1；对经济增长的贡献率分别为 5.7%、55.3% 和 39.0%，拉动经济增长 0.59、5.70 和 4.02个百分点。

四川省成都市蒲江县位于北纬 30°，是世界公认的猕猴桃最佳种植区，生态条件优越，品种资源丰富，市场基础良好。在联想投资公司的带领下，在资源潜力和上市时间上，蒲江猕猴桃都可在世界上形成竞争力，发展前景广阔。县委、县政府将猕猴桃产业作为本县特色优势农业产业重点推进，坚持走高端产业之路，发展"GAP、GGAP 双认证"基地、推进品牌化经营，猕猴桃产业规模化、标准化、集约化、品牌化生产和经营水平不断提升，蒲江猕猴桃产业正向"全国一流"的目标和国际化道路迈进。

5.6.2 农村公路管养协调发展举措

蒲江县农村公路管养方面的主要举措如下：

（1）以横纵两个维度来谋划农村公路管理工作：横向组建交运、公安、安监联合考核队伍，定期对乡镇（街道）农村公路管理情况进行责任考评；纵向建立"县乡村"三级农村公路管理体系，县级设立路政管理大队，乡镇（街道）设立交通管理站，村社建立护路管理组织。全县农村公路管理养护率达 100%，管养质量明显提升。

（2）在路政管理方面，蒲江县路政管理大队按照"四定"（定人员、定路段、定责任、定奖惩）方案，将全县公路分为三个片区，实施分片包干，每个片区由对应的一个中队负责管理，各片区中队除按照"四定"方案履行路政管理职责外，还负责指导、协调、督促辖区乡镇完成村组道路的巡查管理。

（3）在公路养护方面，蒲江县创新公路养护方式，实现管养分离制度。将原养护工作人员直接从一线养护中剥离出来，成立县级公路管理所，实施公路养护巡查任务。同时，采用公开招标方式确定了两家公路养护公司，签订《日常管护协议》。两家公司承担全县的省、县道公路的日常养护及小修保养工作，由公路管理所负责对两家公司实施考核和监督。该方式有效解决了传统养护技术力量薄弱、养护不及时造成病害扩大、养护成本增加等问题。

（4）规范病危桥梁整治管理方式，由乡镇自建转变为县交运局统一归口管理，实行"统一设计、统一打捆招标、统一组织实施、统一监理、统一配套资金"的"五统一"项目管理机制，确保项目建设质量。近 3 年，完成病危桥整治 62 座。

（5）强化资金保障，坚持政府主导、各方参与、形成合力的原则，加大建管养运资金的投入，县财政在资金有限的情况下整合农林、水务等部门资金，设立"恒温型"交通"蓄水池"资金，近 3 年，全县累计投入 5.8 亿元专项资金用于农村公路建设和养护。

（6）开发一个平台，实现全过程监管。成立蒲江县交通管理服务中心，定制开发了"公路综合管理系统"，在中心巨型电子屏幕上可实时呈现蒲江县国省道、县道日常保洁、病害维修整治、桥梁分布、水位监测、路况等信息。系统聚合了路网管理、路产信息数据化、路产状态、应急保障、客运动态、安全监控、市场化监督管理、综合业务八大功能，通过信息化、可视化、实时化，实现蒲江县公路资产、养护作业、客货运营等的全过程监管。

（7）半小时片区农路养管及时响应。为服务区位发展，全县共设立 4 个综合管理服务中心，一个中心，同时具备客运站、交通管理站、物流服务站、旅游服务中心等功能。成佳片区交通运输综合管理服务中心是四个服务中心之一，辐射成佳镇、甘溪镇、朝阳湖镇、白云乡 4 个镇乡。由于成佳片区乡道和村道分别达到 87 km 和 223 km，里程长，节点深，为了及时处理农村公路超限超载、路产监管等问题，提升工效，服务中心在全县率先实现了路政、运政协同办公。实现了 15 min 可以响应（片区）县道发现的问题，0.5 h 可以响应（片区）全部农村公路。

6 城乡交通运输统筹发展评价指标体系构建及量化

城乡二元结构，已成为制约我国全面建成小康社会的重大障碍。2004 年到 2018 年，中央一号文件连续 15 年都将焦点集中在"三农"问题上，已成为党中央、国务院一直高度关注的重大战略问题。交通运输在统筹城乡经济社会发展中承担着重要的使命。传统的城乡二元管理体制，致使我国城市和农村客运与物流发展不平衡、城乡交通运输资源配置不合理、城乡居民出行的条件差距大、物流成本及服务水平差异大、城乡客运和城乡物流之间难以有效衔接。实现城乡交通运输一体化，构建衔接顺畅、资源共享、布局合理、结构优化、方便快捷、畅通有序、服务优质的城乡交通运输服务体系是实践科学发展观、贯彻中央统筹城乡经济社会协调发展战略、落实中央"三农"政策的重要举措，也是促进城乡经济社会全面、协调、可持续发展的重要基础。

城乡交通运输统筹发展，就是要对路网、站场、运输、市场、管理等交通要素进行统筹规划、建设和管理，实现城乡交通全衔接、全沟通、全畅达，让农村居民享受城市居民同等质优、价廉、方便、快捷的交通运输服务。对城乡交通运输统筹发展水平进行评价，是找出城乡交通运输间发展差距，科学制定促进城乡交通运输统筹协调发展政策的依据。

鉴于城乡差异存在的客观性，城乡交通运输统筹一体化发展是一个动态变化的过程，因此，对城乡交通运输统筹发展程度进行科学评价也是一项十分复杂的系统工程，它不仅体现在指标选择的复杂性，更体现在指标的难以定量化。本著在建立城乡交通运输统筹发展评价指标体系的基础上，构建城乡交通运输统筹发展评价模型，对区域城乡交通运输统筹发展状况进行综合评价，为城乡交通运输统筹一体化发展提供决策依据，从根本上破解消除了"三农"问题的交通瓶颈。

6.1　城乡交通运输统筹发展评价研究现状

关于城乡交通统筹发展评价研究,国内外学者主要集中在评价体系、评价标准等方面开展研究。

6.1.1　评价体系方面

在评价体系方面，陈茜等人对城市常规公共交通发展水平建立了评价体系，该系统的指标多达数十种，对指标进行归类分析整理，认为评价体系可以从建设投入水平、运营服务水平、综合效益水平三个方面来反映总体发展水平。考虑将指标分为三大类：第一类是体现公共交通规划、建设水平的指标，分别从线网、场站、车辆、优先措施、投资计划等方面选取能反映城市公交建设规模、政策环境、发展基础及潜力的指标，具体包含线网密度、重复系数、非直线系数、车均停车及保养用地、车辆进场率、站点覆盖率、万人拥有标台数、车辆更新率/完好率、高档车投入比例、港湾式停靠站、优先车道所占比例、优先路口所占比例、年度基建投资额；第二类是体现公交服务水平的指标，从安全、方便、迅速、准点、舒适、经济、高效等多方面反映运营特征、管理水平，这是公交发展水平最直接的体现，具体包含安全行驶间隔、公交出行比例、换乘系数、换乘距离、平均站距、平均发车频率、出行时耗、运营速度、行车准点率、高峰满载率、平均满载率、乘客信息获得程度、调度手段先进程度；第三类是体现公交系统综合效益，从经济效益和社会效益两方面选取合适指标加以描述，具体包含千车公里成本、客运收入、运营车辆人车比、公众满意度、出行时间节约效率、油耗、废弃、震动。

窦慧丽等人对城乡客运一体化系统的构成要素进行评价，指标体系分为目标层、准则层、要素层三个层次构建。其中准则层从客运管理、基础路网、客运站场、客运班线、客运车辆、客运服务、客运安全等七个方面设计了具体的评价指标；要素层中，客运管理指标包含管理体制一体化程度、政策法规完备程度、市场建设一体化程度，基础路网指标包含道路密度、干线道路率、路面铺装率、站点分布密度，客运站场包含三级以上站场比例、规模适应性，客运班线指标包含班线通达率、客运线网密度、班线客运密度、万人拥有座位数，客运车辆指标包含平均车辆实载率、客运车辆完好率、平均晚点时间、平均运行速度；客运服务水平指标包含平均发车准点率、平均候车时间、信息化水平；客运安全保障方面包含安全行驶间隔里程。

徐英俊等人系统阐述了城乡交通一体评价指标体系，包括以下几个指标体系：

（1）场站布局体系，包含分布密度、站场规模、布局合理性三个指标。

（2）线路网络体系，包含道路网密度、道路网等级、线网密度、线网通达性、线网适应性、线路重复系数六个指标。

（3）运营管理体系，包含运行区域一体化程度、经营主体一体化程度两个指标。

（4）服务水平体系，包含舒适性、安全性、便利性、及时性、经济性五个指标。

（5）财政政策体系，包含财政补贴一体化、票价政策一体化两个指标。

（6）技术装备体系，包含万人拥有车辆数、车辆智能化率、信息平台构建程度、IC卡收费普及率四个指标。

马书红等人从城乡一体化对县域公路交通发展的要求出发，遵循科学性、独立性、直观性和可操作性等原则，提出了一套可用于评价县域公路交通系统发展水平的指标体系。该指标体系共包括14个指标，从公路网、公路运输场站和车辆的运营管理等方面来反映整个公路交通系统满足城乡一体化要求的程度。其中，公路网的连通度、密度、可达性和路网覆盖形态可以反映路网的规模、分布情况、通达性和方便城乡居民出行的程度；高级和次高级路面铺装率、等级公路通行政村率和公路绿化里程率则反映了路网为城乡居民提供的服务质量和出行环境的优劣；场站的3个评价指标则反映了场站布局的合理程度、满足需求的能力及方便居民出行的程度；从管理角度提出的4个指标可以从定量、定性的角度反映城乡客运的发展水平和管理的效果。

詹斌等人在研究区域道路运输一体化的基础上，建立城市圈道路运输一体化评价体系，指标体系从目标层、准则层、指标层、次级指标层四个层次构建。其中，准则层包含政策一体化、管理一体化、规划建设一体化、运营一体化、信息一体化五个指标。政策一体化包含政策统一、行业促进、市场弥补三个指标；管理一体化包含协调职能、调控职能、监督职能三个指标；规划建设一体化包含协同性、线路规划、枢纽布局三个指标；运营一体化包含网络化运营、企业经营、物流配送三个指标；信息一体化包含信息系统、信息技术两个指标。

6.1.2 评价标准方面

徐英俊、周一鸣等人站在城乡道路客运一体化评价标准的角度，提出了三种不同发展水平的评价标准。

6.1.2.1 发展水平较高地区评价标准

场站布局一体化：即按照便捷换乘的要求，对城市和农村的客运场站进行统筹布局。

线路网络一体化：即按照线路走向方便出行的要求，对区域线路网络的未来发展进行统筹。

运行管理一体化：（1）统筹运行区域。即对城市和农村进行区域化的统筹布局、统筹规划、统筹运行，实现一元化发展。（2）统筹经营主体。即由一家或几家道路客运的运营企业统筹经营整个区域，实行全面的集约化经营、企业化管理。

服务水平一体化：即对城市和农村道路客运实行统一的服务标准与运行规范，将考评服务质量与进行财政补贴挂钩。

财政政策一体化：即指统筹财政补贴，对城市和农村公交实行均等、统一的财政补贴政策；统筹城乡票价，对城市和农村居民实行统一的公益性低票价政策，对老年人、学生、军人乘车及使用公交 IC 卡乘车者实行统一的票价折扣优惠等。

技术装备一体化：即指统筹技术装备，对城市和农村车辆实行统一的配备标准，如统一安装公交 IC 卡、车载电视、录像监控、GPS（全球定位系统）等设施和系统，使信息通过统一的信息服务平台进行采集和发布。

6.1.2.2 发展水平一般地区评价标准

城市和农村客运主要实现"四个一体化"和"两个区别化"。

场站布局一体化：按照便捷换乘的要求，统筹布局城市和农村的客运场站。

线路网络一体化：按照线路走向、方便出行等要求，统筹规划区域的线路网络的未来发展。

服务水平一体化：对城市和农村道路客运实行统一的服务标准与运行规范。

技术装备一体化：统筹技术装备，对车辆进行合理配置，如统一安装公交 IC 卡、车载电视、录像监控、GPS 等系统，使城市和农村两重网络的信息都进入信息服务平台。

运行管理区别化：（1）对运行区域进行区分。城市公交在城区运营，农村客运在农村运营，城市和农村的道路客运仍实行二元分割制。（2）对经营主体进行区分。城市公交一般每个城市有一家经营主体，农村客运则每个乡镇有一家或多家经营主体。

财政政策区别化：对运营企业的财政补贴政策有所区分。对城市公交实行财政补贴政策，而对农村客运的财政补贴较少或者没有。城乡票价也有所区分，城市公交实行公益性低票价政策，农村客运实行市场化定价政策。

6.1.2.3　发展水平较低地区指标体系

　　城市、乡镇和建制村客运主要实现"两个一体化"和"四个区别化"。

　　场站布局一体化：按照便捷换乘的要求，对城市、乡镇、建制村的客运场站进行统筹布局。

　　线路网络一体化：按照线路走向、方便出行等要求，统筹规划区域的线路网络的未来发展。

　　运营管理区别化：（1）经营区域区分。对区域运营网络实行区别化管理。将区域分割成三级经营网络"一级网络"即指城区，"二级网络"即指城区至乡镇的广大农村区域，"三级网络"即指山区乡镇至建制村区域。（2）经营主体区分。"一级网络"的城区公交一般有一家经营主体，"二级网络"的农村客运有一家或多家经营主体，"三级网络"的区域小巴士一般实行个体经营。（3）经营方式区分。"一级网络"由政府主导，按照公交化运营，采用集约化经营方式；"二级网络"采用市场化主导，按"区域经营、冷热捆绑、公车公营、换乘衔接"的模式运营；三级网络"实行片区包干、预约叫车等办法，采用一车多线，不定班、不定时的灵活运营方式。

　　服务水平区别化：即采用的服务标准有所区分。对"一级网络""二级网络"实行统一的服务标准和运营规范，对"三级网络"区域的小巴士采用要求较低的规范标准。

　　财政政策区别化：即补贴政策有所区分。即对运营企业的财政补贴政策有所区分。对城市公交实行财政补贴政策，对"二级网络"和"三级网络"的财政补贴较少或者没有。各级经营网络的票价也有所区分，"一级网络"实行公益性的低票价政策，"二级网络"实行市场定价，"三级网络"实行政府指导下的协议价。

技术装备区别化：统筹技术装备，对车辆进行合理配置，如统一安装公交 IC 卡、录像监控、GPS 等系统。"一级网络""二级网络"的信息都进入信息服务平台，"三级网络"的信息可不进入信息服务平台。

6.2 评价指标体系的构建

6.2.1 评价体系建立原则

涉及城乡交通发展水平的指标有几十个，如何在众多体现交通运输发展水平的指标中筛选出能够体现城乡交通运输统筹发展水平，且灵敏度高、便于度量的主导性指标作为评价指标，是一件复杂和困难的事情。目前还不能用少数几个指标来描述系统的状态和变化，因此需要用多个指标组成一个有机整体，通过建立指标体系来描述系统的一体化发展状况。建立西部地区交通统筹发展的评价指标体系，应遵循以下原则：

（1）实用性原则：西部各地区的交通发展情况受到地区的地形条件、社会经济发展、交通需求等影响，因此，评价指标应从西部地区交通现状特点、所存在的问题出发，紧密结合西部交通运输统筹发展的内涵、目标及评价目的，选取具有现实指导意义的指标。

（2）科学性原则：指标的选择与指标权重的确定、数据的选取、计算与合成必须以公认的科学理论为依据。

（3）定性与定量结合原则：城乡交通系统是一个复杂系统，依靠数学模型做出的定量分析结果是不能完全反映其变化的特点和规律的。需要结合来自实际的定性研究。才能做出正确的结论。反过来，有定量数据支持的定性结果，有利于决策者发现问题。本文中尽量追求定量指标评价，以便获取较客观的评价成果，涉及部分政策等相关指标时，采用定性指标评价，定性与定量结合的原则保证了评价的全面性和合理性。

（4）客观性原则：保证评价指标体系的客观公正，保证数据来源的可靠性、准确性和评估方法的科学性。

（5）相对独立性和主成分性的原则：评价指标应具有独立操作性，应根据不同指标对目标的影响或贡献程度的不同，进行评价指标的主次区分。

6.2.2　评价体系建立方法

城乡交通运输统筹发展水平评价涉及面广、内容多，评价指标选取考虑的因素也多，如何在众多体现交通运输发展水平的指标中筛选出能够体现城乡交通运输统筹发展水平，且便于度量的主导性指标作为评价指标，是一件复杂和困难的事情。为此，众多学者对此进行了相关的研究。比如，华雯婷从路网设施、运营服务、硬件装备、交通安全及客运管理等方面出发，建立了城乡客运一体化发展评价指标体系并进行模糊综合评价。窦慧丽等人从客运管理、基础路网、客运站场等七个方面出发，设计了城乡客运一体化综合评价指标，并给出了评价模型的构建方法。徐英俊等人从场站布局、线路网络、运营管理、服务水平、财政政策体、技术装备等六个方面出发，阐述了城乡交通一体评价指标体系。另外，任卫军、马书红也分别从不同角度建立了城乡客运一体化或县域公路交通系统评价指标体系。这些研究成果对推进城乡交通运输统筹一体化发展提供了一定的理论基础。事实上，城乡交通运输统筹发展应不仅仅体现在基础设施建设、运输组织等方面，还应包括养护管理、政策管理等可持续发展方面。同时由于城乡交通运输需求特征的差异性、地理条件及经济发展水平的差异，城乡交通运输统筹一体化发展应是一个相对的概念，并处于不断发展的动态变化之中，基于此，本小节本着科学性、系统全面性、较强操作性、相对独立性的原则，从基础设施、运输服务、养护管理、信息化水平、配套政策等五个方面采用层次分析法建立树状的关系结构，运用目标层次分类展开法，将目标按总分结构向下展开为若干级目标，直到可定量或可进行定性分析（指标层）为止来建立城乡交通运输统筹发展水平的评价指标体系。

目标层次分类法是最常用的方法，选取的指标直接与目标相关，具有层次性，并可随着目标的增多而扩充。城乡交通运输统筹发展指标体系具有如下的层次结构体系。

6.2.2.1　目标层

本书以"区域发展水平（A）"作为总目标层，以综合表征区域城乡交通运输统筹发展的状况。

6.2.2.2　要素层

由区域城乡交通运输统筹系统的基本要素构成，也可以理解为准则层。本著采用交通基础设施（B1）、运输服务（B2）、养护管理（B3）、信息化水平（B4）和配套政策（B5）五个基本要素构成要素层，来对"区域城乡交通运输统筹发展水平（A）"进行量化。

6.2.2.3　指标层

指标层是体系中最基本的层面，由可对统筹发展的某一种特征进行直接度量的指标构成。

6.3　评价指标的筛选及优化

6.3.1　指标筛选方法

在进行城乡交通运输统筹发展水平的评估过程中，若评价指标太多则会出现大量的冗余信息，增加分析、计算的难度。相反，指标太少又会因信息量的不足而影响分析与评价结论的可信度。这就要求我们寻找出一种能够从大量的指标中消除冗余指标的方法来对风险指标进行筛选优化。

目前我国尚缺乏统一的关于城乡交通运输统筹发展水平评价的指标体系，特别是缺少可操作的定量指标筛选模型。指标体系的筛选过程必须是基于主、客观信息相融合、定性与定量相结合的复杂过程，常规建模方法在处理此类问题时很难结合或利用专家和管理者在综合评价时所做选择及判断过程中的经验、知识和智慧，很难利用综合评价过程中的思维规律和人脑的智能特征，很难进行定性分析与定量计算的综合集成。

指标筛选除了可以利用常见的 SPSS 软件进行因子分析，剔除因子载荷较小的风险因素外，还可以采用智能综合集成方法，采用专家咨询信息，应用 AGA-FAHP 法（Accelerating Genetic Algorithm based Fuzzy Analytic Hierarchy Process，即加速遗传算法的模糊层次分析法）对指标进行筛选，据此模型优化构建城乡交通统筹发展水平的综合评价指标体系。

6.3.2　指标筛选步骤

指标筛选可按如下步骤进行。

（1）根据表 6-1 设计咨询表格（在此仅以交通基础设施子系统为例），邀请交通建设、运营管理等方面的专家对咨询表格中的各指标按重要性进行排序。

（2）对专家排序后的指标予以赋值，排序值的赋值规则如下：

① 若没有同等重要的指标，则按照重要性的大小分别赋予值 1，2，$\cdots$，m_{j-1}，m_j，其中 m_j 为城乡交通运输统筹发展水平评估子系统（一级评估指标）j 中的指标个数。

② 若具有同等重要的指标，则对具有同等重要的指标赋予相同的排序值，排序值的大小取其平均值，以此类推。

表 6-1　指标重要性排序调查表

子系统（一级指标）	二级指标	重要性排序
交通基础设施 B_1	等级公路占有率	
	行政村公路通畅率	
	公路网节点连通度	
	路面铺装率	
	国省道二级及以上公路比例	
	公交化运营公路三级及以上比例	
	路网衔接度	
	场站布局合理性	

（3）计算各指标重要性排序值的均值 $\bar{x}_{j,k}$ 和标准差 $s_{j,k}$。

设 $x_{j,k,i}$ 为专家 i 对子系统 j（一级指标）指标 k（二级指标）的排序值，$i=1,2,\cdots,n_i$，其中 n_i 为专家的数量，则有：

$$x_{j,k} = \frac{\sum_{i=1}^{n_i} x_{i,j,k}}{n_i} \tag{6-1}$$

$$s_{j,k} = \sqrt{\frac{\sum_{i=1}^{n_i}(x_{j,k,i} - \bar{x}_{j,k})^2}{n_i - 1}} \tag{6-2}$$

（4）取重要性排序值的均值和标准差相对较小的指标，组成最终的城乡交通运输统筹发展水平评价指标体系。

为了进一步量化各指标的相对重要性，可以利用金菊良于 2007 年所提的 AGA-FAHP 方法对城乡交通运输统筹发展水平评价指标体系予以筛选优化，选取同一子系统（一级指标）中评价指标的权重相对较大的 N_j 个指标，组成最终的城乡交通运输统筹发展水平评价指标体系 $\{x_{j,k} \mid j=1,2,\cdots,m; k=1,2,\cdots,N_j\}$。

本书基于上述思想，结合《西部综合交通枢纽建设规划》《西部大开发"十三五"规划》、专家咨询会以及专家函调的基础上，制定了初步的城乡交通运输统筹评价指标体系，然后通过对指标进行筛选和优化，得出的最终的城乡交通运输统筹发展水平评价指标体系如表 6-2 所示。

表 6-2　城乡交通统筹发展评价指标

总目标	一级指标	二级指标	属性
城乡交通运输统筹运输发展水平 A	交通基础设施 B1	等级公路占有率 C1	定量
		行政村公路通畅率 C2	定量
		公路网节点连通度 C3	定量
		路面铺装率 C4	定量
		国省道二级及以上公路比例 C5	定量
		公交化运营公路三级及以上比例 C6	定量
		路网衔接度 C7	定性
		场站布局合理性 C8	定性
	运输服务 B2	行政村通班车率 C9	定量
		公交化通达率 C10	定量
		城乡线路衔接水平 C11	定量
		县（市）通乡（镇）出行平均时耗 C12	定量
		配送货物完好率 C13	定量
		万人拥有公交车标台数 C14	定量
		运营车辆 GPS/3G 安装率 C15	定量
		安全运行间隔里程 C16	定量
	养护管理 B3	养护体系完善程度 C17	定量
		养护考核制度完善程度 C18	定量
		公路养护资金落实率 C19	定量
		养护机械配备水平 C20	定量
		路面状况指数 PQI C21	定量
		四、五类桥梁状况 C22	定量
	信息化水平 B4	信息平台完善程度 C23	定性
		信息获取方便程度 C24	定性
		信息系统的覆盖率 C25	定量
	配套政策 B5	城乡政策税费统一度 C26	定量
		城乡运输壁垒消除度 C27	定量
		法规完备情况 C28	定量

6.4 指标含义

该评价体系的指标分为五大类：第一类为体现城乡交通基础设施统筹发展的指标，分别是路网、场站两方面的指标；第二类为体现城乡交通运输服务的指标，从运输线路、服务水平、车辆装备等多方面出发选取指标；第三类指标体现养护管理的指标，从养护条件和养护状态两方面选取指标；第四类指标从平台建设、信息获取等方面体现信息水平；第五类从管理和政策两方面选取破除城乡二元结构的体制机制、税费、监督执法等方面的指标。

下面详细介绍评价指标的选取原因及指标含义。

6.4.1 基础设施评价指标

1. 等级公路占有率 C1

等级公路占有率即四级及四级以上公路占公路总里程的比例。

2. 行政村公路通畅率 C2

行政村公路通畅率即通畅行政村个数占该地区总行政村个数的比例。农村居民出行的主要方式是公路客运，所以行政村通畅率在一定程度上反映了公路网布局的合理与否及路网布局的平衡性，农村公路的通畅情况是区域公路一体化发展的重要组成部分。

3. 公路网节点连通度 C3

运用图解结点模型可分析公路网是否有效地连接区域内的所有结点以及各节点之间的相互联系。节点模型理论：设区域（面积为 A ）内应连接的结点均匀分布，连接这些点所需的道路长度（ L ）可表示为：

$$L = C \cdot \sqrt{AN} \qquad\qquad (6\text{-}1)$$

式中：L——公路长度，km；

A——区域面积，km^2；

N——区域内的结点数；

C——连通度。

不同层次路网要求的性能及结点选取条件都不同。总公路网节点选取的最小单位可以是村或镇；而干线公路网的节点选取范围为市（县）行政区、主要口岸、非市县政府所在地的林业局、矿业局、油田、旅游胜地以及干线交汇点和区域与区域之间的交汇点等。根据区域公路网长度和结点数，可计算出 C 值。

评价标准：当 $C \leq 1.0$ 时，路网呈"树"状结构，表示路网连通度较差，为极不完善路网；当 $1.0 \leq C \leq 2.0$ 时，路网呈方格状结构，情况较好；当 $2.0 \leq C \leq 3.22$ 时，路网呈方格十对角线型（三角形路网），表示路网基本完善；当 $C \geq 3.22$ 时，表示达到理论状态。汽车专用公路网的 C 值介于 1.6 和 2.0 之间，表示成熟状态（或基本完善），而干线公路网达 2.5 以上就表示成熟状态。

4．路面铺装率 C4

该指标是指铺装油（水泥）路的路面里程占总里程的比例。根据调研发现，部分农村地区还存在路面未铺装的土路、砂石路等低等级路面，该指标反映了农村公路路面通行能力情况。

5．国省道二级及以上公路比例 C5

国省道二级及以上公路比例是指在干线中，二级及以上公路的占比。国省道是保证通畅的重要通道，该指标一定程度上反映了干线公路的通畅情况。

6．公交化改造公路三级及以上比例 C6

道路应在具备一定条件后才可开行公交，这是保证城乡公交安全顺利运行的必备条件，该指标定义为公交化改造公路中，三级及以上等级的公路占总的公交化改造公路总里程的比例。

7．路网衔接度 C7

在评价指标体系中选取地区间路网衔接情况作为定性分析指标，主要是考察地区间路网衔接处公路的建设情况，是否存在等级不匹配，管理有纷争的现象，这些问题的存在严重影响了一体化的发展程度。

8．场站布局合理性 C8

公路客运场站作为旅客运输线网上的重要节点，起着集散车辆和旅客的作用，场站的布局既要满足交通需求，又须与线网协调，使旅客换乘方便。该指标反映了场站规划建设水平。

6.4.2 运输服务评价指标

1．行政村通班车率 C9

行政村通班车率可以反映运营路网的完善程度，定义为通客运班车的行政村数占行政村总数的百分率。

2．公交化通达率 C10

通达公交的乡镇占地区乡镇总数的比值。

3．线路的衔接水平 C11

城乡交通运输统筹发展要求地区内部具备各种交通方式，包括客运、公交、铁路、轨道交通、航运等，做到高效衔接，由于长期的、传统的各种交通方式的管理是分割的，缺乏统筹规划，造成各种交通方式的换乘不方便。该指标是指公路交通与其他交通方式是否建立高效衔接，是一个定性指标，反映运输线网的布局合理性。

4．县（市）通乡（镇）出行平均时耗 C12

出行时耗为车内时间和车外时间的总和，车内时间主要和公交运营速度有关，从这一指标也反映出道路条件和交通环境对公交的影响；车外时间体现在到离公交站台时间、等车时间、换乘时间等几方面，主要和网络布设有关。高水平的公交服务，应在缩短出行总时耗、提高运营速度上下功夫，只有在同等出行距离的条件下，相较其他交通方式，公交能提供较为迅速的出行，才有可能吸引更多的出行者，才能提供高水平的服务。

5．配送货物完好率 C13

配送货物完好率是根据客户反馈情况，统计完好货物占总配送的货物数量的比例。

6．万人拥有公交车标台数 C14

万人拥有公交标台数，指在城市一定空间内每万人拥有的公交车辆标台数，是反映公交实际客运能力的一个重要指标。

7．运营车辆 GPS/3G 安装率 C15

该指标反映城乡交通运输统筹发展的信息化装备程度以及监管执法统一程度，主要从农村客运车辆 GPS 监控安装率、公交车辆 3G 监控安装率等方面体现。该指标定义为安装 GPS/3G 的车辆占总的运营车辆总数的比值。

8．安全运行间隔里程 C16

安全运行间隔里程是指车辆总行驶里程与行车责任事故次数的比率。反映行驶安全指标。

6.4.3 养护管理评价指标

1．养护体系完善程度 C17

应建立与各等级公路相对应的养护管理体系，落实养护主体，明确养护责任，使养护真正做到"有路必养"的状态。一般通过考核是否建立"县、乡、村"三级养护体系并落实责任主体来体现其完善程度。

2．养护考核制度完程度 C18

养护考核应包括公路养护质量的考核、养护管理人员的考核、养护技术人员和养护机械设备使用情况的考核。考核制度应体现在效率、质量等方面的重视。

3．养护资金管理水平 C19

要做好农村公路养护管理工作，核心在政策，关键在资金。资金保障公路养护，尤其是农村公路养护的难点，也是应该解决的重点。主要从养护资金的落实率和使用情况来体现。养护资金应按规定使用，用于公路养护的资金不可挪移他用，同时应建立各种措施以保障资金的落实。

4．养护机械配备水平 C20

该指标体现养护条件的重要指标。专业养护设备是保证公路养护水平的重要保证。养护机械配备水平是指是否按照养护技术规范规定配备相应的养护机械。

养护机械配置水平按每 100 km 配备的养护机械功率（含作业用运输车辆）计算。

$$C = \frac{W}{L} \times 100 \quad （kW/100\ km） \qquad （6-2）$$

式中：W——该地区养护设备的总功率；

L——地区公路总里程。

5．路面状况指数 PQI C21

路面状况指数 PQI 是反映路面状况的一个综合指标，按交通运输部最新发布的《公路技术状况评定标准》（JTG 5210—2018）评定。

6．四、五类桥梁状况 C22

《公路桥梁技术状况评定标准》（JTGT H21—2011）将桥梁技术状态评定为五类。其中：四类桥梁的主要构件有大的缺损，严重影响桥梁使用功能影响承载能力，不能保证正常使用；五类桥梁的主要构件存在严重缺损，不能正常使用，危及桥梁安全，桥梁处于危险状态。四五类桥梁的数量反映桥梁的养护状态，是评价养护管理有效性的重要指标。

6.4.4 信息化水平评价指标

1．信息平台完善程度 C23

该指标是一定性指标，反映城乡一体化交通运输管控平台的完善程度。

2．信息获取方便程度 C24

该指标是一定性指标，可以用问卷调查方式来获取数据，反映信息收集的便利性。

3．信息系统的覆盖率 C25

信息系统的覆盖率是指具备信息共享平台、设施的客运站占总数的比值。

6.4.5 配套政策评价指标

1．城乡交通税费统一性 C26

城乡交通运输规费统一性是一个定性指标，考察城与乡之间的交通运输规费、税费收取是否统一。传统二元结构管理导致城区公共交通与农村公路班线客运在行业管理政策上存在明显差异，城市公共交通普遍不缴纳公路规费，享受减免城建维护税并享受财政补贴；而城乡客运税费较多，部分地市农村客运与城市公共交通税费差额较大。同时，城市公共交通能充分享受城市资源，如市区线路、站点等，而城乡客运只能集中进站始发，不能享受城市客运资源。这些政策差异在一定程度上形成了行业壁垒，致使农村客运税费偏多，运行成本较高，严重阻碍城乡客运的统筹发展。

2．城乡运输壁垒消除度 C27

该指标旨在对现存的城乡交通运输壁垒，进行有针对性的消除，主要体现在市场准入壁垒、品牌信誉壁垒、客运站经营的资源性壁垒三方面。

3.相关法律法规完备率 C28

是否制定修改与城乡交通运输统筹发展相关的法律法规，涉及城乡之间交通基础设施建设、运营管理、养护管理等具有制度化的法规。

6.5 评价指标量化

6.5.1 指标量化思想

对区域城乡交通运输统筹发展状况进行分析，指标值的量化是基础，对城乡交通统筹发展状况评价指标进行量化，需要注意以下两个原则问题。

（1）采取有效的数据处理方法，尽量确保信息的准确性。常见的量化方法有主观量化法与客观量化法，主观量化法主要靠交通规划建设、运营管理、城乡居民相关人员根据自己的知识和经验进行判断，往往带有个人的偏好，并存在着量化不准确的可能性；而客观法量化比较准确，但要求相关数据易于获取。因此，应根据拟量化指标的特征，合理选择量化方法。

（2）主观量化法虽然存在量化结果的准确度不是很高的可能性，但相对于无法量化的判断而言，只要通过对指标进行层层细分，就能够找到相应的量化标准，再对这些标准进行综合统计，便可得到具有客观基础的主观分值，这样就使得评价结果比单纯的简单主观估算精确得多。

6.5.2 指标计算

鉴于研究对象的复杂性，本书采用定性与定量相结合的方法，并按照 10 分值的标准进行定性判断或根据定量计算的结果折算到 10 分值。同时，由于西部地区地形复杂，既有以成都平原为代表的平原地区，也有很多的山区和丘陵地带。为较客观地反映不同地形下的实际，本书以平原、丘陵和山区三种类型来分别进行评价。具体指标计算标准如下。

6.5.2.1 基础设施评价指标计算评价标准

1．等级公路占有率 C1

等级公路占有率指标评价标准如表 6-3 所示。

表 6-3　等级公路比例评价标准

指　标	地区	评定标度				
		[8，10）	[6，8）	[4，6）	[2，4）	(0，2）
等级公路 比例/%	平原	[90，100）	[80，90）	[70，80）	[60，70）	(0，60）
	丘陵	[80，100）	[70，80）	[60，70）	[50，60）	(0，50）
	山区	[70，100）	[60，70）	[50，60）	[40，50）	(0，40）

2．行政村公路通畅率 C2

行政村公路通畅率指标评价标准如表 6-4 所示。

表 6-4　行政村公路通畅率评价标准

指　标	地区	评定标度				
		[8，10）	[6，8）	[4，6）	[2，4）	(0，2）
公路通畅 率/%	平原	[95，100）	[85，95）	[75，85）	[65，75）	(0，65）
	丘陵	[85，100）	[75，85）	[65，75）	[55，65）	(0，55）
	山区	[75，100）	[65，75）	[55，65）	[45，55）	(0，45）

3．公路网节点连通度 C3

公路网节点连通度指标评价标准如表 6-5 所示。

表 6-5　公路网节点连通度评价标准

指　标	地区	评定标度				
		[8，10）	[6，8）	[4，6）	[2，4）	(0，2）
公路节 点连通 度/%	平原	[3.22，∞）	[2.5，3.22）	[1.6，2.5）	[1.0，1.6）	(0，1）
	丘陵	[2.5，∞）	[1.6，2.5）	[1.0，1.6）	[0.8，1）	(0，0.8）
	山区	[2.0，∞）	[1.2，2.0）	[0.8，1.2）	[0.5，0.8）	(0，0.5）

4．路面铺装率 C4

道路铺装率指标评价标准如表 6-6 所示。

表 6-6　道路铺装率评价标准

指　标	地区	评定标度				
		[8，10）	[6，8）	[4，6）	[2，4）	（0，2）
道路铺装率/%	平原	[90，100]	[80，90）	[70，80）	[60，70）	（0，60）
	丘陵	[80，100）	[70，80）	[60，70）	[50，60）	（0，50）
	山区	[70，100）	[60，70）	[50，60）	[40，50）	

5．国省道二级及以上公路比例 C5

国省道二级及以上公路比例指标评价标准如表 6-7 所示。

表 6-7　国省道二级及以上比例评价标准

指　标	地区	评定标度				
		[8，10）	[6，8）	[4，6）	[2，4）	（0，2）
公路通畅率/%	平原	[95，100]	[90，95）	[85，90）	[80，85）	（0，80）
	丘陵	[90，100]	[85，90）	[80，85）	[75，80）	（0，75）
	山区	[85，100]	[80，85）	[75，80）	[70，75）	（0，70）

6．公交化运营公路三级及以上比例 C6

开行公交的道路条件必须满足安全、畅通的要求，严格来说，开行公交的道路等级达到 100%是最理想的，但考虑到各地区的实际情况，尤其是山区有些道路技术条件可能达不到三级及以上的标准要求，因此，可根据实际适当地放宽条件，但要求达不到三级及以上局部地段应加强安全设施的设置，才可满足要求。因此，本指标的评价标准如表 6-8 所示。

表 6-8　公交化改造公路三级及以上比例评价标准

指　标	地区	评定标度				
		[8，10）	[6，8）	[4，6）	[2，4）	（0，2）
公交化运营公路三级及以上比例/%	平原	100	[95，100）	[90，95）	[85，90）	（0，85）
	丘陵	[95，100]	[90，95）	[85，90）	[80，85）	（0，80）
	山区	[90，100]	[85，90）	[80，85）	[75，80）	（0，75）

7．城乡路网衔接度 C7

按断头路的数量进行评价，如表 6-9 所示。

表 6-9　城乡路网衔接度评价标准

指　　标	地区	评定标度				
		[8，10）	[6，8）	[4，6）	[2，4）	（0，2）
城乡路网衔接度（断头路数量）/条	平原	0	[1，3]	[4，6]	[7，9]	[10，∞）
	丘陵	[0，3]	[4，6]	[7，9]	[10，12]	[13，∞）
	山区	[0，5]	[5，8]	[9，12]	[13，15]	（16，∞）

8．场站布局合理性 C8

场站布局合理性是一个定性指标，主要从以下几个方面体现：

（1）城乡客运场站规模等级合理，设施齐全。

（2）客运场站设施与城市公交站衔接合理。

（3）城乡客运场站规划与城乡规划发展相适应。

（4）不存在场站闲置的情况。

评价标准如表 6-10 所示。

表 6-10　场站布局合理性评价标准

指　　标	属性	评定标度				
		[8，10）	[6，8）	[4，6）	[2，4）	（0，2）
场站布局合理性	定性	具备四项	具备三项	具备两项	具备一项	均不具备
备　　注		四项内容为：（1）城乡客运场站规模等级合理，设施齐全。（2）客运场站设施与城市公交站衔接合理。（3）城乡客运场站规划与城乡规划发展相适应。（4）不存在场站闲置的情况				

6.5.2.2　运输服务评价指标评价标准

1．行政村通班车率 C9

行政村通班车率指标评价标准如表 6-11 所示。

表 6-11　行政村通班车率评价标准

指标	地区	评定标度				
		[8, 10)	[6, 8)	[4, 6)	[2, 4)	(0, 2)
行政村通班车率/%	平原	100	[95, 100)	[90, 95)	[85, 90)	(0, 85)
	丘陵	[95, 100]	[90, 95)	[85, 90)	[80, 85)	(0, 80)
	山区	[90, 100]	[85, 90)	[80, 85)	[75, 80)	(0, 75)

2．公交化通达率 C10

公交化通达率指标评价标准如表 6-12 所示。

表 6-12　公交化通达率评价标准

指标	地区	评定标度				
		[8, 10)	[6, 8)	[4, 6)	[2, 4)	(0, 2)
行政村通班车率/%	平原	[90, 100]	[80, 90)	[70, 80)	[50, 60)	(0, 50)
	丘陵	[70, 100]	[60, 70)	[50, 70)	[40, 50)	(0, 40)
	山区	[50, 100]	[40, 50)	[30, 40)	[20, 30)	(0, 20)

3．城乡线路衔接水平 C11

城乡线路衔接水平主要从以下几个方面体现：

（1）农村客运与城市公交是否合理衔接。

（2）公路与铁路是否合理衔接。

（3）公路与航运是否合理衔接。

（4）若有轨道交通，是否与轨道交通合理衔接。

评价标准如表 6-13 所示。

表 6-13　城乡线路的衔接水平评价标准

指　标	地区	评定标度				
		[8, 10)	[6, 8)	[4, 6)	[2, 4)	(0, 2)
线路的衔接水平	平原	满足四项	满足三项	满足两项	满足一项	-
	丘陵	满足三项	满足两项	满足一项		
	山区	满足三项	满足两项	满足一项		
备　注	评价内容为：（1）农村客运与城市公交是否合理衔接；（2）公路与铁路是否合理衔接；（3）公路与航运是否合理衔接；（4）若有轨道交通，是否与轨道交通合理衔接					

4．县（市）通乡（镇）出行平均时耗 C12

县（市）通乡（镇）出行平均时耗指标评价标准如表 6-14 所示。

表 6-14　县（市）通乡（镇）出行平均时耗评价标准

指　标	地区	评定标度				
		[8，10）	[6，8）	[4，6）	[2，4）	（0，2）
县（市）通乡（镇）出行平均时耗/min	平原	（0，30]	（30，40]	（40，50]	（50，60]	（60，+∞）
	丘陵	（0，40]	（40，50]	（50，60]	（60，70]	（70，+∞）
	山区	（0，50]	（50，60]	（60，70]	（70，80]	（80，+∞）

5．配送货物完好率 C13

配送货物完好率评价标准如表 6-15 所示。

表 6-15　配送货物完好率评价标准

指　　标	评定标度				
	[8，10）	[6，8）	[4，6）	[2，4）	（0，2）
配送货物完好率/%	100	[95，100）	[90，95）	[85，90）	（0，85）

6．万人拥有公交车台数 C14

万人拥有车辆数主要是指公交车数量，包括城市公交和城乡公交两种类型。万人拥有车辆数（公交车）指标评价标准如表 6-16 所示。

表 6-16　万人拥有公交车台数评价标准

指　标	地区	评定标度				
		[8，10）	[6，8）	[4，6）	[2，4）	（0，2）
万人拥有车辆数/（辆/万人）	平原	[8，+∞）	[6，8）	[4，6）	[2，4）	（0，2）
	丘陵	[6，+∞）	[4，6）	[2，4）	[1，2）	（0，1）
	山区	[4，+∞）	[2，4）	[1，2）	[0.5，1）	（0，0.5）

7．运营车辆 GPS/3G 安装率 C15

运营车辆 GPS/3G 安装率指标评价标准如表 6-17 所示。

表 6-17　运营车辆 GPS/3G 安装率评价标准

指　　标	属性	评定标度				
		[8，10)	[6，8)	[4，6)	[2，4)	(0，2)
运营车辆 GPS/3G 安装率 /%	定量	[95，100]	[90，95)	[85，90)	[60，85)	(0，60)

8．安全运行间隔里程 C16

安全运行间隔里程指标评价标准如表 6-18 所示。

表 6-18　安全运行间隔里程评价标准

指　　标	地区	评定标度				
		[8，10)	[6，8)	[4，6)	[2，4)	(0，2)
安全运行间隔里程 /（万千米/次）	平原	[125，+∞)	[100，125)	[75，100)	[50，75)	[0，50)
	丘陵	[110，+∞)	[85，110)	[60，85)	[35，60)	(0，35)
	山区	[95，+∞)	[75，95)	[50，75)	[25，50)	(0，25)

6.5.2.3　养护管理评价指标评价标准

1．养护体系完善程度 C17

养护体系完善程度是一个定性指标，其评价主要通过考核是否建立"县、乡、村"三级养护体系并落实责任主体来体现其完善程度。其评价标准如表 6-19 所示。

表 6-19　养护体系完善程度评价标准

指　　标	属性	评定标度				
		[8，10)	[6，8)	[4，6)	[2，4)	(0，2)
养护体系完善程度	定性	具备五项	具备四项	具备三项	具备两项	仅具备一项
备　注	注释：（1）"非常完善"是指建立了县、乡、村三级养护体系，并且各责任主体明确，所有道路均有人养护；（2）"完善"是指建立了县、乡、村三级养护体系，基本覆盖所有道路，只有一小部分道路存在失养状态；（3）"较为完善"是指建立了三级养护体系，但部分道路的养护责任主体不够明确；（4）"稍微不完善"是指存在体系缺失，部分道路失养；（5）"不完善"是基本没有构建养护体系，大部分道路失养					

2．养护考核制度完善程度 C18

养护制度主要从以下几个方面体现：（1）养护日常管理制度；（2）大中修招投标制度；（3）养护资金管理制度；（4）养护质量考核制度；（5）养护员工激励制度。评价标准如表 6-20 所示。

表 6-20　养护考核制度完善程度评价标准

指　标	属性	评定标度				
		[8，10）	[6，8）	[4，6）	[2，4）	（0，2）
养护制度完善程度	定性	具备五项	具备四项	具备三项	具备两项	仅具备一项
备　注		五项内容：（1）养护日常管理制度；（2）大中修招投标制度；（3）养护资金管理制度；（4）养护质量考核制度；（5）养护员工激励制度				

3．养护资金管理水平 C19

养护资金管理水平评价主要从以下四个方面体现：

（1）资金落实率达到 100%。

（2）设立专用账户，专户存储，专款专用。

（3）严格按资金使用进度计划合理使用资金。

（4）无截留、挤占和挪用上级拨付的资金现象。

评价标准见表 6-21。

表 6-21　养护资金管理水平评价标准

指　标	属性	评定标度				
		[8，10）	[6，8）	[4，6）	[2，4）	（0，2）
养护资金管理水平	定性	具备四项	具备三项	具备两项	具备一项	均不具备
备　注		四项内容为：（1）资金落实达到 100%；（2）设立专用账户，专户存储，专款专用；（3）严格按资金使用进度计划合理使用资金；（4）无截留、挤占和挪用上级拨付的资金现象				

4．养护机械配备水平 C20

根据养护机械配备的机械功率评价，养护机械配备水平指标评价标准如表 6-22 所示。

表 6-22 养护机械配置水平评价标准

指 标	地区	评定标度				
		[8, 10)	[6, 8)	[4, 6)	[2, 4)	(0, 2)
养护机械配备水平 /（kW/km）	平原	[5, ∞)	[4, 5)	[3, 4)	[2, 3)	(0, 2)
	丘陵	[4, 5)	[3, 4)	[2, 3)	(1, 2)	(0, 1)
	山区	[3, 4)	[2, 3)	[1.5, 2)	[0.5, 1)	(0, 0.5)

5. 路面技术状况指数（PQI）C21

路面技术状况指数（PQI）指标评价标准如表 6-23 所示。

表 6-23 路面损坏状况指数（PQI）评价标准

指 标	地区	评定标度				
		[8, 10)	[6, 8)	[4, 6)	[2, 4)	(0, 2)
路面技术状况指数（PQI）	平原	[90, 100]	[80, 90)	[70, 80)	[60, 70)	(0, 60)
	丘陵	[85, 100]	[75, 85)	[70, 78)	[60, 70)	(0, 60)
	山区	[85, 100]	[78, 85)	[70, 78)	[60, 70)	(0, 60)

6. 四、五类桥梁状况 C22

四、五类桥梁状况指标评价标准如表 6-24 所示。

表 6-24 四、五类桥梁评价标准

指 标	属性	评定标度				
		[8, 10)	[6, 8)	[4, 6)	[2, 4)	(0, 2)
四、五类桥梁数量（座）	定量	0	[1, 3)	[4, 6)	[7, 10)	(10, +∞)

6.5.2.4 信息化评价指标评价标准

1. 信息平台完善程度 C23

信息共享平台完善程度是反映城乡交通运输统筹发展中信息化水平的重要定性指标，主要从以下几个方面进行评价：

（1）是否建立了行之有效的交通运输安全监控平台；

（2）是否统一采用联网售票系统；

（3）是否建立了养护管理信息化平台；

（4）是否利用电子政务及信息共享平台。

以上均需具备信息化程度高的特点，每缺一项下降一个标度。具体评价标准如表6-25所示。

表6-25　信息共享平台完善程度评价标准

指　标	属性	评定标度				
		[8，10）	[6，8）	[4，6）	[2，4）	（0，2）
信息共享平台完善程度	定性	具备四项	具备三项	具备两项	具备一项	均不具备
备　注	四项内容为：（1）是否建立了行之有效的交通运输安全监控平台；（2）是否统一采用联网售票系统；（3）是否建立了养护管理信息化平台；（4）是否利用电子政务及信息共享平台					

2．信息获取方便程度 C24

该指标可以通过问卷调查的方式获取，其评价标准如表6-26。

表6-26　信息获取方便程度评价标准

指　标	属性	评定标度				
		[8，10）	[6，8）	[4，6）	[2，4）	（0，2）
信息获取方便程度	定性	非常方便	比较方便	一般	比较不方便	不方便

3．信息系统的覆盖率 C25

信息系统的覆盖率指标评价标准如表6-27所示。

表6-27　信息系统覆盖率评价标准

指　标	地区	评定标度				
		[8，10）	[6，8）	[4，6）	[2，4）	（0，2）
信息系统的覆盖率	平原	[95，100]	[90，95）	[85，90）	[80，85）	（0，80）
	丘陵	[90，100]	[85，90）	[80，85）	[75，80）	（0，75）
	山区	[85，100]	[80，85）	[75，80）	[70，75）	（0，70）

6.5.2.5 政策评价指标评价标准

1. 城乡交通财税统一性 C26

该指标反映了城乡交通运输在财税方面的一个定性指标，主要从以下几个方面体现：

（1）是否制定了统一的适合城乡交通运输统筹发展的税收和交通规费政策，包括对城乡交通的在油料、公路收费、车辆购置税等方面的"减、免、缓"政策。

（2）是否制定了统一的适合城乡交通运输统筹发展的票价政策，包括对城乡公交的公益性低票价政策。

（3）是否制定了统一的适合城乡交通运输统筹发展的财政补贴政策，包括城乡交通设施建设和经营补贴等政策。

（4）是否具体落实了相关的财政政策。

据此，城乡交通财税统一性评价标准见表 6-28。

表 6-28　城乡交通财税统一性评价标准

指　　标	属性	评定标度				
		[8，10)	[6，8)	[4，6)	[2，4)	(0，2)
城乡交通财税统一性	定性	具备四项	具备三项	具备两项	具备一项	均不具备
备　　注		四项内容为：（1）统一的税收和交通规费政策；（2）统一的票价政策；（3）统一的财政补贴政策；（4）政策的落实情况				

2. 城乡运输壁垒消除度 C27

该指标反映了城乡交通在运输壁垒消除方面的一个定性指标，主要从以下几个方面体现。

（1）市场准入壁垒。

交通运输部对道路运输行业实行严格的市场准入制度。根据交通运输部发布的《道路旅客运输及客运站管理规定》，申请从事道路客运业务的企业必须取得交通主管部门的相关经营许可，包括道路运输经营许可和客运班线经营的许可。同时，交通主管部门还按照企业分级、线路分类、合理分工、规模经营的原则，将道路客运企业分为不同的资质级别，不同资质级别的客运企业运营不同等级的营运线路，严格限制同一地区客运班线的配置及客运站的重复建设，避免班线重复和社会资源浪费。因此，严格的市场准入制度构成了进入本行业的重要壁垒。

（2）品牌信誉壁垒。

道路客运业既是提供公共服务的行业，又是市场化程度很高的行业。随着道路客运市场竞争日益激烈，取得道路运输经营权对公路客运企业来说至关重要。目前道路经营权主要通过政府行政审批或服务质量招投标方式取得，投标企业以往的经营业绩、质量信誉情况、管理经验、品牌影响力等因素将直接影响其投标资格及线路经营权的续期。因此，道路客运业对投标企业的业绩和品牌信誉积累要求较高，从而为行业的新进入者构成了壁垒。

（3）客运站经营的资源性壁垒。

汽车客运站是道路旅客运输生产过程中集散旅客、停放车辆、直接为旅客及客运经营者服务的场所，是道路客运的重要载体。对于国内大多数拥有客运站的客运企业来说，客运站业务是其重要的收入来源。根据相关规定，客运站的设置和经营须通过交通主管部门的行政审批和许可。同时，客运站的选址和设置必须与所在城市的总体规划相协调，以避免重复建设和符合相关合理性的要求。因此，客运站的有限供给对拟进入本地客运站经营市场的企业形成资源壁垒。

评价标准如表 6-29 所示。

表 6-29 城乡交通运输壁垒消除度评价标准

指　标	属性	评定标度				
		[8，10）	[6，8）	[4，6）	[2，4）	（0，2）
城乡运输壁垒消除度	定性	消除三项	消除两项	消除一项	一项均未消除	-
备　注	三项内容为：（1）市场准入壁垒；（2）品牌信誉壁垒；（3）客运站经营的资源性壁垒					

3．相关法律法规完备率 C28

该指标反映了城乡交通在法律法规方面的一个定性指标，是法制社会成熟的一个体现，主要从以下几个方面来评价。

（1）是否制定和出台了城乡交通基础设施建设的技术规范和技术标准。即将城市公共交通和公路交通等各部门的规范和标准进行合理的修订和完善，妥善解决交通设施布局在技术规范和标准上的空缺、不统一、运用不合理等问题，尤其是城乡交通对接处、结合部、转换点、延伸段等应尽可能同相关技术规范和标准一致、统一，为城乡交通运输统筹发展提供可靠的、有效的技术支撑。

（2）是否制定了从事城乡客运的企业统一执行"五定、四统、三保、两考"的服务标准。

（3）是否制定城乡公交一体化发展管理办法，规定具体操作方法，将城乡公交纳入行业管理，做到依法管理。

（4）是否制定了统一的城乡交通市场准入与退出机制。

（5）是否制定了城乡交通基础设施养护管理办法及考核标准，规定具体的考核办法，做到依法养护管理。

该指标的评价标准如表 6-30 所示。

表 6-30　相关法律法规完备率评价标准

指　标	属性	评定标度				
		[8，10)	[6，8)	[4，6)	[2，4)	（0，2）
相关法律法规完备率	定性	具备五项	具备四项	具备三项	具备两项	仅具备一项
备　注	五项内容为：（1）具有城乡交通建设的技术规范和技术标准；（2）制定了统一的服务标准；（3）制定了城乡公交管理办法；（4）统一的市场准入与退出机制；（5）制定了城乡基础设施养护管理办法及考核标准					

6.5.2.6　各项指标的评价计算标准汇总

根据上面分析，各项指标的评价计算标准汇总为表 6-31。

表 6-31 评价指标评价计算标准汇总

序号	二级指标	属性	地形	评定标度				
				[8, 10)	[6, 8)	[4, 6)	[2, 4)	(0, 2)
1	等级公路占有率 C1	定量	平原	[90, 100)	[80, 90)	[70, 80)	[60, 70)	(0, 60)
			丘陵	[80, 100)	[70, 80)	[60, 70)	[50, 60)	(0, 50)
			山区	[70, 100)	[60, 70)	[50, 60)	[40, 50)	(0, 40)
2	行政村公路通畅率 C2	定量	平原	[95, 100)	[85, 95)	[75, 85)	[65, 75)	(0, 65)
			丘陵	[85, 100)	[75, 85)	[65, 75)	[55, 65)	(0, 55)
			山区	[75, 100)	[65, 75)	[55, 65)	[45, 55)	(0, 45)
3	公路网节点连通度 C3	定量	平原	[3.22, ∞)	[2.5, 3.22)	[1.6, 2.5)	[1.0, 1.6)	(0, 1)
			丘陵	[2.5, ∞)	[1.6, 2.5)	[1.0, 1.6)	[0.8, 1)	(0, 0.8)
			山区	[2.0, ∞)	[1.2, 2.0)	[0.8, 1.2)	[0.5, 0.8)	(0, 0.5)
4	路面铺装率 C4	定量	平原	[90, 100]	[80, 90)	[70, 80)	[60, 70)	(0, 60)
			丘陵	[80, 100]	[70, 80)	[60, 70)	[50, 60)	(0, 50)
			山区	[70, 100]	[60, 70)	[50, 60)	[40, 50)	(0, 40)
5	国省道二级及以上公路比例 C5	定量	平原	[95, 100]	[90, 95)	[85, 90)	[80, 85)	(0, 80)
			丘陵	[90, 100]	[85, 90)	[80, 85)	[75, 80)	(0, 75)
			山区	[85, 100]	[80, 85)	[75, 80)	[70, 75)	(0, 70)
6	公交化运营公路三级及以上比例 C6	定量	平原	100	[95, 100)	[90, 95)	[85, 90)	(0, 85)
			丘陵	[95, 100]	[90, 95)	[85, 90)	[80, 85)	(0, 80)
			山区	[90, 100]	[85, 90)	[80, 85)	[75, 80)	(0, 75)
7	路网衔接度 C7	定性	平原	0	[1, 3]	[4, 6]	[7, 9]	[10, ∞)
			丘陵	[0, 3]	[4, 6]	[7, 9]	[10, 12]	[13, ∞)
			山区	[0, 5]	[5, 8]	[9, 12]	[13, 15]	(16, ∞)

序号	二级指标	属性	地形	评定标度				
				[8，10）	[6，8）	[4，6）	[2，4）	（0，2）
8	场站布局合理性 C8	定性	平原	具备四项	具备三项	具备两项	具备一项	均不具备
			丘陵	具备四项	具备三项	具备两项	具备一项	均不具备
			山区	具备四项	具备三项	具备两项	具备一项	均不具备
9	行政村通班车率 C9	定量	平原	100	[95，100）	[90，95）	[85，90）	（0，85）
			丘陵	[95，100]	[90，95）	[85，90）	[80，85）	（0，80）
			山区	[90，100]	[85，90）	[80，85）	[75，80）	（0，75）
10	公交化通达率 C10	定量	平原	[90，100]	[80，90）	[70，80）	[50，60）	（0，50）
			丘陵	[70，100]	[60，70）	[50，70）	[40，50）	（0，40）
			山区	[50，100]	[40，50）	[30，40）	[20，30）	（0，20）
11	城乡线路衔接水平 C11	定量	平原	满足四项	满足三项	满足两项	满足一项	均不满足
			丘陵	满足三项	满足两项	满足一项	均不满足	—
			山区	满足三项	满足两项	满足一项	均不满足	—
12	县（市）通乡（镇）出行平均时耗 C12	定量	平原	（0，30]	（30，40]	（40，50]	（50，60]	（60，+∞）
			丘陵	（0，40]	（40，50]	（50，60]	（60，70]	（70，+∞）
			山区	（0，50]	（50，60]	（60，70]	（70，80]	（80，+∞）
13	配送货物完好率 C13	定量	平原	100	[95，100）	[90，95）	[85，90）	（0，85）
			丘陵	100	[95，100）	[90，95）	[85，90）	（0，85）
			山区	100	[95，100）	[90，95）	[85，90）	（0，85）
14	万人拥有公交车标台数 C14	定量	平原	[8，+∞）	[6，8）	[4，6）	[2，4）	（0，2）
			丘陵	[6，+∞）	[4，6）	[2，4）	[1，2）	（0，1）
			山区	[4，+∞）	[2，4）	[1，2）	[0.5，1）	（0，0.5）

序号	二级指标	属性	地形	评定标度				
				[8, 10)	[6, 8)	[4, 6)	[2, 4)	(0, 2)
15	运营车辆GPS/3G安装率C15	定量	平原	[95, 100]	[90, 95)	[85, 90)	[60, 85)	(0, 60)
			丘陵	[95, 100]	[90, 95)	[85, 90)	[60, 85)	(0, 60)
			山区	[95, 100]	[90, 95)	[85, 90)	[60, 85)	(0, 60)
16	安全运行间隔里程C16	定量	平原	[125, +∞)	[100, 125)	[75, 100)	[50, 75)	[0, 50)
			丘陵	[110, +∞)	[85, 110)	[60, 85)	[35, 60)	(0, 35)
			山区	[95, +∞)	[75, 95)	[50, 75)	[25, 50)	(0, 25)
17	养护体系完善程度C17	定量	平原	具备五项	具备四项	具备三项	具备两项	仅具备一项
			丘陵	具备五项	具备四项	具备三项	具备两项	仅具备一项
			山区	具备五项	具备四项	具备三项	具备两项	仅具备一项
18	养护考核制度完善程度C18	定量	平原	具备五项	具备四项	具备三项	具备两项	仅具备一项
			丘陵	具备五项	具备四项	具备三项	具备两项	仅具备一项
			山区	具备五项	具备四项	具备三项	具备两项	仅具备一项
19	公路养护资金管理水平C19	定量	平原	具备四项	具备三项	具备两项	具备一项	均不具备
			丘陵	具备四项	具备三项	具备两项	具备一项	均不具备
			山区	具备四项	具备三项	具备两项	具备一项	均不具备
20	养护机械配备水平C20	定量	平原	[5, ∞)	[4, 5)	[3, 4)	[2, 3)	(0, 2)
			丘陵	[4, 5)	[3, 4)	[2, 3)	(1, 2)	(0, 1)
			山区	[3, 4)	[2, 3)	[1.5, 2)	[0.5, 1)	(0, 0.5)
21	路面状况指数（PQI）C21	定量	平原	[90, 100]	[80, 90)	[70, 80)	[60, 70)	(0, 60)
			丘陵	[85, 100]	[75, 85)	[70, 78)	[60, 70)	(0, 60)
			山区	[85, 100]	[78, 85)	[70, 78)	[60, 70)	(0, 60)

序号	二级指标	属性	地形	评定标度				
				[8，10)	[6，8)	[4，6)	[2，4)	(0，2)
22	四、五类桥梁状况 C22	定量	平原	0	[1，3]	[4，6]	[7，10]	(10，+∞)
			丘陵	0	[1，3]	[4，6]	[7，10]	(10，+∞)
			山区	0	[1，3]	[4，6]	[7，10]	(10，+∞)
23	信息平台完善程度 C23	定性	平原	具备四项	具备三项	具备两项	具备一项	均不具备
			丘陵	具备四项	具备三项	具备两项	具备一项	均不具备
			山区	具备四项	具备三项	具备两项	具备一项	均不具备
24	信息获取方便程度 C24	定性	平原	非常方便	比较方便	一般	比较不方便	不方便
			丘陵	非常方便	比较方便	一般	比较不方便	不方便
			山区	非常方便	比较方便	一般	比较不方便	不方便
25	信息系统的覆盖率 C25	定量	平原	[95，100]	[90，95)	[85，90)	[80，85)	(0，80)
			丘陵	[90，100]	[85，90)	[80，85)	[75，80)	(0，75)
			山区	[85，100]	[80，85)	[75，80)	[70，75)	(0，70)
26	城乡政策税费统一度 C26	定量	平原	具备四项	具备三项	具备两项	具备一项	均不具备
			丘陵	具备四项	具备三项	具备两项	具备一项	均不具备
			山区	具备四项	具备三项	具备两项	具备一项	均不具备
27	城乡运输壁垒消除度 C27	定量	平原	消除三项	消除两项	消除一项	一项均未消除	-
			丘陵	消除三项	消除两项	消除一项	一项均未消除	-
			山区	消除三项	消除两项	消除一项	一项均未消除	-

序号	二级指标	属性	地形	评定标度				
				[8，10)	[6，8)	[4，6)	[2，4)	(0，2)
28	相关法规完备情况 C28	定量	平原	具备五项	具备四项	具备三项	具备两项	仅具备一项
			丘陵	具备五项	具备四项	具备三项	具备两项	仅具备一项
			山区	具备五项	具备四项	具备三项	具备两项	仅具备一项

备注

场站布局合理性的四项内容为：（1）城乡客运场站规模等级合理，设施齐全。（2）客运场站设施与城市公交站衔接合理。（3）城乡客运场站规划与城乡规划发展相适应。（4）不存在场站空闲的情况。

线路的衔接性的评价内容为：（1）农村客运与城市公交是否合理衔接；（2）公路与铁路是否合理衔接；（3）公路与航运是否合理衔接；（4）若有轨道交通，是否与轨道交通合理衔接。

养护体系完善程度：（1）"非常完善"是指建立了县、乡、村三级养护体系，并且各责任主体明确，所有道路均有人养护；（2）"完善"是指建立了县、乡、村三级养护体系，基本覆盖所有道路，只有一小部分道路存在失养状态；（3）"较为完善"是指建立了三级养护体系，但部分道路的养护责任主体不够明确；（4）"稍微不完善"是指存在体系缺失，部分道路失养；（5）"不完善"是基本没有构建养护体系，大部分道路失养。

养护制度五项内容：（1）养护日常管理制度；（2）大中修招投标制度；（3）养护资金管理制度；（4）养护质量考核制度；（5）养护员工激励制度。

公路养护资金管理水平四项内容：（1）资金落实率达到 100%；（2）设立专用账户，专户存储，专款专用；（3）严格按资金使用进度计划合理使用资金；（4）无截留、挤占和挪用上级拨付的资金现象。

信息平台四项内容为：（1）是否建立了行之有效的交通运输安全监控平台；（2）是否统一采用联网售票系统；（3）是否建立了养护管理信息化平台；（4）是否利用电子政务及信息共享平台。

城乡政策税费统一度四项内容：（1）统一的税收和交通规费政策；（2）统一的票价政策；（3）统一的财政补贴政策；（4）政策的落实情况。

城乡运输壁垒消除度三项内容为：（1）市场准入壁垒；（2）品牌信誉壁垒；（3）客运站经营的资源性壁垒；

法规完备情况五项内容为：（1）具有城乡交通建设的技术规范和技术标准；（2）制定了统一的服务标准；（3）制定了城乡公交管理办法；（4）统一的市场准入与退出机制；（5）制定了城乡基础设施养护管理办法及考核标准

6.5.3　指标权重的计算

6.5.3.1　指标权重确定方法

区域城乡交通运输统筹发展水平评估问题是典型的多属性决策问题。多属性决策是决策理论研究的重要内容，现已被广泛应用诸多领域。在对区域城乡交通运输统筹发展水平评估中，要想全面反映区域城乡交通运输统筹发展水平，必须综合其指标体系中的所有因素的全部特征，因为城乡交通运输统筹评估指标体系中的每一因素仅仅反映了区域城乡交通运输统筹的某项特征。同时，由于每一因素对区域整体城乡交通运输统筹程度所产生的影响不完全一样，因而各项指标的重要程度也不完全相同，即指标权重不同。只有科学合理地确定各指标的权重，才能确保城乡交通运输统筹评估结论的真实、可靠。

目前，确定指标权重的方法有几十种之多。一般而言，权重确定的方法可分为三类，即主观赋权法、客观赋权法和组合赋权法。

主观赋权法是评估专家根据自己对各风险指标重视程度进行主观判断来赋权确定权重，如常见的层次分析法（AHP）、德尔菲法（Delphi）、特征向量法、功效系数法、集值迭代法、最小平方法等。该方法具有能使指标权重与实际重要程度相吻合的优点，但易因主观因素的影响造成量化结果的巨大偏差。

客观赋权法是根据对风险评估量化的原始数据，通过提取各风险指标风险值的变异信息量和风险因素间的相关信息量来确定权重，如主成分分析法、熵值法、多目标最优化方法、基于方案贴近度法、因子分析法等。该方法虽能杜绝人的主观臆断性，但因仅仅依赖数据的变异程度而未综合考虑各指标的实际影响，而导致权重结果与实际情况的偏离。

组合赋权法是对前两类方法的综合合成，能集合主客观赋权的优点，既充分依靠了原始数据，又体现了评估者的主观愿望，使确定出的指标权重更加可靠。此方法一般有加法合成和乘法合成两种。乘法集成由于具有小者更小，大者更大的"倍增效应"，仅适合权重均匀分配的情况。因此，本书采用加法合成法来对指标赋权。

鉴于关于城乡交通运输统筹评价方面资料的缺失，考虑到仅仅依靠决策者的主观判断或者客观算法直接给出的权重很难与实际情况相符合的现实，为了减少偏差，提高评价结果的精度和可信度，本书采用主观信息和客观信息相统一的组合赋权法对各指标赋权，具体做法是：根据专家分别对要素层和指标层进行两两比较，根据重要程度利用层次分析法，求出各个要素和指标的权重值 α_i，然后再依据专家的经验、知识，按表 6-32 的分级标准对各风险评价指标的重要性进行赋值，利用熵权法计算各指标的权重值 λ_i，最后再采用组合赋权法（加法合成法）确定各个指标最终的权重，见式（6-1）。

表 6-32　指标重要性分值对应表（5 分值）

重要程度	不重要	不太重要	一般重要	比较重要	非常重要
分　值	1	2	3	4	5

设 α_i, λ_i 分别是由层次分析法和熵权法确定的第 i 个指标 C_i 的权重值，则加法合成法得到的综合权重为：

$$w_i = \beta\lambda_i + (1-\beta)\alpha_i \qquad (6\text{-}3)$$

上式中，$\beta \in [0,1]$ 为权重偏好系数。组合权重值 w_i 随着权重偏好系数 β 的改变而改变，当 $\beta = 0$ 和 $\beta = 1$ 时，它分别对应于单独的层次分析法和熵权法。结合本书指标体系的实际情况，β 取 0.5 比较合适。

6.5.3.2　指标权重的确定

考虑到西部地区不同地形条件的影响，按照本书确定的方法分别对不同类型地区计算一级指标权重。结果如表 6-33 所示。

表 6-33　一级指标的权重值表

总目标	一级指标	评价权重			备注
		平原地区	丘陵地区	盆周山区	
城乡交通运输统筹发展 A	基础设施 B1	0.091 5	0.164 6	0.216 6	一级指标权重总和为 1
	运输服务 B2	0.274 5	0.216 6	0.164 6	
	养护管理 B3	0.158 5	0.125 1	0.125 1	
	信息化 B4	0.158 5	0.164 6	0.164 6	
	配套政策 B5	0.317 0	0.329 2	0.329 2	

根据对指标体系各指标对城乡交通运输统筹发展水平影响程度的高低,利用确定的指标权重确定方法,确定各指标的权重如表 6-34 所示。

表 6-34　二级指标权重值

序号	总目标	一级指标	二级指标	二级指标权重
1	城乡交通运输统筹发展水平 A	交通基础设施 B1	等级公路占有率 C1	0.126 3
2			行政村公路通达率 C2	0.137 1
3			公路网节点连通度 C3	0.123 7
4			路面铺装率 C4	0.115 6
5			国省道二级及以上公路比例 C5	0.121 0
6			公交化运营公路三级及以上比例 C6	0.142 5
7			路网衔接度 C7	0.123 7
8			场站布局合理性 C8	0.110 2
9		运输服务 B2	行政村通班车率 C9	0.117 5
10			公交化通达率 C10	0.129 5
11			城乡线路衔接水平 C11	0.123 5
12			县(市)通乡(镇)出行平均时耗 C12	0.111 4
13			配送货物完好率 C13	0.138 6
14			万人拥有公交车标台数 C14	0.123 5
15			运营车辆 GPS/3G 安装率 C15	0.138 6
16			安全运行间隔里程 C16	0.117 5

序号	总目标	一级指标	二级指标	二级指标权重
17			养护体系完善程度 C17	0.174 2
18			养护考核制度完善程度 C18	0.170 7
19		养护管理 B3	公路养护资金落实率 C18	0.184 7
20	城乡交		养护机械配备水平 C20	0.135 9
21	通运输		路面状况指数（PQI）C21	0.163 8
22	统筹发		四、五类桥梁状况 C22	0.170 7
23	展水平	信息化	信息平台完善程度 C23	0.413 8
24	A	水平 B4	信息获取方便程度 C23	0.289 7
25			信息系统的覆盖率 C25	0.296 6
26		配套政策 B5	城乡政策税费统一度 C26	0.288 9
27			城乡运输壁垒消除度 C27	0.377 8
28			相关法规完备情况 C28	0.333 3

6.5.3.3　考虑不同时间阶段的权重修正

城乡交通运输统筹发展是分阶段的过程，是一个动态的、不断发展完善的系统。所以，在评价过程中，不同的发展阶段评价的标准不同，需要评价的指标体系也应有所区别，各项评价指标对总目标的影响权重也需有一定变化。

第一阶段，是交通运输统筹发展量变积累阶段，基础设施的完备程度是发展的基础，这个时期的评价应以基础设施的连通、完善为主。要满足路网发展，就必须满足基本的规模要求，同时兼顾县域内的路网结构、场站布局及运输结构。强调对于统筹发展理念的认知程度，着重评价规划建设水平。

第二阶段，是瓶颈处的发展模式选择阶段，即统筹发展的思想已经被广泛认同，基础设施的规划建设已经达到一定水平，此时的评价重点应该逐渐转移到对于城乡运输系统的控制和管理以及基础设施的养护管理，建立一体化的交通运输管理及养护体制，加强对于运输市场的调整力度，提高养护管理水平，完善城乡交通运输统筹发展的法律法规，形成保障体系。

第三阶段，是交通运输统筹发展质变飞跃阶段，县域经济发展已经达到很高水平，路网结构性能已经趋于稳定，交通运输系统需要实现技术上的进一步突破。信息技术的一体化是这个阶段的主要发展内容，同时也是评价的主要对象。

7 城乡交通运输统筹发展水平评价

要进行西部地区城乡交通运输的统筹发展，实现公共交通运输服务的均等化，必须先进行城乡交通运输统筹发展的水平评价。城乡交通运输统筹发展水平评价是城乡交通运输统筹决策的重要环节，选择正确的评价方法，将有助于管理者分析城乡交通运输统筹发展的程度，以便做出正确的决策或做出正确的应对措施。本章将对城乡交通运输统筹发展评价的方法进行研究，并在第6章风险评价指标体系的基础上进行实证分析。

7.1 城乡交通运输统筹评价方法选择

7.1.1 常见的评价方法

对于评价方法的研究，我国学者取得了一定的成绩，并用于城乡统筹的评价，曹扬、于峰等人基于 AHP 方法构建了统筹城乡发展的评估框架，通过城乡统筹条件指数与水平指数对我国各省区进行了评价和排序。在此基础上，整合超效率 DEA 模型研究了各省区的城乡统筹效率及改进路径。李岳云、陈勇、孙林等人使用层次分析法确定了城乡统筹指标的权重，并设定评价标准值，以南京市为例进行了检验性评价。徐晨、何如海等运用熵值法计算城乡统筹发展水平评价指标权重，构建城乡统筹发展水平评价方法，并以合肥市为例，对该市 2001—2010 年期间的城乡统筹发展水平进行相应的实证分析，寻找制约合肥市城乡统筹发展水平的因素并提出针对性的对策建议。但对于城乡交通运输统筹这一在我国刚刚处于起步阶段的"新兴事物"而言，由于缺乏充足的历史数据，目前尚未形成一套行之有效的具体针对城乡交通运输统筹发展水平评价的理论体系、模型和方法，还未能对城乡交通运输统筹整体发展水平进行全面系统的定量分析，也没有合理和完整的评价体系、评价模型和评价方法。

为寻求适合城乡交通运输统筹发展水平的评价方法，有必要对常见的评价方法进行梳理。评价方法一般可分为定性分析法和定量分析法。定性分析是评价者凭借自己的直觉、经验，根据评估对象已有的相关统计资料或历史数据，运用归纳和推演、抽象与概括和分析与综合等方法，对分析对象的重要程度做出判断，并对影响因素进行优先级排序的一种方法，常用的有层次分析法、专家打分法、模糊数学法等。定量分析则是通过将体现评价对象特征的各项指标定量化，来对评价对象给出较为客观的判断，常用的方法有决策树法、敏感性分析、计划评审技术法、蒙特卡罗分析、模糊综合评价法、马尔可夫模型、事故树（张桂新等，2006）等。当前，随着概率论及数理统计、决策理论、不确定性理论和模糊数学等研究的不断深入和发展，可采用的评价模型也越来越多。通过对各种评估方法进行梳理，它们都有着各自的优缺点和适用范围（限于篇幅，本书不再一一罗列出来）。

7.1.2　城乡交通运输统筹发展水平评价方法选定

通过对第 6 章所建的城乡交通运输统筹发展水平评价指标体系进行分析，不难发现它是一个多元复杂体系，不仅影响的因素较多，包括定性和定量指标，而且各个指标的变化规律又各异，其中的一些定性指标由于具有非定量化和模糊性的特征，故不能简单地用一个准确的数值来表示，难以量化，这就给城乡交通运输统筹发展水平评估量化带来诸多困难。此外，很多指标之间又可能存在较为复杂的关系，具有不可共度性和矛盾性，即具有不相容性。因此，在对城乡交通运输统筹发展评价方法的选取方面需要对多指标的属性予以统筹考虑，而不宜采用传统的多元统计法，必须寻找一种能将定量和定性分析有机结合的系统分析方法。此外，对于多准则、多因素的复杂系统，建立模糊综合法的隶属函数颇为棘手，而常规多指标综合法又难以克服其主观随意性。

我国著名学者蔡文教授在 1983 年首先创造了一门介于数学和实验之间的学科——物元分析（Matter Element Analysis）理论（蔡文，1994；张斌，雍岐东等，1997）。物元分析是研究解决不相容矛盾问题规律的一种方法，它能将复杂问题抽象为形象化的模型，并应用这些模型研究基本理论，提出相应的应用方法。它的主要思想是将任一事物均用"事物、特征、量值"三个要素来进行描述，并组成有序的三元组的物元，即基本元。物元分析是研究物元及其变化规律，从而建立起对应的物元模型，进而实现从定性到定量的描述和转换，特别适用于定性与定量相结合的多指标量化问题的研究（张先起，2005；刘娜，艾南山等，2007）。物元分析模型相对于其他方法来说，具有计算相对简单，理论简单易懂的特点，且将定性分析和定量分析有机结合了起来，可以避免交通运输管理者在对结构复杂系统进行决策时出现逻辑推理的重大失误，因此适合于对城乡交通运输统筹发展水平进行评价分析。

基于以上考虑，本书拟运用物元分析的原理，并结合接近度的概念，综合考虑主客观因素的作用，以对城乡交通运输统筹发展水平做出科学、准确、客观和合理的评估。

7.2 城乡交通运输统筹发展评价的物元分析模型

7.2.1 构建物元矩阵

事物 N，关于特征 C 的量值 X，以有序三元 $R = (N, C, X)$ 组作为描述事物的基本元，简称物元。如果事物 N 有多个特征 $C_1, C_2, \cdots, C_m$ 和相应的量值 $V_1, V_2, \cdots, V_m$，则称 R 为 m 维物元，见式（7-1）。

$$R = (N, C, X) = \begin{vmatrix} N, & C_1, & X_1 \\ & C_2, & X_2 \\ & \cdots & \cdots \\ & C_m, & X_m \end{vmatrix} = \begin{vmatrix} R_1 \\ R_2 \\ \vdots \\ R_m \end{vmatrix} \quad （7\text{-}1）$$

利用物元分析方法，可以建立起多指标性能参数的城乡交通运输统筹发展水平评价模型，并以定量的数值较完整地反映城乡交通运输统筹发展的水平。

7.2.2 确定经典域和节域

经典域的计算见公式（7-2）。

$$R_{oj} = (N_{oj}, C_i, X_{oji}) = \begin{vmatrix} N_{ij}, & C_1, & X_{oj1} \\ & C_2, & X_{oj2} \\ & \cdots & \cdots \\ & C_m, & X_{ojm} \end{vmatrix} = \begin{vmatrix} N_{oj}, & C_1, & (a_{oj1}, b_{oj1}) \\ & C_2, & (a_{oj2}, b_{oj2}) \\ & \cdots & \cdots \\ & C_m, & (a_{ojm}, b_{ojm}) \end{vmatrix} \quad （7\text{-}2）$$

式中：N_{oj}——对拟研究区域城乡交通运输统筹发展水平所划分的 j 个评价等级；

C_i——城乡交通运输统筹发展水平 N_{oj} 的特征；

X_{oji}——经典域，即 N_{oj} 关于其对应特征 C_i 所规定的量值范围。

节域指拟研究区域各评价指标全部发展水平的值域，如式（7-3）所示。

$$R_p = (P, C_i, X_{pi}) = \begin{vmatrix} P, & C_1, & X_{p1} \\ & C_2, & X_{p2} \\ & \cdots & \cdots \\ & C_m, & X_{pm} \end{vmatrix} = \begin{vmatrix} P, & C_1, & (a_{p1}, b_{p1}) \\ & C_2, & (a_{p2}, b_{p2}) \\ & \cdots & \cdots \\ & C_m, & (a_{pm}, b_{pm}) \end{vmatrix} \quad （7\text{-}3）$$

式中：P——拟研究区域城乡交通运输统筹发展的全体；

X_{pi}——P 关于 C_i 的量值范围；

a_{pi}，b_{pi} 分别为 P 关于 C_i 所取量值的下限和上限。

7.2.3 确定待评物元

对待评地区的城乡交通运输统筹发展水平，把所检测得到的数据或分析的结果用物元表示，即可得到式（7-4）所示待评物元。

$$R_o = (P_o, C_i, X_{pi}) = \begin{vmatrix} P_o & C_1, & X_1 \\ & C_2, & X_2 \\ & \vdots & \vdots \\ & C_m, & X_m \end{vmatrix} \quad （7\text{-}4）$$

式中：P_o 表示待评地区城乡交通运输统筹发展状况；X_i 为 P_o 关于 C_i 的量值，即获得的待评地区城乡交通运输统筹发展水平各评价指标的具体数据。

7.2.4 城乡统筹交通发展水平划分

根据前面对城乡交通运输统筹发展水平的分析，影响城乡交通运输统筹发展的因素很多，涉及方方面面，为提高管理效果，同时减少管理中人、财、物的投入，在对城乡交通进行统筹发展的过程中，需要对统筹发展水平进行划分，以抓住管理的重心。因为评价指标 $C_i(i = 1, 2, \cdots, m)$ 的不确定性，很多指标难以量化，本书根据城乡交通运输统筹发展的影响程度，将各个评价指标划分为城乡交通运输统筹发展程度低、较低、一般、较高和高五个等级，并作如下假设。

假设 1：将城乡交通运输统筹发展水平指标划分为五个级别=｛低，较低，一般，较高，高｝，且各等级之间存在临界值。

假设 2：城乡交通运输统筹发展评价指标 C_i 可被量化，但其量化值可能不是一个确定值。可邀请专家，根据自己的经验并结合区域实际，根据第 6 章介绍的方法进行统计计算。C_i 处于低水平时，$x_i \in (0,2]$；当 C_i 处于较低水平时，$x_i \in (2,4]$；当 C_i 处于一般水平时，$x_i \in (4,6]$；当 C_i 处于较高水平时，$x_i \in (6,8]$；当 u_i 处于高水平时，$x_i \in (8,10]$。

7.2.5　确定待评标的物关于各发展水平的关联度

确定待评地区城乡交通运输统筹发展与不同发展水平的关联度。根据矩的定义,待评地区城乡交通运输统筹发展对不同发展水平的关联度，可用式（7-5）表示。

$$K_j(X_i) = \frac{\rho(X_i, X_{oji})}{\rho(X_i, X_{pi}) - \rho(X_i, X_{oji})} \tag{7-5}$$

式（7-5）中

$$\rho(X_i, X_{oji}) = \left| X_i - \frac{a_{oji} + b_{oji}}{2} \right| - \frac{1}{2}(b_{oji} - a_{oji}) \ (i = 1, 2, \cdots, n) \tag{7-6}$$

$$\rho(X_i, X_{pi}) = \left| X_i - \frac{a_{pi} + b_{pi}}{2} \right| - \frac{1}{2}(b_{pi} - a_{pi}) \ (i = 1, 2, \cdots, n) \tag{7-7}$$

上式中，$\rho(X_i, X_{oji})$、$\rho(X_i, X_{pi})$ 分别为 X_i 关于区间 $<a_{oji}, b_{oji}>$ $<a_{pi}, b_{pi}>$ 的"接近度"。

对每个特征 C_i，取 W_i 为权重系数，令

$$K_j(P_o) = \sum_{i=1}^{n} \omega_i K_j(X_i) \tag{7-8}$$

称 $K_j(P_o)$ 为待评地区城乡交通运输统筹发展 P_o 关于发展水平 j 的综合关联度。

7.2.6 城乡交通运输统筹发展程度的评价

根据公式（7-8）计算结果，若

$$K_j = \max K_j(P_o) \quad j \in (1, 2, \cdots, m) \tag{7-9}$$

则评定 P_o 属于等级 j。

当 $0 \leqslant K_j(P_o) \leqslant 1.0$ 时，表示 P_o 的城乡交通运输统筹发展水平符合标准对象要求的程度，其值越大，符合程度越好。当 $P_o \leqslant 0$ 时，表示 P_o 不符合标准对象的要求。

7.3　实例分析

为实现城乡交通运输统筹协调发展，促进城乡交通运输的一体化，促进区域经济的发展，为全面建成小康社会提供交通基础支撑，本书以西部地区较具代表性的省份四川省为例，并根据四川的特殊地形特征，分别选取城乡交通运输一体化试点地区成都市双流区（原双流县）、犍为县和射洪县，对其已进行的城乡交通运输统筹发展水平进行了评价。限于篇幅，本书仅以双流区为例进行较全面的分析。

7.3.1 评价指标的量化

根据第 6 章的分析成果，计算得到各评价地区的各指标值，见表 7-1。

表 7-1　评价指标得分情况

序号	二级指标	评价地区得分		
		双流区	犍为县	射洪县
1	等级公路占有率	9.6	8.2	6.4
2	行政村公路通达率	10	7.4	5.8
3	公路网节点连通度	9.8	6.8	4.8
4	路面铺装率	9.9	7.5	4.5
5	国省道二级及以上公路比例	10	8.1	6
6	公交化运营公路三级及以上比例	10	7.5	5.6
7	路网衔接度	8.5	7.2	6
8	场站布局合理性	8.4	7.6	5.8
9	行政村通班车率	10	7.3	5.4
10	公交化通达率	10	7.2	5.2
11	城乡线路衔接水平	10	6.7	5.7
12	县（市）通乡（镇）出行平均时耗	9.3	6.4	5.5
13	配送货物完好率	9.8	8.2	5.2
14	万人拥有公交车标台数	9.5	6.8	5.8
15	运营车辆 GPS/3G 安装率	10	10	10
16	安全运行间隔里程	9.8	6.8	5.4
17	养护体系完善程度	9.7	7.8	7.4
18	养护考核制度完善程度	10	8.4	7.2
19	公路养护资金落实率	10	8.2	7.3
20	养护机械配备水平	10	7.5	6.4
21	路面状况指数 PQI	8	7.8	6.4
22	四、五类桥梁状况	8	7.2	6.6
23	信息平台完善程度	9.8	6.5	5.8
24	信息获取方便程度	9.6	6.7	5.4
25	信息系统的覆盖率	9.8	6.6	5.8
26	城乡政策税费统一度	8.5	6.5	5.5
27	城乡运输壁垒消除度	8.5	6.8	5.6
28	法规完备情况	8.5	7.0	5.8

7.3.2 经典域物元、节域物元的确定

根据城乡交通运输统筹发展的实践，以及访问城乡居民、运输企业、交通运输行业管理者及有关专家学者，项目组构造的城乡交通运输统筹发展水平的经典域物元为：

$$R_{o1} = (N_{oj}, C_i, X_{oji}) = \begin{vmatrix} 统筹程度低, & C_1, & (0,2) \\ & C_2, & (0,2) \\ & \vdots & \\ & C_{28}, & (0,2) \end{vmatrix}$$

$$R_{o2} = \begin{vmatrix} 统筹程度较低, & C_1, & (2,4) \\ & C_2, & (2,4) \\ & \vdots & \\ & C_{28}, & (2,4) \end{vmatrix}, \quad R_{o3} = \begin{vmatrix} 统筹程度一般, & C_1, & (4,6) \\ & C_2, & (4,6) \\ & \vdots & \\ & C_{28}, & (4,6) \end{vmatrix},$$

$$R_{o4} = \begin{vmatrix} 统筹程度较高, & C_1, & (6,8) \\ & C_2, & (6,8) \\ & \vdots & \\ & C_{28}, & (6,8) \end{vmatrix}, \quad R_{o5} = \begin{vmatrix} 统筹程度高, & C_1, & (8,10) \\ & C_2, & (8,10) \\ & \vdots & \\ & C_{28}, & (8,10) \end{vmatrix}$$

节域物元：
$$R_p = \begin{vmatrix} 城乡交通统筹程度, & C_1, & (0,10) \\ & C_2, & (0,10) \\ & \vdots & \\ & C_{28}, & (0,10) \end{vmatrix}$$

7.3.3 关联度的计算及风险等级评定

为了对城乡交通运输统筹发展水平有个更清晰的认识，需要对其整体发展水平和分类发展水平分别进行评定。当该地区整体统筹水平处于低等级时，表明该地区对城乡交通运输统筹重视程度不够，城乡交通发展差距大，交通运输公共服务均等化程度低，制约农村地区经济社会的

发展，政府应加强对该地区交通基础设施建设的投资力度，提高城乡交通的运营服务水平。

7.3.4　城乡交通运输统筹整体水平评定

利用公式（7-5）计算得 $K_j(X_i)$（$j = 1, 2, 3, 5; i = 1, 2, \cdots, 28$），见表 7-2 中的 $K_j(X_i)$ 项。

根据组合取得的权系数 $w_i (i = 1, 2, \cdots, 28)$（表 3-4），按公式（7-5）计算综合关联度，计算结果为：

$$K_1(P_0) = -0.856\,0, \quad K_2(P_0) = -0.811\,7, \quad K_3(P_0) = -0.728\,0,$$

$$K_4(P_0) = -0.510\,3, \quad K_5(P_0) = 0.330\,9\,。$$

根据公式（7-9）的评价准则，由于 $K_5(P_0) = \max K_j(P_0), \ j \in (1, 2, 3, 4, 5)$

故 P_o 的城乡交通运输统筹发展水平为高等级，即该地区的城乡交通运输统筹发展水平高，基本达到城乡交通运输一体化的水平。计算结果与双流的实际情况相一致。

7.3.5　分类评定

为了进一步加强对该地区交通运输的管理，实现城乡交通运输统筹发展，确保城乡统筹达到预期的目标，下面我们再分类对该地区城乡交通运输统筹发展情况进行评定。

1．交通基础设施

交通基础设施统筹的经典域、节域与城乡交通整体统筹评定的相一致。将各指标的权重进行标准化，即交通基础设施各指标权重之和等于 1，按同样的方法进行评定，则双流区的城乡交通基础设施统筹评价数据计算见表 7-3。

表 7-2　双流县城乡交通运输统筹发展情况数据表

一级指标 ①	权重 1 ②	二级指标 ③	权重 2 ④	权重 W_i ⑤=②×④	X_i ⑥	$K_1(X_i)$	$K_2(X_i)$	$K_3(X_i)$	$K_4(X_i)$	$K_5(X_i)$
B1	0.0915	C1	0.126 3	0.011 6	9.6	-0.894 1	-0.861 5	-0.800 0	-0.640 0	0.800 0
		C2	0.137 1	0.012 5	10	-0.941 2	-0.923 1	-0.888 9	-0.800 0	0.000 0
		C3	0.123 7	0.011 3	9.8	-0.917 6	-0.892 3	-0.844 4	-0.720 0	0.400 0
		C4	0.115 6	0.010 6	9.9	-0.929 4	-0.907 7	-0.866 7	-0.760 0	0.200 0
		C5	0.121 0	0.011 1	10	-0.941 2	-0.923 1	-0.888 9	-0.800 0	0.000 0
		C6	0.142 5	0.013 0	10	-0.941 2	-0.923 1	-0.888 9	-0.800 0	0.000 0
		C7	0.123 6	0.011 3	8.5	-0.764 7	-0.692 3	-0.555 6	-0.200 0	0.333 3
		C8	0.110 2	0.010 1	8.4	-0.752 9	-0.676 9	-0.533 3	-0.160 0	0.235 3
B2	0.2745	C9	0.117 5	0.032 3	10	-0.941 2	-0.923 1	-0.888 9	-0.800 0	0.000 0
		C10	0.129 5	0.035 5	10	-0.941 2	-0.923 1	-0.888 9	-0.800 0	0.000 0
		C11	0.123 5	0.033 9	10	-0.941 2	-0.923 1	-0.888 9	-0.800 0	0.000 0
		C12	0.111 4	0.030 6	9.3	-0.858 8	-0.815 4	-0.733 3	-0.520 0	1.400 0
		C13	0.138 6	0.038 0	9.8	-0.917 6	-0.892 3	-0.844 4	-0.720 0	0.400 0
		C14	0.123 5	0.033 9	9.5	-0.882 4	-0.846 2	-0.777 8	-0.600 0	1.000 0
		C15	0.138 5	0.038 0	10	-0.941 2	-0.923 1	-0.888 9	-0.800 0	0.000 0
		C16	0.117 5	0.032 3	9.8	-0.917 6	-0.892 3	-0.844 4	-0.720 0	0.400 0
B3	0.1585	C17	0.174 2	0.027 6	9.7	-0.905 9	-0.876 9	-0.822 2	-0.680 0	0.600 0
		C18	0.170 7	0.027 1	10	-0.941 2	-0.923 1	-0.888 9	-0.800 0	0.000 0
		C19	0.184 7	0.029 3	10	-0.941 2	-0.923 1	-0.888 9	-0.800 0	0.000 0
		C20	0.135 9	0.021 5	10	-0.941 2	-0.923 1	-0.888 9	-0.800 0	0.000 0
		C21	0.163 8	0.026 0	8	-0.705 9	-0.615 4	-0.444 4	0.000 0	0.000 0
		C22	0.170 7	0.027 1	8	-0.705 9	-0.615 4	-0.444 4	0.000 0	0.000 0
B4	0.1585	C23	0.413 8	0.065 6	9.8	-0.917 6	-0.892 3	-0.844 4	-0.720 0	0.400 0
		C24	0.289 7	0.045 9	9.6	-0.894 1	-0.861 5	-0.800 0	-0.640 0	0.800 0
		C25	0.296 5	0.047 0	9.8	-0.917 6	-0.892 3	-0.844 4	-0.720 0	0.400 0
B5	0.317	C26	0.288 9	0.091 6	8.5	-0.764 7	-0.692 3	-0.555 6	-0.200 0	0.333 3
		C27	0.377 8	0.119 8	8.5	-0.764 7	-0.692 3	-0.555 6	-0.200 0	0.333 3
		C28	0.333 3	0.105 7	8.5	-0.764 7	-0.692 3	-0.555 6	-0.200 0	0.333 3

表 7-3　交通基础设施评价计算数据

指标	权重 w_i	指标值 X_i	$K_1(X_i)$	$K_2(X_i)$	$K_3(X_i)$	$K_4(X_i)$	$K_5(X_i)$
C1	0.126 3	9.6	− 0.894 1	− 0.861 5	− 0.800 0	− 0.640 0	0.800 0
C2	0.137 1	10	− 0.941 2	− 0.923 1	− 0.888 9	− 0.800 0	0.000 0
C3	0.123 7	9.8	− 0.917 6	− 0.892 3	− 0.844 4	− 0.720 0	0.400 0
C4	0.115 6	9.9	− 0.929 4	− 0.907 7	− 0.866 7	− 0.760 0	0.200 0
C5	0.121	10	− 0.941 2	− 0.923 1	− 0.888 9	− 0.800 0	0.000 0
C6	0.142 5	10	− 0.941 2	− 0.923 1	− 0.888 9	− 0.800 0	0.000 0
C7	0.123 6	8.5	− 0.764 7	− 0.692 3	− 0.555 6	− 0.200 0	0.333 3
C8	0.110 2	8.4	− 0.752 9	− 0.676 9	− 0.533 3	− 0.160 0	0.235 3

通过计算可得：$K_1(P_0) = -0.888\ 4$，$K_2(P_0) = -0.854\ 1$，$K_3(P_0) = -0.789\ 2$，$K_4(P_0) = -0.620\ 6$，$K_5(P_0) = 0.240\ 8$。

因 $K_5(P_0) = \max K_j(P_0)$，$j \in (1,2,3,4,5)$，由此可知，该地区交通基础设施城乡统筹发展水平高。

2．运输服务

经计算，该地区的运输服务评价数据见表 7-4。

表 7-4　运输服务评价计算数据

指标	权重 w_i	指标值 X_i	$K_1(X_i)$	$K_2(X_i)$	$K_3(X_i)$	$K_4(X_i)$	$K_5(X_i)$
C9	0.117 5	10	− 0.941 2	− 0.923 1	− 0.888 9	− 0.800 0	0.000 0
C10	0.129 5	10	− 0.941 2	− 0.923 1	− 0.888 9	− 0.800 0	0.000 0
C11	0.123 5	10	− 0.941 2	− 0.923 1	− 0.888 9	− 0.800 0	0.000 0
C12	0.111 4	9.3	− 0.858 8	− 0.815 4	− 0.733 3	− 0.520 0	1.400 0
C13	0.138 6	9.8	− 0.917 6	− 0.892 3	− 0.844 4	− 0.720 0	0.400 0
C14	0.123 5	9.5	− 0.882 4	− 0.846 2	− 0.777 8	− 0.600 0	1.000 0
C15	0.138 5	10	− 0.941 2	− 0.923 1	− 0.888 9	− 0.800 0	0.000 0
C16	0.117 5	9.8	− 0.917 6	− 0.892 3	− 0.844 4	− 0.720 0	0.400 0

计算得，$K_1(P_0) = -0.918\ 7$，$K_2(P_0) = -0.893\ 7$，$K_3(P_0) = -0.846\ 5$，$K_4(P_0) = -0.723\ 6$，$K_5(P_0) = 0.381\ 9$。

因 $K_5(P_0) = \max K_j(P_0)$，$j \in (1, 2, 3, 4, 5)$，由此可知，双流区运输服务城乡统筹属于高水平。

3．养护管理

经计算，双流养护管理评价数据见表 7-5。

表 7-5　养护管理评价计算数据

指标	权重 W_i	风险值 X_i	$K_1(X_i)$	$K_2(X_i)$	$K_3(X_i)$	$K_4(X_i)$	$K_5(X_i)$
C17	0.174 2	9.7	− 0.905 9	− 0.876 9	− 0.822 2	− 0.680 0	0.600 0
C18	0.170 7	10	− 0.941 2	− 0.923 1	− 0.888 9	− 0.800 0	0.000 0
C19	0.184 7	10	− 0.941 2	− 0.923 1	− 0.888 9	− 0.800 0	0.000 0
C20	0.135 9	10	− 0.941 2	− 0.923 1	− 0.888 9	− 0.800 0	0.000 0
C21	0.163 8	8	− 0.705 9	− 0.615 4	− 0.444 4	0.000 0	0.000 0
C22	0.170 7	8	− 0.705 9	− 0.615 4	− 0.444 4	0.000 0	0.000 0

计算得，$K_1(P_0) = -0.856\ 3$，$K_2(P_0) = -0.812\ 1$，$K_3(P_0) = -0.728\ 6$，$K_4(P_0) = -0.511\ 5$，$K_5(P_0) = 0.104\ 5$。

因 $K_5(P_0) = \max K_j(P_0)$，$j \in (1, 2, 3, 4, 5)$，因此，双流区养护管理城乡统筹水平属于高等程度。

4．信息化水平

经计算，双流信息化水平评价数据见表 7-6。

表 7-6　信息化水平评价计算数据

指标	权重 W_i	风险值 X_i	$K_1(X_i)$	$K_2(X_i)$	$K_3(X_i)$	$K_4(X_i)$	$K_5(X_i)$
C23	0.413 8	9.8	− 0.917 6	− 0.892 3	− 0.844 4	− 0.720 0	0.400 0
C24	0.289 7	9.6	− 0.894 1	− 0.861 5	− 0.800 0	− 0.640 0	0.800 0
C25	0.296 5	9.8	− 0.917 6	− 0.892 3	− 0.844 4	− 0.720 0	0.400 0

通过计算可得：$K_1(P_0) = -0.910\ 8$，$K_2(P_0) = -0.883\ 4$，$K_3(P_0) = -0.831\ 6$，

$K_4(P_0) = -0.696\ 8$，$K_5(P_0) = 0.515\ 9$。

因 $K_5(P_0) = \max K_j(P_0),\ j \in (1,2,3,4,5)$

由此可知，双流区城乡交通信息化统筹发展水平高。

5．配套政策

经计算，双流区配套政策评价数据见表 7-7。

表 7-7　配套政策评价计算数据

指标	权重 W_i	指标值 X_i	$K_1(X_i)$	$K_2(X_i)$	$K_3(X_i)$	$K_4(X_i)$	$K_5(X_i)$
C26	0.288 9	8.5	−0.764 7	−0.692 3	−0.555 6	−0.200 0	0.333 3
C27	0.377 8	8.5	−0.764 7	−0.692 3	−0.555 6	−0.200 0	0.333 3
C28	0.333 3	8.5	−0.764 7	−0.692 3	−0.555 6	−0.200 0	0.333 3

通过计算可得：$K_1(P_0) = -0.764\ 7$，$K_2(P_0) = -0.692\ 3$，$K_3(P_0) = -0.555\ 6$，$K_4(P_0) = -0.200\ 0$，$K_5(P_0) = 0.333\ 3$。

因 $K_5(P_0) = \max K_j(P_0),\ j \in (1,2,3,4,5)$，由此可知，双流区城乡交通配套政策统筹的水平也高。

综上所述，双流区整体和各分类的城乡交通运输统筹发展水平均高。

7.3.6　其他地区统筹发展情况

按照同样的方法对犍为和射洪两地的城乡交通运输统筹发展水平进行评价，结果见表 7-8。

表 7-8　犍为县、射洪县城乡交通运输统筹发展水平评价

地区	评价类型	$K_1(P_0)$	$K_2(P_0)$	$K_3(P_0)$	$K_4(P_0)$	$K_5(P_0)$	统筹水平
犍为	整体水平	−0.606 8	−0.485 9	−0.257 4	0.168 7	−0.178 3	较高
	基础设施	−0.651 1	−0.543 8	−0.341 0	0.160 9	−0.109 6	较高
	运输服务	−0.646 0	−0.537 1	−0.331 3	0.058 9	−0.154 9	较高
	养护管理	−0.686 2	−0.589 7	−0.407 4	0.066 8	−0.018 3	较高
	信息化	−0.539 7	−0.398 1	−0.130 6	0.178 4	−0.265 0	较高
	配套政策	−0.562 4	−0.427 7	−0.173 3	0.278 8	−0.245 4	较高

地区	评价类型	$K_1(P_0)$	$K_2(P_0)$	$K_3(P_0)$	$K_4(P_0)$	$K_5(P_0)$	统筹水平
射洪	整体水平	− 0.459 1	− 0.290 7	0.020 9	− 0.051 8	− 0.277 1	一般
	基础设施	− 0.438 3	− 0.254 7	0.051 6	− 0.060 8	− 0.336 5	一般
	运输服务	− 0.454 6	− 0.293 1	0.004 7	− 0.149 0	− 0.209 9	一般
	养护管理	− 0.545 7	− 0.415 9	− 0.182 2	0.179 0	− 0.202 5	较高
	信息化	− 0.411 8	− 0.242 3	0.064 6	− 0.055 3	− 0.305 3	一般
	配套政策	− 0.404 2	− 0.234 0	0.072 4	− 0.062 5	− 0.305 6	一般

7.3.7 评价结果分析

从评价结果看,双流区的城乡交通运输统筹发展水平很高,犍为县的城乡交通运输统筹发展程度为较高,射洪县的城乡交通运输统筹发展程度一般。从五个分项(基础设施、运输服务、养护管理、信息化、政策)评价来看,也反映出各地区的发展差异及薄弱点,其中,双流区、犍为县、射洪县的交通基础设施统筹一体化发展程度分别为高、较高和一般,运输服务一体化发展程度分别为高、较高和一般,养护管理一体化发展程度分别为高、较高和较高,信息化一体化发展程度分别为高、较高和一般,政策一体化发展程度分别为高、较高和一般。从以上评价结果可以看出,双流区一体化发展程度相对比较均衡,下一步一体化发展可以适当侧重政策一体化。犍为的一体化发展程度也相对比较均衡,其基础设施、运输服务及养护管理较为协同发展,下一步一体化发展可以适当侧重信息化及政策一体化发展。射洪的一体化发展程度相对较低,下一步一体化发展可以适当侧重基础设施一体化、信息及政策一体化协同发展。

对比各地区的实际情况,书中所得评价计算结果与实际情况基本符合,说明本评价方法及评价手段具有一定可靠性和实用性。

8 城乡交通运输统筹发展对策措施

城乡交通运输统筹发展需要大量的资金支持，而西部地区普遍自然条件较差、经济发展较为落后，各级政府可用的交通建设、养护等资金又有限，如何对有限的资金进行优化配置，使其为西部地区城乡交通建设发挥最大的效用是现阶段面临的主要问题。因此，需要破除传统制度体制上的障碍，确保城乡交通运输统筹发展顺利推进。

8.1 创新交通运输投融资体制

8.1.1 拓宽交通建设投融资渠道

交通基础设施建设具有"资金投入大，建设周期长，社会效益大"的特点，因此，西部地区在当前政府资金不足的情况下，应当改变传统单一的以政府直接投资为主的投资模式，利用各种市场化的筹资方式，将交通设施和公益事业推向社会，推向市场，形成"投资主体多元化、资金来源多渠道、投资方式多样化、项目建设市场化"的城乡交通建设统筹发展投融资体制新格局，拓宽筹资思路和渠道，采取"多条腿走路"，多措并举，建立起"国家投资、地方筹资、社会融资、利用外资"的投资新机制，进一步建立起政府引导、市场化筹资为主的投资良性循环机制。在利用已有交通基础设施建设的投融资机制改革经验积累的基础上，继续深化交通建设投融资体制改革，搭建交通投融资平台，建立西部交通基础设施建设基金，鼓励国内外企业和民间资本以资金、技术、劳务、土地、材料入股交通基础设施建设资金，激活社会和民间资本，形成全社会对交通运输建设的合力。建立起跨地区、跨所有制、跨行业、全方位、多层次的融资和投资体制，动员全社会的力量，参与交通基础设施建设，引导社会资本以 BT（建设-移交）、BOT（建设-经营-转让）、BLT（建设-租赁-转让）、PPP 等模式，参与城市快速路、普通城市道路、综合交通枢纽（或运输站场）等的建设，构建多元化筹措交通建设资金渠道。

8.1.2　争取国家在西部交通建设方面更多优惠政策

西部地区大部分地处西部山区、丘陵地带，自然地理环境较差，交通建设难度大、成本高，西部地区农村公路投资规模大，直接经济效益低，发展任务艰巨，社会资本进入农村公路投资建设十分有限，而西部地区经济普遍发展速度缓慢，政府财力普遍不足，资金缺口大，特别是农村公路，建设和养护的资金矛盾非常突出。西部地区要充分利用国家新一轮西部大开发、脱贫攻坚、"一带一路"建设、乡村振兴等重要发展机遇期，做好交通规划，抓紧推进一批西部急需、符合国家规划和民生保障的重点交通建设项目，并做好项目储备，国省干线和交通运输部专项支持项目争取交通运输部补助资金。

基于新时期西部地区交通建设资金需求依然庞大的实际，需要有效政策的扶持与宏观调控机制的扶持。根据《关于新时代推进西部大开发形成新格局的指导意见》，落实西部大开发相关政策，建议国家在重大项目和生产力布局上向西部地区倾斜。继续保持中央和地方财政对西部交通运输的支持力度，完善配套政策，提高财政转移支付比例，增加转移支付规模。在中长期国债安排方面，重点向西部地区倾斜。适度增加省级公共财政对交通运输领域投资的比重，保证公益性项目的建设。考虑用部分国家交通建设专项资金对西部地区交通运输建设实行贴息贷款，增强西部地区使用贷款的能力。采用"以奖代补"的农村公路投资补助政策，以激发地方政府修建公路的积极性。适当调整国家在农村交通建设方面相应的政策与法规，从法律上为农村交通建设提供保障，唤起各级政府对农村交通建设的重视，从而促进农村交通建设的发展。另外，为了统筹城乡交通运输发展，彻底改善农村交通状况，建议对从事农村客运的企业在营业税、所得税方面给予减免，吸引他们参与农村客运，从而改善农村交通状况。

8.1.3　挖掘公路沿线的市场潜力

西部地区可以施行省市关于农村公路建设融资模式，从以下几方面调动社会资本参与西部交通运输项目。

（1）采取市场化手段，通过对乡村公路的冠名权、绿化权、路边资源开发权等进行公开拍卖的方式来筹措部分资金。在农村公路投入建设之前，可以召集沿线企业和外出创业成功、家乡情怀浓厚的成功人士或者富裕的个人，对该公路的冠名权、绿化权、路边资源开发权等进行公开招标和拍卖，以出价最高的企业或个人的名字对该公路进行命名，或获得绿化权、路边资源开发权，从而筹集部分资金。如河北省邯郸市通过使用"冠名权"的方式筹到农村公路建设民间资金；山东省淄博市已通过拍卖农村公路、大中桥的冠名权和路林绿化权及路边资源开发权等市场化运作手段筹集农村公路建设资金。

（2）从因公路修建而使沿线土地发生增值和带动服务业增收的金额中提取一定比例的资金，用于农村乡村公路的建设与养护。

此外，还可以对农村公路沿线的广告投放权，沿路汽车维修站、加油站等配套设施的特许经营权进行拍卖，努力挖掘非收费项目的市场潜力。

8.1.4 充分利用债券资金政策

发行债券具有融资成本低、发债条件相对宽松的优势。交通基础设施建设项目的施工周期一般较长，在施工期间资金的投入是非均衡的，同时由于交通基础设施项目融资涉及的资金数额很大，有时不能按时到位，因此在施工处于资金使用高峰期时，就可以根据情况适当发行中、短期政府债券，以解决资金缺口或周转不灵等问题。因此，西部地区要用好农村公路继续作为地方政府一般债券资金优先支持领域的政策，积极争取加大一般债券对农村公路建设的支持力度，向中央争取发行交通专项债券，将所得全部用于西部交通设施的建设、养护与运营，以收费性项目的收费收入对这些债券进行还本付息，用以支持西部的交通建设。

8.1.5 探索发行农村交通彩票

自 1987 年福利彩票发行销售以来，至 2017 年年底，我国福利彩票累计发行销售 17 950 多亿元，为国家筹集公益金超过 5 370 亿元。中国彩票业的发展对社会的贡献不仅仅体现在公益金方面，其在财政税收所得、劳动力就业、带动相关产业发展等方面都发挥着重要作用，为我国各项公益事业的健康发展提供了大量的资金支持，建立起了较为完善的与社会主义市场经济体制相适应的管理监督体制和发行销售体系，但在农村交通基础设施领域发行福利彩票尚处于空白阶段。

交通建设，特别是农村交通建设具有重大的社会意义，与体育、福利等事业一样，带有极强的公益性。发行交通建设彩票，既可以像福利彩票和体育彩票为社会福利事业和体育事业提供资金那样，为交通建设特别是农村交通建设募集到急需的资金，又不会像发行股票、银行贷款等融资方式一样面临股利支付或还本付息的压力。因此，对于交通建设特别是对于西部地区农村交通建设来说，发行"交通建设彩票"，汇集社会闲散资金，专款用于西部农村交通建设与养护，不失为一种很好的筹资方式。

8.1.6　加强交通补助向农村交通建设的倾斜力度

高速公路一直是国家和各地公路建设的重点扶助对象，其获得的补助资金占中央及各省总补助资金的比率几乎过半；高等级公路获得的补助资金占总补助资金的比例比较大，而农村公路补助资金占总补助资金的比例却很低。而且，农村公路属于公共物品，难以产生收益，公益性极强，其建设与养护几乎完全依靠国家补助资金的投入。交通补助资金分配比例的失衡是造成农村交通发展落后、缺少养护、路况比较差的重要原因。因此，建议调整部省级交通补助的分配方法，逐步减少高速公路、高等级公路等收费性项目的补助绝对数量和相对比例，加大部省级交通补助向农村交通建设倾斜的力度。

8.1.7　将不同交通项目进行统筹融资

当前西部地区交通建设既存在可收费盈利的项目，如高速公路和高等级公路，也存在公益性的不可收费的项目，如大部分农村交通建设项目。交通建设呈网状分布，收费项目建设路段沿线也存在许多的非收费性交通设施建设项目，建议鼓励或强制规定收费项目的建设和经营主体承诺在建设收费项目的同时，承担周边地区非收费项目的建设和养护，如规定修建高速公路时，必须承担其建设路段沿线一定数量的农村公路建设。作为补偿，可以适当延长收费项目的收费期限或给予一定的税费减免优惠政策。

同时，不同的建设项目的收益性也有所不同，高速公路收益性最高，高等级公路次之，农村公路几乎没有收益，边远地区与主城及周边地区的高速公路建设的收益也会有所差异。因此，政府应当对区域内交通建设项目的收益进行统筹，利用收益高的项目补贴收益低的项目，有收益的项目补贴无收益的项目。同时，各地区之间经济发展差异也较大，政府应根据地区间经济发展的差异，实施交通精准扶贫，进行全省统筹，向贫困地区的农村公路建设进行重点倾斜。

8.1.8　创新农民土地征用与补偿制度

交通建设需要征用大量农村土地，根据国家规定，征用农民土地，需向其支付征地费用，从交通建设的实际情况来看，土地征用费用是交通建设的主要成本之一，也是造成交通建设项目收益率低、社会资本参与积极性不高的原因之一。而且，在土地征用过程中，还存在征地费过低，甚至强制征用等现象，征地过程中农民的利益无法得到保障。因此，建议创新农民土地征用与补偿制度，以长期可转换债券或其他拥有固定收益的证券代替直接支付征地费用以征用农民土地，这样一则可以减少建设成本，提高潜在收益率，增强交通建设对社会资本的吸引力，二则可以更有力地保证农民在丧失土地后能得到应有的、适当的补偿。具体可行的操作方式可以是让农民自愿在可转换债券与现金形式的征地费用之间进行选择。

8.1.9　营造良好的投融资制度环境

对于西部交通基础设施建设而言，不仅投资规模比较大，而且回收期比中东部地区长。因此，如何规范私人部门及社会各界的投融资行为及保障他们的合理权利，调动他们的投资积极性，成为参与方共同关注的问题。目前我国尚未建立一套较为有效和全面的交通运输投融资法律体系，如针对当前广泛实施的 PPP 模式出台的相关制度规定，大部分仅局限于部门规章形式，相比于立法层级较高的法律法规而言，其对社会投融资者的法律约束力较低，导致实施过程表现出随意性，也进一步阻碍了交通基础设施投融资渠道的拓展。因此，应该建立一套自上而下的、更为系统有力的法律体系，提高交通运输投融资制度的立法层级。一方面，完善的法律法规能够对项目起到指导作用，而且在项目实施过程中出现问题时可以依法处理；另一方面，完善的法律法规可以合理控制投融资过程产生的风险，给投资人稳定的心理预期，提高社会资本参与交通基础设施投融资的积极性，解除社会资本参与的后顾之忧。总之，只有构建完善的法律法规体系，才能提高资本参与过程中政府层面以及社会层面的法律意识，营造良好的投融资制度环境。

8.2 确保城乡交通运输发展用地需求

8.2.1 提高土地的利用效率

随着西部地区经济社会的快速发展以及工业化、城镇化进程的不断加快，土地资源的供需矛盾日趋突出。与此同时，西部地区还面临着生态环境保护和交通运输用地保障的双重任务和压力，走节约、集约、高效率、高产出的用地新路，是实现西部地区社会经济可持续发展的必然选择。西部地区土地生态环境还比较脆弱，因此，要争取处理好交通运输基础设施建设与耕地保护的关系，切实做好用地利用的整体规划工作，本着节约、集约用地，合理开发、利用土地资源的原则，在交通运输基础设施规划建设中，合理布局，充分利用建设过程中的施工用地、空闲土地及闲置土地，进行用地结构优化，提高土地利用效率，保证耕地，实现用地综合效益的最大化。

8.2.2 充分保证交通用地合理需求

交通基础设施对改变地区交通条件、改善投资环境、促进区域经济发展具有十分重要的意义。通过多年发展证明，西部交通基础设施的建设已发挥出了巨大的作用，拉动了西部地区经济的发展、城市化水平的提高，并带动了城乡就业。为了推进城乡交通运输统筹发展，促进城乡一体发展，应优先保障交通用地的合理需求。地方政府首先应做好交通建设的用地需求预测和土地利用总体规划调整，将交通运输用地纳入土地利用的总体规划中，科学制定补充耕地方案。根据城乡规划、土地利用总体规划及相关专业专项规划，合理确定各类交通运输项目及实施次序，制定交通用地需求清单，精准对接、部门联动、密切配合，确保项目用地报批的高效推进，在"管住总量、严控增量、盘活存量、节约集约"的原则下，分期分批抓好用地保障，满足合理的交通用地需求。

8.2.3　争取国家在西部交通用地上给予灵活政策

西部地区交通基础设施仍处于高速发展时期，在发展阶段上远远落后于中东部地区，大量的项目需要建设，在确保节约用地的前提下仍然需要占用大量土地，现有土地政策对西部地区过严且审批手续复杂、时间长，往往会影响建设项目的最终成效，因此建议自然资源部（原国土资源部）适当增加西部地区交通建设用地指标，并在交通用地审批上给予灵活的政策，简化审批程序，允许西部地区在市域范围内调剂并平衡土地，保证交通建设"加快"和"率先"发展。

8.2.4　创新处理交通用地中的相关问题

8.2.4.1　严格落实用地补偿政策

建立征地补偿监督机制，严格落实征地补偿费合理的使用与管理，确保失地农民的合法利益得到有效保障，维持社会的安定稳定。杜绝在征地管理费足额发放后，出现"乡扣""村留""乡（村）经济组织提成"

现象，使征地补偿费转为非消费基金，促进当地的生产发展，保证社会稳定。

8.2.4.2 创新征地补偿方式

土地被征用后，农民赖以生存的社会保障功能和生产资料功能也会同时失去。可见，失去土地后，失地农民的生存权、经济权、就业权、财产权以及政治文化、教育等方面的权力和利益，均因失地而受到不同程度的损害和影响。为此，往往会形成征地阻力，影响了交通建设、经济建设，给社会的稳定造成压力。本着共同享受经济社会发展成果，保障被征地农民长远生计，维护社会稳定，实现可持续发展，在交通建设征地时，有必要创新征地补偿机制，积极探索补偿方式，完善多样化征地补偿政策。如土地入股：土地折股后，实行参股合作经营、失地农民带土地股进入土地征用者所办企业就业转岗、合作经营，分享被征用土地深度开发带来的利益成果，使被征地村与落地企业成为利益共同体。

8.3 完善城乡交通运输安全管理监督体制

构建城乡统筹协调发展的新局面，完善农村交通运输安全监管的新体制，根据本省行政结构和安全监管体系的实际情况，构建城乡统筹协调发展的安全监管体制应当建立"城市以条为主，农村以块为主，条条指导块块"的城乡交通安全监管新体制，明确乡镇政府的安全监管职责，理顺省级安全监管部门与市州、区县和乡镇政府的关系，各司其职、各负其责、互相配合、相互支持、齐抓共管，搞好四川省城乡安全监督管理工作。

8.3.1 构建城乡交通四级安全管理监督体制

完善城乡安全监管体制是指建立和完善乡镇安全监督机构，明确安全监管任务，提高安全监督的能力，全面加强自建公路、县、乡镇汽车客运站等领域的安全监督管理工作，确保农村经济的健康发展。

建立和完善省（自治区）、市（州）、县（区）、乡镇四级安全监管体系。按照"条块结合，分级监管"的原则，明确省、市（州）、（区）县、乡镇四级政府的安全监督职责。明确省级部门的安全监督职责和监管领域，市州负责安全监督部门的职责和领域，（区）县和乡镇政府监督管理的范围和职责，实行政府负责，行业指导的安全监督责任制。按照"属地监管"原则，明确省级部门的安全监督和指导责任、当地政府的安全监管责任。依照"管理下沉"的原则，将安全管理权和监督权下沉到区县和乡镇政府，使区县和乡镇政府有责有权，认真履行安全监管职责。为了确立省、市（州）、（区）县、乡镇四级安全监管体系，需要对现行的有关法律、法规和规章要进行必要的修改，明确四级安全监管机构的法律地位、责任和权利。在明确监管职责上，省级部门主要负责本行业重点部位或重点项目的安全监督，负责制定本行业安全监管的有关政策，指导市（州）、（区）县、乡镇的行业安全监督部门搞好本地区或领域的安全监督管理工作。市（州）政府的有关安全监管部门负责对本地区行业的安全监督工作，县（区）、乡镇政府在法定的职权范围内负责本行政区域的综合安全监督工作。

8.3.2 赋予乡镇政府安全监管的权利

在明确乡镇政府安全监督职责的基础上，负有安全监督责任的市级、县级部门要支持乡镇政府搞好安全监督工作，明确需要乡镇政府监管的对象或领域，使其做到管理权、执法权一致，真正承担起安全监督的职责。在农村公路建设和运输监督方面，要明确乡镇政府对自建公路和乡镇汽车客运站的安全监督，改变委托执法的方式，法规授予乡镇政府相应的行政处罚权，树立乡镇政府安全监督的权威性。乡镇政府要在市、区县两级交通部门的指导下开展乡镇、乡镇汽车客运车站、农村自建公路的安全监管工作，落实安全监管责任。

8.3.3 健全乡镇安全监督管理机构

统筹城乡综合改革的深入推进，农村经济将会有一个大的发展，乡镇政府安全监管的行业或领域越来越大，任务越来越重。现行的"条块结合，以块为主"行政管理体制，落到乡镇政府是"上面千条线，下面一颗针"，乡镇政府要面对若干的上级部门。按照精简的原则，乡镇政府不可能设置相对应的管理机构，因此，科学设置乡镇政府的安全监管机构十分重要，既要与上级各部门对接，又要机构精简、高效。

8.3.4 财政保障城乡安全监管的正常运转

安全监督的本质是保障人民群众的生命和财产安全，促进社会和经济的发展。安全监督是为经济建设服务的，需要投入，安全监督的投入需要政府的支持，在政府的大力支持下，安全监督工作才能顺利开展。目前安全监督的投入是不够的，特别是乡镇安全监督的投入非常有限。由于乡镇的经济发展很不平衡，经济欠发达的乡镇还比较多，财力基础很脆弱，需要省级、市级财政、区县级财政的大力支持。解决好乡镇安全监管机构的运行经费、人员经费和装备经费，省、市、区县财政每年按一定比例划拨专项经费给乡镇政府，支持乡镇安全监管机构的正常工作。

8.3.5 加强乡镇安全监督管理的业务指导

各级负有安全监督管理职责的部门要积极帮助、支持乡镇安全监督机构的工作，宣传安全监督有关的法律、法规和规定。按照"层级管理"

的原则,县级安全监督管理部门要将安全监督的指导性文件下发到乡镇,免费培训乡镇安全监督管理人员,提高安全监督管理人员的业务素质和工作能力。

8.4　加强农村交通建设和养护资金的管理

由于当前农村交通建设由各乡村自行负责,省财政对其提供资金补助。但是在实际情况中,由于管理不善,省财政的补助资金下拨后,往往被各市县政府占用或挪用,资金使用情况缺乏监管,透明度不高,资金使用效率极低。因此,在今后的工作中,应当加强对农村交通建设和养护资金的监管,增强这些资金使用情况的透明度。应当对农村交通建设与养护资金实行预算管理,专款专用。省级公路养护资金应由省交通运输厅公路局根据养护工程量编制(审核)、汇总全省国省道公路年度养护资金计划以及对县乡道公路养护资金的补助计划,报省厅审批,纳入省级年度财政预算。省(区)交通运输厅公路局对养护资金的使用、养护的质量进行监督和考核。厅公路局以协议或招投标方式委托区县交通运输局、市县公路局(所)或其他的公路建设投资公司来组织实施,对养建项目实行合同管理。县乡道公路养护资金计划由各区县交通运输局(委)或公路局(所)编制,纳入区县级预算管理,厅公路局按批准的预算将县乡公路补助拨付到区县交通运输局(委)或公路局(所),由市县交通运输局(委)或公路局(所)自行安排。

8.5　建立完善的考评机制

为鼓励城乡交通运输统筹发展,应对相关组织机构建立科学考评机制,根据实施方案确定的目标与任务,定期对城乡交通运输统筹发展情况进行评估，组织评比表彰，及时对成绩突出者给予奖励，对存在问题者提出改进意见，同时将考核评比情况与人事晋级挂钩，作为考核领导干部的重要指标。

8.6 统筹发展适当倾斜

西部各省份地区差异比较大，不仅包含平原地区、丘陵地区、还包含山区、高原地带，各地交通建设成本差异较大，同时丘陵、山区、高原地区经济发展水平较低，因此各级政府应站在更高的角度进行统筹，对经济落后的地区予以更多的政策和资金支持，让交通在西部地区全面建成小康社会中起到支撑作用。

参考文献

[1] 袁虎勇. 深圳市公共交通运营一体化关键问题研究[J]. 北京交通大学学报（社会科学版），2005，4（2）：40-42.

[2] 陈方红，赵月. 城乡道路运输一体化的基本途径[J]. 综合运输，2005（5）：68-69，72.

[3] 岳东阳. 城乡交通一体化初探[J]. 交通科技，2009（A2）：145-147.

[4] 顾仕珲，包丹文. 城乡交通统筹发展模式初步探讨——以南京市为例[C]//中国城市规划学会. 2009年中国城市规划年会论文集. 2009：4657-4665.

[5] 陈茜，陈学武. 城市常规公共交通发展水平综合评价指标体系研究[J]. 城市交通，2003（1）：8-12.

[6] 窦慧丽，边浩毅，付昌辉. 城乡客运一体化发展评价指标体系及方法研究[J]. 公路与汽运，2011（149）：41-44.

[7] 徐英俊，周一鸣. 探究城乡道路客运一体化评价指标[J]. 交通建设与管理，2011（6）：76-77.

[8] 任卫军，郝记秀，孙黎莹，等. 大部制背景下城乡客运一体化对策[J]. 长安大学学报（社会科学版），2010，12（1）：34-39，63.

[9] 马书红，周伟. 城乡一体化与县域公路交通发展的思考[J]. 交通标准化，2004（9）：31-35.

[10] 詹斌，王红双，郑芳. 城市圈道路运输一体化综合评价研究[J]. 武汉理工大学学报（信息与管理工程版），2008，30（5）：780-783.

[11] 单飞，李旭宏，张军. 基于FAHP和加权灰色关联度的区域交通一体化评价方法[J]. 交通运输系统工程与信息，2011，11（5）：147-154.

[12] 喻伟，方磊，王佳. 基于PCA－DEA模型的城市群道路客运一体

化协调性评价研究[J]. 铁道科学与工程学报，2011，8（4）：74-79.

[13] 符开业，郭钰，卢毅. 区域道路客运一体化物元分析评价模型研究[J]. 湖南交通科技，2010，36（3）：144-148.

[14] 刘苗. 区域交通运输一体化发展系统分析与评价[D]. 长春：吉林大学论文，2006.

[15] 牛佳棠. 中国农村公路养护管理"枣庄模式"[M]. 北京：人民交通出版社，2012.

[16] 马珑珈. 四川省构建覆盖城乡、互联互通的交通体系研究[D]. 成都：西南交通大学，2016.

[17] 毛保华，何天健. 欧洲交通一体化政策及其对社会发生的影响[J]. 科技导报，2001（2）：13-15.

[18] 陈善亮，毛保华，丁勇. 英国交通一体化政策与我国的对策[J]. 交通科技，2004（1）：63-66.

[19] 李摇志，魏中华，周一鸣. 国外城乡交通一体化发展经验借鉴[J]. 交通工程，2018（4）：43-45.

[20] 景国胜. 基于一体化的市域高等级路网规划[J]. 华中科技大学学报（城市科学版），2006，23（4）：75-78.

[21] 李庆林，何其立. 走向消弭的城乡界线——广州市番禺区推进城乡交通一体化建设纪事[J]. 中国公路，2011：92-93.

[22] 张岚，贺玉龙，荣建等. 北京城乡交通一体化发展模式浅析[J]. 综合运输，2006（4）：49-52.

[23] 张超，沈建法. 区域科学论[M]. 武汉：华中理工大学出版社，1991.

[24] 廖振良. 协同论、城市生态学及苏州河综合整治[J]. 江苏环境科技，2001（6）：33-35.

[25] 曾健，张一方. 社会协同学[M]. 北京：科学出版社，2000.

[26] 周国光，徐海成. 公路交通经济与管理问题研究[M]. 西安：西北大学出版社，2000.

[27] 曾嗣良. 区域经济与木桶原理[J]. 玉溪师范学院学报，2002（5）：34-36.

[28] 马书红. 区域公路交通与经济发展的适应性研究[D]. 西安：长安大学，2002.

[29] 唐热情，胡兴华，杨树明，等. 重庆交通统筹城乡发展的战略思考[J]. 重庆交通大学学报（社会科学版），2009（2）：35-38.

[30] 秦兴顺，王煜洲. 基于物元分析的城乡交通运输一体化评价[J]. 西南民族大学学报（自然科学版），2014（10）：791-796.

[31] 王煜洲，朱莲. 四川农村物流网络体系构建中的困惑与措施[J]. 农村经济与科技，2016（22）：62，64.

[32] 李建彬. 欠发达地区推进城乡客运一体化进程的思路[C]//中国公路学会. 全国中等城市道路运输管理工作第 20 次研讨会论文集. 2010：131-134.

[33] 王向峰，陈华卫. 统筹城乡交通基础设施建设的制约因素与策略探讨[J]. 四川建筑，2015（3）：25-27.

[34] 侯烈，周萍. 四川省城乡交通统筹基础设施简析[J]. 公路交通科技（应用技术版），2013（09）：134-136.

[35] 林文芳. 四川省农村公路养护管理研究[D]. 成都：西南交通大学，2012.

[36] 王煜洲. 物流园区建设项目风险管理研究[D]. 成都：西南交通大学，2012.

[37] 陈静. 我国西部地区农村公路建设融资方式研究[J]. 交通企业管理，2010（05）：52-54.

[38] 王茂奎. 基于城乡统筹发展的客运一体化研究[D]. 成都：西南交通大学，2010.

[39] 中华人民共和国交通运输部. 公路水路交通中长期科技发展规划纲要（2006—2020 年）[R]. 2005.

[40] 中华人民共和国交通运输部、国家发展改革委，等. 关于稳步推进城乡交通运输一体化提升公共服务水平的指导意见（交运发〔2016〕184 号）[EB/OL]. 2016-10-25. http://xxqk.not.gov.cn/jigou/

ysfws/201611/t20161109-2978718.html.

[41] 严妮飒，王亚东."一带一路"战略对我国西部地区发展的机遇与挑战[J]. 北方经济，2015（7）：50-52.

[42] 盛湧. 县级区域城乡交通一体化发展策略研究[D]. 西安：长安大学，2011.

[43] 毛保华，陈海波. 欧洲交通一体化政策及其对社会发展的影响[J]. 科技导，2001（2）：12-15.

[44] 孙辉泰，贺亦军. 广东省城乡公共交通一体化研究[J]. 改革与开放，2011（23）：7-8.

[45] 张大坤. 城乡一体化背景下的道路网规划研究[D]. 西安：长安大学，2011.

[46] 中华人民共和国公路管理条例[Z]. 北京：中国法制出版社，2011.

[47] JTG/T 5190—2019 农村公路养护技术规范[S]. 北京：人民交通出版社，2019.

[48] JTG B01—2014 公路工程技术标准[S]. 北京：人民交通出版社，2014.

[49] GB 50220—95 城市道路交通规划设计规范[S]. 北京：中国计划出版社，1995.

[50] CJJ37—2012 城市道路工程设计规范[S]. 北京：中国建筑工业出版社，2012.

[51] 赵湘育. 基于网络可靠性的道路系统两相规划法研究及应用[D]. 郑州：郑州大学，2006.

[52] 刘宏燕，康国定."城乡统筹理念"指导下各层次规划编制重点浅析[C]. 经济发展方式转变与自主创新——第十二届中国科学技术协会年会（第三卷），2010. 11

[53] 陈志良，陈光正. 中国城乡一体化发展战略研究[J]. 福建行政学院福建经济管理干部学院学报，2007（1）：72-76+98.

[54] 徐宏伟. 上海市公共交通管理体制问题及对策研究[D]. 上海：同

济大学，2008.

[55] 渠平. 基于城乡统筹一体化背景下的农村公路规划研究——以潼南县农村公路规划为例[D]. 上海：同济大学，2015.

[56] 柯健. 广东中山与四川成都统筹城乡发展的比较研究[J]. 成都大学学报（社会科学版），2012（4）：1-5.

[57] 唐常春，樊杰. 基于城乡统筹的公路交通建设模式与路径研究——以长株潭为例[J]. 经济地理，2014（08）：61-67.

[58] 陈晖，张柱庭. 从法律的视角看公路与城市道路的差异[J]. 中国公路，2011（8）：42-47.

[59] 陈泳，李萌. 蒲江县"四好农村路"铺就发展康庄道[N]. 成都日报，2017-11-15.

[60] 林文芳. 四川省农村公路养护管理研究[D]. 成都：西南交通大学，2012.

[61] 吴志强，李德华. 城市规划原理（第四版）[M]. 北京：中国建筑工业出版社，2010.

[62] 杨久锋. 基于城市道路与公路间异同点分析[J]. 低碳世界，2017（06）：206-207.

[63] 刘彩凤. 基于路划功能的城市道路主干网选取方法[D]. 成都：西南交通大学，2010.

[64] 陈小鸿. 上海城市道路分级体系研究[C]. 中国城市交通规划2003年年会暨第20次学术研讨会，2003：301-310.

[65] 韩竹江. 浅谈城市道路路面类型该如何选择[J]. 城市建设理论研究（电子版），2015（19）：6308-6308.

[66] 陈静. 我国西部地区农村公路建设融资方式研究[J]. 交通企业管理，2010（5）：52-54.

[67] 梁艳洁. 城乡道路客运一体化补贴机制研究[D]. 成都：西南交通大学，2010.

[68] 黄世涛. 农村道路客运的发展与对策[J]. 黑龙江交通科技，2007

（12）：119，121.

[69] 张剑锋. 城乡公交一体化规划及实施研究[D]. 北京：北京交通大学，2007.

[70] 余会成. 城乡公交一体化实施的对策与措施[J]. 管理与财富：学术版，2009（6）：119.

[71] 秦兴顺，王永莲，钟彪，等. 四川省城乡交通一体化的交通结构模式研究[J]. 交通标准化，2014（13）：1-4.

[72] 师桂兰，邓卫，葛亮. 城乡公交一体化规划建设与管理初探[J]. 城市公共交通，2005（1）：9-12.

[73] 满明辉. 县域城乡道路客运一体化运营机制选择与实证研究[D]. 西安：长安大学，2013.

[74] 李文越. 山西省城乡客运一体化发展对策研究[D]. 西安：长安大学，2017.

[75] 王龙辉. 城乡公交客运服务质量评价体系研究[D]. 西安：长安大学，2013.

[76] 刘德武. 城乡公交一体化中常见问题与相关措施研究[J]. 中国市场，2014（6）：102-104.

[77] 穆娟. 我国农村公路养护管理体制优化研究[D]. 西安：长安大学，2015.

[78] 四川省地方性法规：四川省农村公路条例[EB/OL]. http://www.scspc. gov. cn/flfgk/scfg/201707/t20170728_32995. html.

[79] 李颖. 农村公路养护管理模式探讨[J]. 辽宁交通科技，2005（11）：3.

[80] 孙建萍，潘秋怡. 实行信息管理平台有效推进农村公路养护管理[J]. 中国新技术新产品，2018（12）：137-138.

[81] 王婧. 农村公路养护管理体制存在的问题分析和对策探讨[J]. 科技风，2017（12）：105.

[82] 赵光辉. 城乡交通一体化法律保障机制研究[D]. 武汉：华中农业大学，2018.

[83]　四川首批"四好农村路"示范县出炉[N]. 四川农村日报，
　　　2017-10-23.

[84]　杨旭臻. 成都市浦江县公安局乡镇派出所"所队合一"案例[D]. 成
　　　都：电子科技大学，2017.

[85]　虎啸. 区域道路运输一体化发展研究[D]. 西安：长安大学，2007.

[86]　吕强. 关于城市公共交通发展水平综合评价指标的探究[J]. 黑龙
　　　江交通科技，2010（5）：120-121.

[87]　李璐. 郑州交运集团道路客运服务质量提升问题研究[D]. 郑州：
　　　郑州大学，2014.

[88]　吴伟平. 现代城市道路规划设计的探讨[J]. 城市建设理论研究（电
　　　子版），2013（12）：1-3.

[89]　钟彪，盛涌. 基于系统协同论的城乡交通一体化分析[J]. 交通节能
　　　与环保，2013（3）：96-99.

[90]　魏亮. 基于灰色模糊多层次模型的城乡公交一体化体系评价研究[D].
　　　西安：长安大学，2013.

[91]　黄云. 城乡道路客运一体化发展能力研究[D]. 武汉：武汉理工大
　　　学，2010.

[92]　倪正新. 宁夏公路网建设规划研究[D]. 沈阳：东北大学，2006.

[93]　May, A.D.(1991) Integrated transport strategies: a new approach to
　　　ubran transport policy formulation in the UK, Transport Reviews, Vol.
　　　Ⅱ, No.3, p223-247.

[94]　Banister, D.(2000), Sustainable ubran development and transport——
　　　a Euorvision for 2020, Transport Reviews, Jan-Mar, 2000, p113-130.

[95]　华雯婷. 城乡客运一体化发展水平评价体系及应用研究[J]. 2013,
　　　(2): 92-96.

[96]　曹扬，于峰，康艺凡. 基于整合 AHP/DEA 方法的城乡统筹评价[J].
　　　统计与决策, 2011, (24): 58-60.

[97]　李岳云，陈勇，孙林. 城乡统筹及其评价方法[J]. 农业技术经济，

2004, (1): 24-30.

[98] 徐晨,何如海,聂雷. 基于熵值法的城乡统筹发展水平评价方法实证研究——以合肥市为例[J]. 合肥工业大学学报（社会科学版），2013，27(2): 70-75.

[99] 张桂新,蒋景楠. 项目风险评估方法探讨[J]. 技术经济，2006，(3) :80-82.

[100] 刘娜，艾南山，周波. 基于熵权的模糊物元模型在城市人居环境质量综合评价中的应用[J]. 安徽农业科学，2007，35(30): 9643-9645.

[101] 张先起，梁川. 基于熵权的模糊物元模型在水质综合评价中的应用[J]. 水利学报，2005，36(9): 1057-1061.

[102] 张斌，雍岐东，肖芳淳. 模糊物元分析[M]. 北京：石油工业出版社，1997.

[103] 蔡文. 物元模型及其应用[M]. 北京：科学技术文献出版社，1994.

后 记

　　《西部地区城乡交通运输统筹发展研究——以四川省为例》一书是四川交通职业技术学院承担的四川省交通运输厅"四川省统筹城乡交通发展研究"课题（项目编号：2012C15-2）的主要研究成果。

　　本著由课题组部分人员参与写作，课题负责人、四川交通职业技术学院王永莲教授负责课题的调研策划和著作总体架构、写作分工及审稿，四川交通职业技术学院王煜洲负责全书的统稿、校核和修改完善等工作。参与写作的人员分别是：第一章（钟彪、王永莲）、第二章（王煜洲、代真荃）、第三章（王向峰）、第四章（殷涛、王煜洲）、第五章（王向峰）、第六章（钟彪、王煜洲）、第七章（王煜洲、王永莲）、第八章（王煜洲、王永莲）。课题研究过程中，四川交通职业技术学院科技教育发展研究中心代真荃做了许多联络和秘书工作，保证了课题调研的顺利进行。课题组成员四川交通职业技术学院轨道交通工程系党总支书记陈华卫也参与了课题的部分调研工作。

　　课题组成员四川省交通运输厅党组成员、副厅长朱学雷，四川省交通运输厅公路局科教处处长雍黎明对研究的思路和方向提出了许多宝贵建议，并给项目调研提供了大量支持和帮助。

　　本课题在研究过程中走访调查了郫都区（原郫县）交通运输局、双流区交通运输局、广汉交通运输局、犍为县交通运输局等10余家单位，从这些单位获得了许多城乡交通运输统筹发展的第一手资料和经验，为研究成果的形成奠定了良好的基础，在此向这些单位的领导以及相关人员表示衷心的感谢。在著作的写作过程中借鉴了其他兄弟省区市城乡交通运输统筹发展的经验和国内外有关专家学者的观点，再次对他们表示衷心的感谢！

　　感谢四川交通职业技术学院和西南交通大学出版社对著作出版的大力支持！

"四川省统筹城乡交通发展研究"课题组
2020 年 4 月